中旅考试

TOUR GUIDE

新导游带团365个问答

张志强　徐堃耿◎著

中国旅游出版社

序

“旅游＋微信”“旅游＋”、深度游、健康游，已是旅游业的加速器，旅游创新化、定制化、精细化、健康化，方兴未艾，导游服务必须随“水涨”而船高。《新导游带团365个问答》倾囊相授宝贵的带团经验，经验往往是顺风顺水的护航者；遇到麻烦时打开本书。书中有一针见血的讲解，说掏心窝子的话，这些真切的“干货”，教你如何做一个开窍的导游、成功的导游。

创新是本书的亮点，“如何接待网络深度游游客”“怎样为研学团进行文化讲解”“带团中如何预防病毒性疾病”等，题目本身就让人眼前一亮，实实在在的应对之策更具吸引力。

第一章“新导游起步要正”，一些问答对于新导游非常重要，如“新导游应如何接受批评意见”“为什么说吃苦耐劳是从事导游职业的前提条件”“新导游如何与旅游车司机师傅相处”“新导游如何接受游客的考验”，许多话感人肺腑，如“有的新导游羡慕很有‘派’的导游，有经验的老导游都没有‘派头’，只有讲解的‘气场’和文明的风度。导游只有全身心投入到导游服务之中才会朴实，真切，受到游客欢迎”。

第二章“地陪辛苦亦风光”、第三章“旅游团的主帅是全陪”，我曾做过多年地陪、全陪，深知导游服务的烦琐和辛苦，一个细小的环节没做好就有可能前功尽弃，导游服务100–1=0。书中梳理了地陪、全陪的工作难点，讲解了如何才能做好、做到“精致”。作者这样说旅游车上沿途讲解：“沿途导游讲解比致欢迎词更重要，这是导游的第一次正式亮相，是地陪展示知识、口才的好机会，可以满足游客的求知欲、好奇心。由于沿途导游讲解涉及整个城市（地区）的历史、天文地理、人文、民风民俗、市井景观等内容，地陪要在有限的时间内进行自古至今、天时地利洋洋洒洒的讲解，游客一听就知道地陪水平的‘水深水浅’，因而沿途导游讲解最考验导游的讲解功力，这是地陪的真正亮相。”

第四章“我以心血暖游客”讲述导游如何竭诚为各种旅游团精准服务。旅游产品提供给游客的最终价值是旅游体验，旅游体验的最大成功就是给游客一种美好而独特的感受。导游服务直接影响游客的旅游感受，导游服务由“技”而“术”是一个巨大的提升，在业务提升中导游的思想境界随之升华。

第五章“让导游讲解溢彩流光”讲述如何把导游讲解升华到“艺”的层面，的确堪称一家之言。我虽然学薄识浅，但还能识珠辨金，在读“导游讲解艺术35个问答”时，不由喊出：“真棒！”

“导游讲解必须要有真本事，讲解有来龙去脉条理清晰，把握住景点的灵魂，游客听后就会有豁然开朗之感。觉得讲解有深度有见识，听后有眼前一亮之感”，作者在多处做了示范讲解，如皇家园林的特色之一是诗情画意，书中这样讲解颐和园画中游：“乾隆诗云‘层楼雅号画中游，四面云窗万景收，只有昆明太空阔，破烟几点下闲鸥’。乾隆因登高而胸怀广阔，因美景而豪情生发。人在画中游，人游画景动。导游来凑趣，斗胆步乾隆诗韵吟一小诗，以助游兴：‘碧海泛舟仙境游，青山围合万景收，身在画中兼作画，泼墨兴处放歌喉。’”二位老师说导游讲解实质上是导游员在向文化和历史朝圣，认识深刻，境界高远。

亲切、实用、文化性高是本书的特点，二位老师从不说教，以理服人，以赤诚感人，有如挚友与你款款叙心谈感受。满满的正能量、浓郁的文化氛围，充溢于篇篇页页之中，“胸次全无半点尘”。

导游员的敬业不仅体现在带团上，也体现在切磋、研究、探讨导游服务的经验和教训方面。学习知识，学习带团经验，学了不一定能会，会了不一定能好，好了不一定能够精粹。《新导游带团365个问答》，为广大导游开了一个精品课，不同级别的导游都会受益匪浅。

我们这一代中青年导游不仅要很好地向专家们学习，还有传承的重任。

不揣浅陋，谨以本文表达我对二位作者和编辑老师的敬意。

不忘初心，为旅游者热诚服务；牢记使命，为开创旅游的新局面而持续加油、加力。

谨为序。

李爱龙

2020年5月18日

目 录
CONTENTS

第一章

新导游起步要正

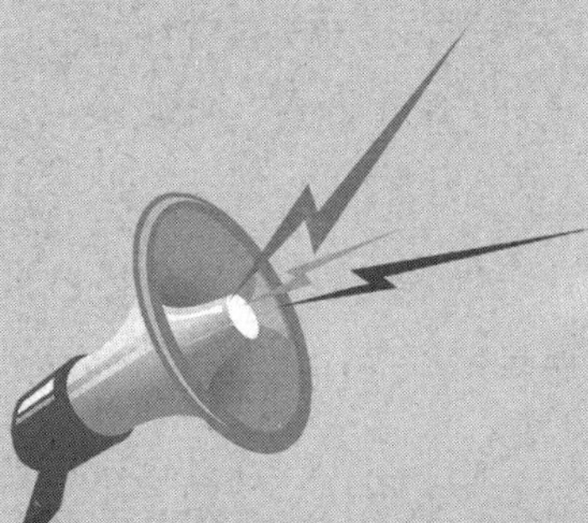

每一位新导游员拿到了向往已久的电子导游证，兴奋之情溢于言表，但是如何入行却往往有些茫然，心里总是在想：能遇到好的导游师父吗，踩线、跟团时要注意什么，怎样向导游师父学习，何时自己才能带上团，司机师傅是否能关照自己，第一次上团能顺利把团带下来吗等，新导游对于这些心里没底儿，上团前忐忑不安，都是很正常的。

新导游加入导游行列并不难，难的是能否快速入行。有的新导游经过几个团的锻炼后就能带 40 多人的大团队或重要的旅游团；有的新导游却总是带不好团，游客没有给予表扬实际上就是给了差评。究其原因，关键在于新导游能否认真学习、及时请教、有所领悟、认真总结。

新导游要善于研究带团中所遇到的各种问题，上岗之后如何尽快打开局面，带团中每个环节具体应该怎样做，需要注意哪些问题，遇到问题如何处理，如何接受各种考验，如何与游客和谐相处等。

任何人、任何事、任何时候都是越学越深，越研究越觉不足，本章与新导游一起探讨、共勉，希望各位新导游在带团中不断积累经验，成熟起来，早日成为导游大咖。

001. 新导游如何选择旅行社?

领取导游资格证后，新导游可以由旅行社或当地导游协会为其申领电子版导游证。

虽然导游可以在有些旅行社开办的网络上自主接团（游客与导游可以双向选择），但现时接团的主要方式仍是旅行社委派，所以新导游入行都是到各个旅行社去应聘，经过旅行社面试以及或长或短的培训，才能取得实际带团的机会。

考取导游资格证只是考核了有关导游的各种知识，只是导游生涯的起步，入行则是真的踏上了征程，投入旅游经济运行中。

面对形形色色的旅行社，以及数不清的旅行社门市部，新导游不知进哪家的门为好。过去戏曲演员说“搭班如投胎”，新导游加盟旅行社虽然不会像“投胎”那样严重，但是对自己的导游生涯还是很有影响的。第一家旅行社、第一个导游师父都会给新导游终生难忘的记忆。

进入旅行社，能否很快带上团，能否收到应有的经济效益，也不是能预先预测到的，但是不努力、不认真、不守规矩永远不会受重用。

新导游往往好高骛远，在向旅行社求职时，眼光总是瞄向国字号大旅行社，以出国游、国内长线游为主要业务的旅行社，待遇（导服）高的旅行社，要知道凡是待遇好的旅行社入职要求必然很高。

新导游总爱打听是去大旅行社好，还是中小旅行社好？这个问题很难回答，首先是不管旅行社大小，人家一定会接纳你吗？其次是各有千秋，在大旅行社见的世面广，资源丰厚，大团多，但不一定给你的团多。中小旅行社重视你，做全陪走遍神州，做地接，重要的团也让你带，锻炼机会多，猴子也可以称大王。

不管是网上招聘也好、朋友同学介绍也好，只要有团带、团多，就是新导游求职的旅行社，加入旅游行业最重要的是学艺，有艺必受重用，有艺走遍天下。不管到什么旅行社就职，都必须敬业。要记住：平台只起加速器的助力作用，不起决定性作用，新导游能否发展起来，要看自己的奋斗，入职一年以后见分晓。

002. 旅行社面试时新导游如何应对问话？

每年都有许多新导游入职，这些新导游的个人身份有很大的差别。

大部分新导游并不是本地人（但有本市居住证），他们曾经有过工作，现在或待业、或想转岗，这些人对目前自己的工作状况、生活条件都不满意，羡慕导游工作。

小部分新导游是本市高中、大专、本科毕业的学生，这些学生大多也是外地籍贯。

新导游的年龄从 18 岁到 50 岁不等。

旅行社人事部经理在面试新导游时更多是通过问话来了解新导游的具体状况，在新导游回答问话时，旅行社经理首先“相面”，看新导游是否和善、有人缘，身体是否健康，然后着重考察新导游的文化素养、语言表达能力、当地经典景点知识，也会问几道带团中碰到的问题，看新导游是否能应对。

在旅行社面试时有两点注意事项，提出来供新导游参考：

（1）新导游要实事求是地述说自己的学习经历、工作经历、旅游经历以及目前生活状况。

（2）忌讳口若悬河，炫耀、吹嘘自己的各种成绩、才能，旅行社经理最烦“巧嘴八哥”。

旅行社人事部经理问话结束后，应试者可以请他介绍一下本社导游的带团情况，也可以问一下大约几天后可以给旅行社打电话询问面试结果。如果未被录取，新导游再去其他旅行社面试。

003. 新导游必须时刻牢记哪些法律、法规？

导游资格考试前，新导游对于旅游法规的学习主要是为了应对考试，但是以导游为职业了，就要把《旅游法》以及其他相关法律、法规付诸导游工作中。

新导游决不能忽视法律的严肃性，不可要小聪明，所谓的“变通”实际上是在违背相关法律、法规。新导游要明白只要损害了游客权益，终究会被查处，到那时，谁都不会出来为你承担责任。

新导游入职后要想带团中不出责任事故，平安、顺利地带下团来，必须严格践行相关法律、法规。导游带团时：

（1）不得擅自改变旅游合同安排的行程，不得以各种借口取消、减少旅游项目，缩短游览时间，不得延长购物时间，增加购物次数，不得诱导、蒙骗游客参加另行付费的旅游项目，必须在规定的餐厅用餐、购物店购物。

（2）不得因游客拒绝参加行程中的购物活动、娱乐节目以及需要另行付费的旅游项目等情形，拒绝或变相拒绝继续提供旅游服务。

（3）不得明示或暗示向游客索要小费。

（4）不得向游客兜售物品或购买游客的物品。

（5）不得迎合个别游客的低级趣味，在导游讲解中掺杂庸俗、下流的内容；不得引领游客去不适宜的场所。

（6）尊重游客的宗教信仰和民族习俗，但不允许发生有损国家尊严的言行。

（7）带头遵守文明出行和游览场所的各种规定，保护环境卫生，保护文物古迹。

004. 什么是“踩线”？新导游如何参加踩线？

组织新导游培训的单位（旅行社、培训机构）安排旅游车，请有经验的老导游按照常规旅游线路，一路示范讲解带团的各项流程以及操作细节，新导游通过眼看、耳听，认真做笔记，学习老导游是怎样带团的。

踩线是集体学习，新导游要走心。有的新导游的注意力不在学习上，而是放在结识新朋友上。有的新导游在踩线时机械地学习，几乎一句不落地录音、录像，但导游老师让说一说带团的流程以及注意事项时，却是畏畏缩缩，说回家把录音听会了再讲。导游老师的讲解当场都不明白、不理解，回家后会更糊涂。有问题一定要当场问，不要怕别人说你木讷。只要有机会试讲，一定不要放过，因为旅行社的经理、导游老师经常在踩线时观察候选导游员。

有的新导游在踩线时记下了很多经验，如到了一个景点怎样进行简练、生动的概述，某个景观讲到何种程度为好，在某个地标性建筑停留了多长时间，在哪里留影拍照最好，景区内洗手间都在哪里，如何聚拢游客等。在景区休息时，新导游也可以顺便观察一下其他导游如何带团。

新导游在踩线时一定要少说、多看、多悟，俗话说：师傅领进门，修行在个人。

005. 什么是“跟团”？“跟团”的重要性在哪里？

“跟团”是新导游亲身体验、直接参与的入门方式。视听教育家埃德加·戴尔（Edgar Dale）认为通过“示范”来教学，学生可以记住30%，通过“做中学”或“实际演练”，掌握知识或技能可以达到75%，“马上应用”学习法可以掌握90%的内容。

导游工作是一门学问，这门学问的难点在于必须具有亲力亲为的实践经验。许多事说半天也可能说不到点子上，怎么说也是隔靴搔痒。

导游师父也无法把所有需要注意的地方，如何合情合理地处理一一细致讲到。

新导游不亲眼看，可能完全体会不出来，更掌握不了。导游老师实际一操作，新导游就会明白。经历得多了，就入门儿了。

导游工作有规律可循，但无固定程式可仿；有经验可借鉴，但无法机械照搬照用，只能在实践中学。

任何级别的导游、任何时候带旅游团，都不可能事事顺利，总是或多或少有点“小故障”，有困难是必然的。新导游跟团就是学习带团的技巧，学习怎样灵活应变、正确处理问题。

006. 新导游“跟团”前做哪些准备？

跟着导游师父要真的走团了，新导游都会有些紧张，兴奋之余最重要的是做好各种准备。

新导游不要认为反正我是跟团的，好好看着导游师父怎样走行程就行了，更不能把跟团当作跟着旅游团一起游览。准备与不准备，积极与不积极，“跟团”效果大不一样。

虽然是实习导游、导游助理，但是从心里要把自己当作亲自上阵的导游，提前把景点导游讲解词准备好，记住每一天行程的具体安排，根据行程分析各个环节是如何安排、如何衔接的。

从酒店去景点、餐厅，或是观看娱乐节目、购物，司机听导游的安排，但是导游的安排一定不能让司机师傅绕路、走冤枉路，必须高效率走行程。新导游如果不明白，不要急着问司机师傅，行车时看司机如何走路线。当然每个司机师傅的行车线路不同，有的师傅觉得那条路宽阔好走，有的师傅认为这条路虽然从市区穿过，但从来不堵车。

很多新导游不是本地人，不熟悉旅游景点，更不知道从宾馆到旅游景点的行车线路，可以先上网了解，然后在导游师父方便的时候请教。要注意线路对了，但不一定能走，因为立交桥下的桥洞都有限高，而旅游车的高度是不同的。熟悉了本团行车路线，以后就可以给自驾车司机指路，导游就多了一条接团的生路。

了解行车线路及周边的环境很重要，游客来到陌生的城市（地区），对于街道两旁的景观都会注意看，地陪要适时地进行沿途讲解。

虽然是跟团，新导游要把司机、餐厅、酒店、景点、剧场、购物店的电话都输入手机，如果导游师父让你给餐厅打个电话，告知旅游团的抵达时间，而你却说“师父，你告诉我餐厅电话号码吧”，这时师父会有“还不如自己打电话”的想法。

007. 新导游如何“礼貌在先”？

礼貌就是尊重别人，也是对自己的尊重，礼貌要得体、要真诚。

跟团时必须尊重导游师父，要比师父早到酒店，迎客上车时新导游一般站在老导游的后侧，不可以抢先。

尊重司机师傅，要向司机师傅介绍自己，请他多指点。每次下车主动把车上垃圾桶里的东西带下车倒入垃圾箱；有时间可以帮助司机师傅收拾一下车厢地板的杂物，让游客感到旅游车总是那么干净。

新导游不能与导游师父、司机师傅熟悉了就随便起来，要始终以尊师之礼与他们相处，注意在生活上、工作上照顾导游老师和司机师傅。比如，去远郊不熟悉的景点时，打开自己手机上的导航，协助司机了解路线、路况；让导游师父先去司陪餐厅用餐，自己去巡看旅游团用餐；有时旅游车落客后要开到离餐厅较远的停车场，新导游随导游师父安排好游客入座后，给司机师傅打个电话，或者在餐厅门口迎一下司机师傅。

自己的形态、神情要落落大方，处处尊重游客，对游客的称谓要得体，言谈话语谦和亲切，举止大方，对儿童和老人要亲热一些。

经常会有个别游客向新导游提出些稀奇古怪、庸俗不堪的问题，让人啼笑皆非，让新导游一时无从答起，但新导游却不可以不屑一顾或者与其他游客一起捧腹大笑，这样游客就会感到自己被导游嘲笑，因而恼羞成怒。尊重游客是导游的职业道德，要体现在一言一行、点点滴滴。

对任何游客都不可以亲疏失当，绝对不可以随便与年轻的异性游客开玩笑，目光不要频频光顾形象好的游客，不要巴结那些财大气粗的游客，不要只与少数游客交往，失礼可能导致客导关系紧张，游客的反感必然导致导游服务的失败。

还要学会尊重旅游接待单位的工作人员，时时事事以礼相处。他们服务有缺失时可以提醒、讲道理，但有理不在声高，绝不可出语伤人，一句话说错，有理立刻变成无理。

一些酒店、餐厅、购物店是旅行社的定点单位，导游多次带团去必然和那里的工作人员很熟悉，有的老导游随意点菜、要酒、要烟、要饮料，或者与那里的工作人员开低俗玩笑，新导游千万不要“学习”这些。导游带团来了，是人家的主顾，你让人家破费，这些工作人员嘴上不会说什么，但心里能愉快吗？

008.“跟团”时，新导游怎样“善于观察”？

新导游不必在旅游车行进时拼命记录老导游的讲解词，要用脑子记。

要仔细观察导游老师带团时的每一个细节，导游老师说的每一句话、做的每一件事都可能有潜台词，要思考导游老师为何这样说，为何在这时说，为什么这样说，为什么这样做，有何用意，效果如何，如果没有达到导游老师预期的效果，是什么原因造成的。

新入行的外语导游特别要观察导游老师对客人所持的礼节，外语导游在车上一般不会讲过多的国学文化，但是他们会让入境旅游者尽快地、更多地欣赏中国魅力。外国游客来到中国看到古老的建筑、如诗如画的景观，极其神往，但往往不知所以。外语导游就得讲解为何修建、何时修建、怎样修建的，为入境旅游者解惑释疑。对于品不完的美餐，外语导游会介绍美食的特色、如何吃，哪些政要来这里吃过。外语导游经常在旅游车上与游客交流，会认真对待外国游客的每一个问题，每一个小要求。

外语导游千万不要以为自己的景点知识充实就一定能讲解好，自己的语言过关就能带团如鱼得水，有些外宾直爽的问题、率真的要求，一下子就能让新导游跌入窘境，许多带团知识往往不是在课堂上、书本上能学到的。

新导游跟团时要着重观察导游老师如何进行团队运作，带团最重要的基本功是把食、住、行、游、购、娱六大环节恰切地、顺畅地安排好，并不是会讲解景点就一切顺利、美好了。

一般说来，导游服务重于导游讲解，导游服务涉及旅游活动的方方面面，影响旅游活动的整体质量，而导游讲解则是介绍景观帮助游客了解景观、欣赏美景。

新导游要记住，“善于观察”是指认真观察导游老师如何讲解，如何安排行程，如何处理问题。虽是旁观，但必须走心，既看过程，更学技巧。

009. 跟团时，新导游怎样“勤劳、谦虚”？

导游师父带徒弟本身就是义务劳动，如果新导游还需要导游师父处处照顾，哪个导游师父会心情愉快？谁喜欢一个笨家伙、一个懒虫？

新导游一定要提前到达集合地点（机场、宾馆），到达后，就要热情地给导游师父打电话：“师父我来了，我在酒店大堂（机场几号门内）等您。”谁愿意带一个学艺都迟到的新导游？见到导游师父，一定要把以他为师的客气话说到（师父再年轻也是师父）。如果时间充裕，尊重地请导游师父介绍一下旅游团及当日的行程，自己跟团需要注意哪些问题，要恳切地请导游师父在走行程时给自己安排点儿活。

不明白时，新导游要在适当的场合请教导游师父（不要当着客人问），新导游自己不提问，导游师父有必要给你说那么多吗？新导游问师父前，自己要先思考一下，不要张嘴就来，不要问些不动脑筋的问题，如“道光是乾隆的孙子吗？”“北魏比隋朝早多少年？”

新导游眼中要有活，如帮导游师父发矿泉水，帮助导游师父打电话请司机把车开来，通知餐厅备餐，帮导游师父打着社旗，师父的麦克风电不足了，就把自己的麦克风奉上，早餐后要早早来到旅游车旁迎候游客等。

新导游要在辛苦与休息之间选择辛苦，如全团游览完毕已经上车，就差一个游客，游客打来电话说他已经快到景区大门口了，实习导游可以和全团在旅游车上等待，也可以跑过去迎接游客，如果选择跑去迎接，客人下次还会迟到吗？别的游客如何看待你？又如，旅游团下车就餐时，你是否对司机师傅说了一声“停好车您就用餐去”，一句普普通通的客气话，也是点滴心意。得空时你可曾清洁过车厢卫生？你只想着让司机师傅帮助你、教导你，你可曾为司机师傅做了些微之事？

谦虚就是学习，就是敬重。勤劳是人的品德，是一个人甚至是一个民族的秉性。

010.“跟团”时新导游怎样做到“言行谨慎”？

（1）不与游客谈论接待标准、行程细节

凡是涉及接待标准，新导游都不能贸然回答。有的游客往往喜欢向新导游提接待标准的问题，如“这个四星级酒店，酒店给你们肯定不是门市价，多少钱一间啊”“今天的晚餐不错，多少钱一桌啊”，他们认为新导游没经验，会说实话。但不管游客如何巧舌如簧，新导游可以这样回答：“请您问我师父，我是实习导游。”或者说：“这些都是旅行社安排的，我们导游只负责签单，不知道价格。”

新导游也不能擅自回答如何走行程的问题，如有的游客不经意地问：“从停车场到景区大门口有电瓶车，电瓶车要开多少分钟啊？”实际上他是在判断坐这个电瓶车值不值。新导游更不能随便答应游客“可以单独活动 10 分钟”，虽然你是实习导游，但是出问题了，游客一定会把你认定为旅行社派出的导游，说错了一句话，就可能会有麻烦。有的游客在与新导游交谈时，专门给新导游下套设局，所以新导游必须言语谨慎。

（2）导游服务不想当然

新导游不可以自己认为应该如何服务，就想当然地去服务。旅行社提供的旅游服务受约于旅游合同，新导游掌握不好火候，拿捏不好什么是尽职尽责，什么是突破了合同。例如，晚餐后旅游团回到酒店，一天的行程已经结束了，有的游客要求新导游带他们去购物、去夜市品尝小吃、去足疗按摩……有些新导游认为这是与游客拉近关系的机会，义务为游客服务有何不可。对这样的要求，导游必须婉拒，因为一旦发生各种问题，导游、旅行社都要承担相应责任。

（3）不任性说话

新导游与游客、导游服务集体、旅游接待单位不能任性、随意说话，有些口头禅就千万不能说，如果新导游对来自武汉的游客说“武汉人聪明，天上九头鸟，地上湖北佬”；如果新导游看到乱跑的游客就随口说“无组织、无纪律，真让人操心”，游客会认为你在讥讽、在批评，肯定会不高兴，游客如果和新导游较起真来，可能就有麻烦。只要说得欠妥，应立刻赔礼道歉。

导游嘴上要有个“把门的”，小心“祸从口出”。

（4）作风朴实

朴实，首要一条是不突出自己。跟团的时候不要有强烈的表现欲，任何事都不可以抢了老导游的风头，新导游必须明白自己是给导游师父打下手的。如果导游师父叫你给大家唱歌，就立刻开始，但要适可而止，不要因为游客鼓掌就接着唱了一首又一首。

任何事都应遵照导游师父的决定去做，导游师父自有他的道理，你认为对的，你独立带团时再实施，当徒弟就应当服从指挥。

新导游若在旅游车内为游客讲解，站姿一定要端正：在车内讲解时，不可以身子斜倚在小靠背上，一脚斜蹬着某处。眼神要纯净：不可以飘飘忽忽，环顾左右滴溜溜乱转。说话要正经：不可油腔滑调，哗众取宠。

新导游要记得你是为游客服务的，在游客面前男导游不要刻意地亮“帅”，女导游切勿显“媚”，你的形象好，你的青春气息，并不是导游服务，游客需要的是你真诚的服务态度、高超的服务水平、令人满意的服务质量。

有的新导游羡慕很有“派”的导游，甚至东施效颦，实际上是庸俗浅薄，没有修养。好的导游，有经验的老导游都没有“派头”，只有讲解的“气场”和文明的风度。

导游只有全身心投入到导游服务之中才会朴实、真切，受到欢迎。

011. 什么情况下，新导游应“适当回避”？

新导游要知道有些场合自己应当主动回避，不要等人家支开你，才讪讪地走开。例如，导游师父和司机商量重要事情时，用餐时游客在互相商议是否购物、是否参加自费活动时，游客之间商议私人事务时或者品评他人时，游客私下赠送导游师父、司机师傅礼品或者小费时，导游师父理账、数钱时，导游师父与司机、酒店、餐厅、购物店结账时，游客与导游师父或司机师傅个别交谈时，游客之间进行私密谈话时，新导游都应悄悄离开，即使他们说不必回避，也要借故离开片刻。

适当回避可以远离矛盾，避免尴尬。

012. 新导游应如何接受批评意见？

新导游在跟团时、带团中，说的话、做的事可能会不恰当，甚至错误，导游师父、司机师傅甚至游客，或好心地给你提意见，或带着火气批评你。对此，新导游一定不要强词夺理，巧言辩解，因为自己看不清自己的表现，别人却洞若观火。即使导游师父、司机师傅说的并不一定全对，新导游也要把他们的批评看作关心，新导游不要多解释，言语不合就会感情冷漠，关系僵了，还怎么跟团？导游师父怎么向社里汇报你的表现？你反驳了导游师父的批评，还好意思留在这个旅行社吗？

一个人只有诚恳地接受批评，主动征求意见，才能迈开前进的脚步，接受批评以后要好好反思一下，错在哪里？不当在哪里？下次应该如何做？

文过饰非的人不可教、不可交。

013. 为什么说吃苦耐劳是从事导游职业的前提条件？

带团时，导游要整天走路、上下数不清的台阶、爬山、过桥，导游在游览中要前前后后地照护、聚拢着游客，其他环节也是来来回回地忙碌，走的路比游客至少多1/4。许多新导游走团第一天，脚上就起了大血疱。带一个团讲的话比平时一个月说的话还多，不爱说话的人变成了“话痨”。

作为旅游团的“服务员”，导游要帮助游客往旅游车行李厢内码行李、取行李；供应矿泉水时，要往车上搬运；游客伤病了，导游要搀扶着。每天早起晚归，严寒、酷暑、刮风下雨时，更要安全地带着旅游团游览。旅游旺季这个团刚送走，紧接着又在机场、车站迎接下一个团了。在节假日、黄金周，为避免堵车，往往凌晨就出发了。

景区人满为患，讲解费力、集合操心，一天下来导游身心疲惫不堪，旅行社一般是不给地陪在酒店开房的，导游还得赶车回到郊区的家（非当地籍的导游通常住在郊区，房租便宜些），晚了就没有公交车了，回到家里也不能马上睡觉，要做好第二天行程的各项准备，为了形象还得备好次日干净、得体的穿戴，备好次日购票、用餐的费用（现金、银联卡、微信）。一上团不觉得渴、不觉得饿，就是觉得太缺觉。

当全陪，舟车飞机鞍马劳顿；做领队，异国他乡水土不服。千好万好不如家好，但是导游必须以四海为家。

游客还经常会提出许多个别要求，如要求地陪帮助查一下某某酒楼是否有早茶供应、几点开始、几点结束，导游能不打个电话询问吗？刚回答好了，游客又说麻烦你问一下这个酒楼有外卖快递吗？快递费多少钱？其实，这个游客就是突发奇想，他根本不去那个酒楼吃特色早茶，也不叫外卖，如果导游说你自己打电话问吧，气氛立刻就尴尬了。导游的电话不是免费的，游客一声"谢谢"就是回报了。

体力劳累还不算什么，导游还有操不完的心：有的游客总是乱跑或者迟迟不来集合；导游要算计时间，旅游团如何才能到了餐厅不用多等就能吃上热饭热菜，要与餐厅沟通特殊需要（不能咸辣、回民餐）；不爬山的游客有要坐缆车的、有要坐索道或者滑车的，连同爬山的游客，导游要全面照顾。

导游即使热情周到地服务了游客，有时还得忍受一些游客毫无道理的抱怨、迁怒。任劳任怨用在导游身上再恰当不过了。

在外人看来导游工作非常轻松、风光，但实际的劳累、辛苦，只有导游自己知道，这些苦还不能告诉家人。

职业的磨炼让导游成为性格开朗、爱交朋友的人，成为自觉、自愿操心费神的人。

014. 新导游怎样接受同行的考验？

对新导游，旅游界同行是"听其言，观其行"，在带团中客观地观察他。

司机师傅和全陪第一会观察新导游是否勤劳肯干，如每天是早早来到酒店还是踩着钟点来，甚至三天两次迟到；第二，是否有亲和力，如能否微笑着主动与游客打招呼，能否主动服务；第三，是否灵活，有没有眼力见儿，遇到问题能否和谐地解决；第四，是否会讲解，是抽丝剥茧、有头有尾地娓娓道来，还是东一榔头西一棒子地"胡抡"；第五，旅行社很重视游客对新导游的评价，意见单上的评语如何，有没有表扬信，有没有理想的业务成绩（自费情况、购物情况），因为导游的业务成绩是社里的利润之一。

新导游要想经得起旅游界同行、同事的考验，必须谦虚谨慎做人，多吃苦受累，人前人后诚恳实在，宁委屈自己，必善待他人。

015. 新导游如何接受游客的考验？

导游从接到旅游团开始直至送走旅游团，都始终处于全团游客对他的考验之中。

游客来到异国他乡，最先接触的就是地陪，他们把地陪看作当地人的代表（其实很多地区的导游并不都是本地人），游客觉得导游的穿着打扮、举止言行一定体现了当地的民风习俗，游客首先是给导游“相面”（中国人善于“相面”，一眼辨忠奸），游客一过目，就会在心里说“这是个实诚的导游”“这个导游是个小滑头”。

从登旅游车、下榻酒店开始，游客开始感受导游是如何服务的，有的游客时时、事事、处处在内心给导游打分，评价导游的业务能力、知识水平、人格品位。

有些游客专会“欺生”，一看是新导游，就认为没有经验，不是提出各种要求就是百般挑剔，新导游必须禁得住考验，从游客絮絮烦烦的个人要求中、许许多多的埋怨里、不明事理的误解中，找出自己工作的不足，及时改进导游服务。有的导游接受不了“自己的热脸去贴别人的冷腚”，因为他不明白自己就是游客的服务员。

也有一些游客对导游不看服务看颜值，以貌取人。新导游聪明机灵、颜值高，有些游客就特别欣赏、喜欢其美好的形象，但是涉及切身利益时，游客就不论交情了。你的颜值不能代替你的服务能力，你的伶牙俐齿也不是你真诚服务的写照，任何人不可能一辈子都吃自己的容貌饭，形象是天生的，但是人品、学问不会是天赐的，游客通过一件事、一句话就能把你品透。

新导游如果禁不住游客的考验，怎么能带好团？带团业绩怎么会优秀？

“真诚助人成功，虚伪必被抛弃”，新导游要把游客的种种要求、挑剔、刁难，当作增长才干、提高水平的鞭策，把嘲弄讥讽、不负责任的批评当作警示，激励自己不断认真学习、积累经验、更新知识，提高带团业绩。

016. 新导游为何难过“自身考验”关？

（1）没有好身体、好心态，干不了导游

旅游团来到旅游目的地，不会因为暑热、严寒、刮风、下雨而停止旅游，导游要在恶劣天气中努力工作，新导游你能经受住吗？

有的地接线路每天不是爬山就是走路，新导游你扛得住吗？

导游每天到了酒店就开始与游客说话，（韩愈老夫子在《进学解》里说他“口不绝吟六艺之文”，导游说话比他可多多了）有时还要扯着嗓子喊，新导游你的嗓子顶得住吗？

作为地陪，一年到头都是几天一个轮回的旅游行程，新导游你能耐住这重复的枯燥吗？

每逢节假日都是旅游旺季，大年三十、初一，这些中国人最重要的节日，你不能与家人团聚，而要带着旅游团，新导游你的心态能平和吗？

全陪一年四季走南闯北、历经舟车奔波、水土不服，新导游你能适应吗？

（2）扛不住生活的困难，干不了导游

生活往往是艰难的，要想休息好点就得租条件好点的房子而不能租郊区的小平房，但市区的房租很贵。

早晨顶着星星出门了，晚上披着月光回家，总是看到睡梦中的孩子。别人节假日一家团聚，但节假日是导游最忙的日子，一年又一年都是这样。

年老的父母生病了，是回老家侍奉双亲还是继续在外地带团？在老家关系众多，找个舒心的工作并不难，但是放弃了导游生涯，就可能成为一辈子的遗憾。顾家与从事导游谋生两难，新导游你能接受吗？

（3）不改掉老习惯、老毛病，当不了好导游

任何人都有这样那样的缺点，但是导游这个职业对人是很挑剔的。

游客在心里认为导游就应该是人精，什么都行。比如，平时你丢三落四没事，带团就不行，有一个导游带国际学校的学生团去泰山，在火车站进站口他

兢兢业业帮全体师生过安检，在候车时突然想起自己的双肩背包没拿，急忙跑到安检处，车站安检人员还给他背包了，但是学校领导立刻给组团社经理打了电话：“这样一个粗枝大叶的导游，怎么能干好工作？你们再派一个导游吧。”

一位非常敬业的青年导游带一个重要的研学团，第一天上团从酒店到前门仅仅 30 分钟的车程，主办方的一个领导就给地接社老总发微信：“这个导游讲解时带着浓重的老陈醋味儿，他算不上北京导游，让他下课。”这个导游的老师、师哥都带着这个研学团，老师对旅行社老总说：“他是导游大赛的银奖得主，孩子们怎么能听不懂？”导游有点口音也不行。

导游嗓子得响亮，猫声细语的不行，普通话要说得标准，声音还得受听（好听），导游不是播音员，但是游客要求有欣赏度。

有的导游有尿频的习惯，但是导游带团不能总去洗手间啊，只好少喝水。北方的司陪餐有时是吃炸酱面、煮水饺，就着蒜吃是再好不过的，但是因为带着团，就不能吃大蒜和气味浓烈的食品，想吃，回家吃去。

导游的衣着、打扮还得有职业的范儿，有的导游不讲究穿戴，不爱“打整”，穿着松懈、邋邋遢遢，游客不会喜欢这样的导游。有的男导游平时三天两头才刮一次脸，干上导游，就得天天刮脸，有时一天要刮两次……上团就得衣着整洁、神定气足。

（4）不继续刻苦学习，当不了好导游

旅游团常常去参观一些新型景点如中国消防博物馆、河南钧瓷博物馆、上海汽车博物馆、北海合浦海上丝绸之路博物馆、泾县中国宣纸博物馆、中国戏曲博物馆以及各种文化创意园区等，这些馆内的专职讲解员人数少，主要为政府接待服务，旅行社就是花钱也雇不上。进了这些博物馆、文化创意园区大多需要地陪亲自讲解，导游要提前做功课，了解这些专业知识。从这些博物馆的名称就能知道行业之多、知识面之广、历史之久远，导游讲解的难度、深度，可想而知。

每一个参观项目，每一项活动，导游都要适时、适人，有针对性地进行导游讲解。导游的讲解要有真知灼见，必须说内行话（对于新导游来说至少不能说错话），这样游客才爱听。

现时代，许多游客已经从走马观花变为文化欣赏，未游览之前他们在家做足了功课，来到景区就是亲临体验、享受来了，所以导游更需要学习，否则游客就要给导游上课了。

无论怎样高学历的人，无论怎样的“万事通”导游，都会有知识盲区。常规景点范围内的知识，导游都有一些储备，但游客的兴趣所在、探寻所向，往往是漫无边际，他们的提问导游不能不回答，更不可以说这不是我讲解的范围。导游常常因为游客的即兴提问，顿感自己知识贫乏。

从事导游工作，不得不遨游在知识的海洋中，每一个成功的导游都是经年累月坚持不懈地学习，做一个有学问、知识广博的导游真的很难。

有的导游拿起书本就犯困，但是不学习，怎么能干好导游工作?

（5）没有充分的心理准备，当不了好导游

新导游要想成为一名合格的、优秀的导游必须做好充分的心理准备，准备吃苦、受累、受委屈，必须培养坚强、健康的心理素质以应对、战胜各种困难，必须改掉过去的毛病，必须有锲而不舍的学习毅力，还必须要有灵气，有悟性。

从事导游工作，就是重塑自我，就是一个西天取经的过程。放不下架子，不要当导游；吃不了奔波之苦，不要当导游；厌烦处理吃喝住行游等琐碎事，不要当导游；厌烦数不清的小要求、小麻烦，不要当导游；吃饭讲究细嚼慢咽的、有洁癖的，不要当导游；受不了委屈的，不要当导游……

新导游，你是打退堂鼓另谋职业还是知难而进，当一辈子导游?

017. 新导游如何面对旅行社的各种规定?

国有《旅游法》，社有社规。旅行社的社规经常不给新导游讲解透彻，更何况一些旅行社的规定未必合情合理，那些一面理的若干规定，旅行社也不大好讲出来。新导游常常弄不明白这些规定，只能社里说怎么办就怎么办吧。比如凌晨5点旅游团抵达火车站，但是旅行社就是不提你如何提前抵达火车站，打车费、早餐费不给你报销，你若提出要打车费、早餐费，可能下次就没团带了。

大牌导游可以不遵守社规，但是新导游一点做得不到位，旅行社就铁面无私，狠罚重惩。这些事情太常见了，新导游千万不要有被欺负的感觉，因为那些大牌导游是旅行社的功臣，是创收主力，你有何德何能，要求和那些大牌导游员同等待遇？旅行社这样、那样的处理，是为了另一种利益平衡。

《旅游法》规定，“旅行社安排导游为团队旅游提供服务的，不得要求导游垫付或者向导游收取任何费用”。向导游收取任何费用的事情先放一边，垫付团款的事情则是一言难尽，旅行社认为如果导游不负责、不尽责，旅行社的团款就“打水漂”了，社里谁有时间去与他理论，如何让他赔偿？导游不好好带团，就不给报账，自己承担损失。纯玩团、商务团也会让导游垫付团款，下团后报账。

报账时交上各种门票、发票，把账目核算清楚了，核账时明明说十天后，或者月底结账，到了日期，垫付的团款仍然没有打到导游的银联卡上，新导游只要一问，计调会说组团社没付团款，或者旅游团有人投诉你了，旅行社还没扣你的导服呢。

新导游到了哪个旅行社就需要适应并遵守该社的规定，打工哪有不受委屈的？

新导游给某家旅行社带团，若觉得行就干下去，不行就离开，不要这不合理，那不符合政策，提出一大堆意见，要明白你是来带团的，不是来指导、监督旅行社工作的。有的新导游在许多家旅行社干不下去，埋怨旅行社待他不公平，拿他当“鸡肋”，实际上是他没有把自己的位置摆正，他的带团能力也很一般。

018. 新导游怎样与旅行社计调相处？

新导游来到旅行社，最先接触的是旅行社的人事部门或者办公室的人，但是要接团了，就开始和旅行社的计调打交道了。每次带团都是计调安排任务，旅行社计调多数是女的，她们不是旅行社的领导，但她们却是给旅行社操持业务过日子的，计调负责联系旅游业务、核算成本与利润，旅游团定下来后，计调要落实订房、订车，确定合适的导游，有时还要落实餐饮、文娱演出、返程机车票、与对方结账等细节，计调是旅游团的导演、总负责人，旅行社里最忙的是计调。

既然计调负责挑选导游，自然会公私兼顾，计调看你顺眼，她就是一团火，详细为你解说带团要点，给你点宽松的待遇（预支一部分团款、订餐可以多选几家等）。计调若看你不顺眼，就是冰天严霜，行程自己看去，若有问题问她，计调说当初你怎么考下来的导游证？你带团顺利时，有好评时，计调见你笑得如同三春牡丹；如果你的团有了麻烦，计调就是严厉的婆婆，半句话就戳得你透心凉。

计调冷漠、刁难新导游的事很常见，给新导游派的团往往是人数少的团、最不挣钱的团，但是和计调关系好的导游，可以敞开挑好团、省心省力的团，至少可以挑一个到宾馆坐公交方便的团。你若生气，只能离开此社，但每个旅行社都差不多。生气不如争气，不给你复杂的团，你能飞速提升吗？“穿小鞋”的人走路快，后娘的孩子有本事。

也有一些计调会热情帮助新导游，这些计调才是真聪明，她们知道新导游听话，认真带团，不会在许多细节上耍花招，可以放心使用。新导游虽然缺乏带团经验，但是会认真导游讲解、热情服务，万一团里有啥问题，计调会及时指导。但是计调一旦发现新导游“变味”了，学滑了，她们有“治”导游的特效药：不给你排团了，或者把“最好的团”给你，出点差错就狠狠罚你。

新导游切记，计调就是你最直接的上司。新导游来到计调部，不要只和分配你任务的计调说话，看见别的计调有空，可以攀谈几句，认识一下。搞好关系的方法很多，自己别死脑筋就行了。逐渐地认识了旅行社的所有计调，一旦有任务时，有的计调就会想起这个有眼力见儿的新导游，派他上团。

旅行社为了谋求利润，会“巧妙”地安排房、餐、交通，当游客纷纷有意见时，导游经常要代旅行社受过，不要向计调诉委屈。凡是因为旅行社的安排缘故，新导游向计调反映问题时，要注意说话的技巧，不要让计调感到你的立场是帮助游客讨公道甚至要投诉旅行社，要让计调感到你在积极想办法克服困难。

019. 新导游如何向导游师父学习？

（1）一日为师，终生为友

旅行社给新导游安排了老导游做领路人，并不代表一切都会顺风顺水了。因为旅行社需要你，但导游师父并不需要你。导游师父带你上团都是纯尽义务白帮忙。导游师父不爱带徒弟并不仅仅是因为义务劳动，也不是害怕教会徒弟饿死师父，主要是太费口舌，太操心，只要一件事没有嘱咐好，一句话没有说到，就有可能带来很多麻烦。不批评新导游，他的进步就不会大，可是有几个新导游喜欢被指点、被批评？

有的新导游以年轻、学历高，从心里看不起或者不重视老导游，难道导游师父看不出来你在敷衍他吗？有的新导游刚刚会干就开始"呛行"，"我是新导游，导服低点没事儿"，这样的新导游往往以"呛行"始受旅行社青睐，最后以"要价、开价"，被旅行社轰出。

导游师父可能经常不教你，你问问题，他打马虎眼，指东说西，遇到这样的师父，作为徒弟你要想一想，师父为何不教你，为何不爱教你，身为徒弟，第一要感化他，第二要偷学！中国戏曲演员经常是偷学，偷学到的东西最有体会，最能融进你个人的风格。第三要感谢他，不逼你一把，你就不会，印象不深！不应要求别人心胸宽广，但自己绝对不能小肚鸡肠，古人云：滴水之恩当涌泉相报，新导游应扪心自问"还记得带你入行的导游师父吗"？一个连带他入门的师父也能忘，这样的导游会是一个好导游吗？

导游师父首先观察新导游的言行，认为这个新导游的素质、品行还行，才会真诚地教他、带他、帮他。

戏曲界最看重通过拜师传承流派艺术，所以举行隆重的拜师礼，往往有一些著名演员出席、众多嘉宾见证。在其他行业拜师仪式并不多见。在旅游界只听说某某导游是某某老导游的徒弟，但是没有仪式，可笑的是有的新导游在司陪餐厅用餐时，对导游师父说："哥，当着在场几位司机、导游的面，以后我就是你徒弟了，你就是我师父了，有事我问你。"如此随随便便认师父，哪个导游师父会承认？

导游界的师徒都是多年来大家公认、他们师徒自己也承认的。新导游不能急于拜师，拜师只能在两三年后，导游老师觉得你是个能教出来的导游、从心气秉性和你有相通的地方，才会真的收你为徒。拜师之后，你若半年也不与老师聚会，能有感情吗？能传承技艺吗？能学到老师的真本事吗？拜师之后，如果带团松松垮垮，懒于学习，师徒关系也只能是名存实亡。

（2）向老导游学什么

一位导游曾真诚地说：新导游挣导服并不难，能有缘拜下一位学识广博、品行端正的导游师父难。

导游讲解的根基是学问，有了学问，讲解时还得深入浅出，富有吸引力。

导游工作要有实际操作经验，一言一行要拿捏得合适。经验不是从书本上就能学到的，新导游都要由老导游带领着走一程。导游师父可能也就早干了一两年，岁数也可能就比新导游大一两岁，或许比徒弟还年轻好几岁，说话办事不一定比新导游老成、沉稳，知识也未必比徒弟更瓷实，但是他带的旅游团就是一个和谐大家庭，不管什么复杂的情况都能顺顺利利走完行程，而你带团却总是跌跌撞撞。新导游必须承认导游师父的“功夫”和“控团能力”，必须深刻体会、认真学习。

新导游可能未必欣赏导游师父，甚至有的导游觉得他处处比师父强，但是要记得是你在学艺，不是你在传艺，不尊重师父，你就发现不了师父是如何爱岗敬业的，是如何恰到好处地处理麻烦事的。

导游师父未必是你的楷模，但他一定是你的借鉴，从他带团中你可以清楚地了解怎样进行导游讲解，遇到困难如何绕开暗礁、化解尴尬境地。

旅游团内，要学习导游老师的控团能力，旅游团外，要学习导游老师如何与旅游接待单位友好合作，这两点是新导游要学的“真经”。

020. 新导游如何与旅游车司机师傅相处？

司机师傅“富览”导游，见识导游最多、最能真实地感知导游带团水平的不是旅行社的计调，而是旅游车的司机师傅。司机师傅接触的导游特别多，有的司机说“我听导游说三句话，甚至一开腔，我就知道他的水平”。的确，司机师傅对导游的判别能力很高。

（1）请司机师傅多教导、多关照

新导游参加培训、跟着导游师父学习，对于本地的经典线路也不再陌生了，新导游自己上团，与司机师傅沟通好哪里落客、哪里登车，一般也不会有什么问题。但是有些郊区新景点是新导游没有去过的，下车后到哪里去买票，从停车场怎么走到景点检票处，洗手间在哪里，午餐餐厅在哪里，这些都需要司机师傅指点，司机师傅几乎没有生疏的景点。

多向司机师傅请教，如何安排旅游行程中用餐、购物、娱乐等环节，就会行云流水般顺利实施，毕竟司机师傅熟悉这些环节。

旅游车司机师傅基本是35岁以上的人，他们走南闯北，富有生活阅历，富有接待旅游团经验，特别是他们对于游客的心理把握得很准确（很多师傅戏说他能掐会算），这些都是新导游特别欠缺的。有些难以处理的琐事，司机师傅会挺身而出帮助导游解围。

（2）与司机师傅真诚合作

好多新导游总是遭司机的白眼，新导游聚在一起聊天时也总是嘟囔着某某师傅太倔、不配合导游工作、不照顾客人，如果把事情细细捋一捋，却原来是导游不懂事、不会操作。在火车站接团时，列车11点25分到站，导游怕司机迟到，就告诉司机列车11点到，司机早进停车场，多交了30元停车费。司机知情后肯定不高兴，就有可能不与导游好好合作。如果导游对师傅说："师傅，列车11点25分到站，我接到客人后给你打电话，您再进停车场。"司机就知道这个导游真会办事。

旅游中经常发生这样的情况：在饭店出发前，导游不提醒游客去洗手间，到了高速路上、环路上，游客内急，憋不住，就让司机师傅下道，寻找洗手间；通常导游要带领旅游团等车，不能让旅游车等人，但是有的导游为了不让旅游团在太阳下、寒风中等车，早早把旅游车调来，司机师傅不能久占马路，只好再去转圈。这些事看起来好像是导游在关心旅游者，但实际上在给司机制造麻烦。新导游在安排行程时，不考虑司机行车是否顺路、停车是否方便，午餐地点能否停车，甚至行车时"瞎指挥"，让司机走这条路走那条路。新导游要记住：导游不可以为了讨游客的欢心，站在司机师傅的对立面，根本不考虑司机师傅的难处，司机、陪同是一个导游服务集体，必须协作共事！安排行程时，多征求司机的意见，就会合作愉快。

（3）沉着应对个别司机师傅

有的司机一看你是新导游，处处不照顾你甚至欺负你，话语冷冰冰。有的司机因为要省停车费，或者图省事儿，不管客人是否多走路，把车停得很远。游客看到别的旅游车开到离景区很近的停车场，而自己走了很远的路，当然很生气，纷纷朝导游发火。

有的司机师傅“套车”（一辆旅游车接两三个旅游团），把时间安排得不留空隙，旅游团结束游览后在约定的地点等车，久等不来，导游打电话催司机，司机会借口堵车。新导游如果向旅行社汇报，旅行社计调很可能是司机的朋友，就对新导游说：“这个师傅和别的导游合作都挺好，怎么就你事多？”

在司机不配合的情况下，新导游必须沉住气，不能把矛盾公开，先安抚住旅游团，一面请旅行社劝导司机，或请导游师父讲情、支招。

有的司机师傅指挥新导游“快捷带团”，以便他能下团后再接活儿，若新导游坚持按规矩操作，司机就阴沉着脸，说话冰凉。若新导游自恃有理，和司机较劲，这个团就很难带好。

新导游要学会和司机师傅合作好，不卑不亢，就客客气气地“宾”着他（北京土话，尊敬得他必须认真工作），老导游常说：“宁和司机师傅‘打太极拳’，也不能吵一句嘴。”

规范服务是约束不敬业司机师傅的紧箍咒。

021. 新导游如何与旅游接待单位友好合作？

（1）不抱怨，设法转逆为顺

旅游业涉及食、住、行、游、购、娱六大方面，这些单位各有自己的规章制度，如有的景点与社会同步，60岁以上的老年人免费，但是有的景点规定65岁以上或70岁以上老年人免费或半价。但对外地老年人不免费，只半价优惠；有的娱乐场所规定1米以上的儿童就必须买全价票，游客说：“铁路规定身高1.2~1.5米的小学生可购儿童车票，北京故宫规定1.2米以上的孩子可购学生票，怎么演节目的地方就可以乱规定？”弄得导游都没法向游客解释。

旅游接待单位从业人员的素质也良莠不齐，新导游会遇到他们的冷淡和刁难：一进餐厅，餐厅的领班就说你报的人数不准确；那个孩子够高了，要按成人算；还说正是饭口最忙的时候，你怎么把团带来凑热闹？已经提前通知了旅游团到达的时间，但就是没有为你留餐桌，而刚来的旅游团进门就用餐，因为餐厅人员和那个导游熟；有时给你的团上菜慢，给后来的旅游团上菜快，因为那个导游会吵会闹，服务员们惹不起。

下榻的酒店把旅游团的房间分到各个楼层，或者给你团的房大多数朝向不好，房间格局不好、楼层不好，导游与他讲理，前台说就这些房还是给你挤出来的，你不住，我们马上高价卖散客，这么照顾你，你还如此“事儿妈”。可是后来的旅游团，分的房特别好，你去理论，前台说人家旅行社出的房价比你们高，给你们省钱了，还提意见，导游怕暴露矛盾，只能隐忍不发。

景点验票时不是查验老年证就是验看学生证，而别的导游嘻嘻哈哈带着团就进景点了。

在景区乘船、缆车，带团乘火车，在机场办理登机手续也经常有不顺利的时候，遇到这些没法讲理的事，别说新导游，就是老导游都头疼。

旅游接待单位的工作人员都是导游经常与之打交道的人，新导游切记不要和他们争吵，扩大矛盾，更不能今天投诉酒店、明天投诉餐厅、后天投诉景区，而要设法转逆为顺，要学会与他们和谐共事，共同履行旅游合同。好在各行各业都在走向规范化，新导游带团会顺利许多。

（2）规范带团，赢得合作者支持

面对不公平待遇，应该平心静气地说明情况，千万不能当着旅游团逞好汉，公开冲突，激化矛盾。那些旅游接待单位也是敬业的工作人员多，他们自会帮你。

导游规范行事，妥帖办事，各个环节的合作者通常都会给予大力支持、友好合作。

022. 导游如何与游客和谐相处？

广交朋友、心胸敞亮、助人为乐的人，天生就适合从事导游工作，善与人交往是导游的职业特点，也是导游的能力。

游客来自各个地区（不同国家），其宗教信仰、民族习俗、生活习惯、个性、行为、文化结构、旅游需求、品德修养各不相同，他们对旅游行程的标准认识不同，对旅游生活自然会有各种要求。宾客至上是导游的服务宗旨，服务游客是导游工作的初心。

（1）一视同仁

平等对待旅游团的每一位游客，任何时候都不可以有亲有疏，既不高攀更不歧视。与游客适当保持距离，冷漠不好，过分亲热也不好，如果与某几个游客亲热相处，刚开始不会有问题，时间一长，这几个游客提出的要求就有可能超出旅游接待标准，导游无法做到，这样就会产生嫌隙。而且导游与少数游客过于火热，其他人有被冷落之感，导致一些游客心情不快，给导游服务工作制造了困难。

（2）以礼相待

以礼相待就是尊重游客，满足每一位游客的自尊感。游客来到异国他乡，都期望受到当地人，首先是导游的欢迎、尊重、关心和帮助，这里不存在国家、民族、社会地位、经济地位的差异。受到尊重和礼遇，是任何一个游客正当的、合理的、起码的要求，导游必须明白，只有游客处于友好热情的氛围中，切身感受到被尊重，导游的各项服务才会发挥最大效能。导游在几天的旅游生活中，一直礼貌有加，热情、主动倾听游客的意见和要求，游客怎么会不积极配合导游的工作？度过美好的旅游假期是游客的初心。

（3）微笑服务

微笑服务能够迅速缩短人们之间的心理距离，化解某些不愉快，微笑服务可以表达导游对游客亲切、真诚和谦恭的服务态度。有位资深学者说：“在最困难的局面中，一种有分寸的微笑，再配上镇静和适度的举止，对于贯彻自己的主张，争取他人合作，会起到不可估量的作用。”

（4）心理服务

导游必须是有心人，对于游客能够察言观色，能够敏锐地感受到他们的需求，及时提供积极、有针对性的导游服务。一个优秀的导游总是善于调整游客的消极情绪，营造愉快氛围，激发、保持、提高游客的游兴。

（5）坦然面对不实指责

当游客或因不了解情况，或不负责地指责时，导游要保持理智、礼节，绝不能说“解气”的话，做“嘴上胜利者”，更不可把游客批驳得体无完肤。

有的游客对于行程中的旅游接待标准经常有额外或更高标准的要求，如挑剔酒店的星级、酒店的地理位置、客房设施、酒店早餐的质量，挑剔旅游车，甚至挑剔导游的性别、年龄、容貌（欢迎年轻的美女导游），这些游客把自己看作大爷，把导游当作下人。如果依据事实认真地和游客讲理、论是非，肯定不会有好的结果，导游要“宰相肚里能撑船”，宽容大度，不计较小是小非。

新导游应做好游客“有理挑剔、无理找碴”的心理准备，无论怎样，游客是客人，绝不能让客人带着一肚子气回家。要想到游客好不容易才来旅游，导游无论如何也要让游客开心，就一定能化解自己委屈的心情。

（6）热诚服务，赢得大多数游客的支持

导游无论工作多努力，也总有游客鸡蛋里面挑骨头，好像不挑剔就没水平似的。例如，在景点讲解，导游讲得有文化深度，游客说：“导游，你能不能别拽文，来点通俗易懂的。”旅游团中有老人，导游放慢了些游览节奏，就有游客说：“导游，能不能别磨蹭啊？把宝贵的游览时间耗在走路上。”诸如此类的指责经常会出现，但新导游不能被个别游客的闲言碎语所干扰，要不露声色地依然热情服务，有时也可以礼貌地解释几句，旅游团中一定有通情达理的人，他们会说“导游，别着急，你辛苦啦”。找碴的游客总是个别人（这些找碴的游客，哪里也没有他满意的事物）。

导游的任务是把团顺顺利利地带下来，所以导游不应计较游客的闲言碎语，不要计较不理性的态度。导游应当善于与各种人打交道，以积极向上的精神与人交往，以“己所不欲勿施于人”“吃亏是福”的处事原则与人交往。

导游应善于与陌生人在较短时间内热络起来，善于与人进行思想交流，遇到问题能迅速进行沟通，消除分歧，将几方面的利益均衡化，达到多方共赢。

023. 新导游如何与同行（全陪、地陪、领队）友好相处？

地陪、全陪、领队都是导游人员，应该互相支持，鼎力合作，但是经常有的全陪要大牌、地陪与全陪领队斗心眼、领队不本分的事情发生。

有的全陪认为“我”（其实是组团社）把团交给你们社了，交给地陪你了，你们挣钱了，怎么也得给我点礼品吧？如果旅行社或者地陪不“进贡”，全陪回去就说地陪如何不到位，是是非非说不清。有的全陪看你是新导游，就格外挑剔，简直没有一点对的地方，当着客人面让你下不来台。作为新导游对全陪要有礼貌，以更加努力的工作，让全陪挑不出毛病来。如果他不停地吹毛求疵，无事生非，情况会发生转化，旅游团的多数游客肯定会看出他是个小人，他们可能不直接去批评他，但是“话”会明显地向着地陪。

新导游当全陪，合作的地陪是老油条，地陪的导游讲解、导游服务都不好，还暗扣费用。有的地陪把自己看成地头蛇，不尊重全陪的意见，胡搅蛮缠。地陪是负责当地旅游活动的，旅游团主要由地陪安排游览活动，有的地陪不听取全陪调整旅游行程的意见，甚至当着旅游团讥讽全陪。这样的地陪毕竟是少数，但是遇到了就得“斗智”。新导游做全陪，要以游客利益为重，学会识大体，只要旅游活动还行，许多事就不与地陪较劲了。

有的外国领队居高临下，指导地陪这样走行程，指挥全陪那样去组织活动，他自己想吃这个，要那个，或有种种非分之想，碰到这样的领队，新导游最好与之保持距离，不冷不热，按原定计划走行程，但不与之发生正面冲突，扩大矛盾。

地陪、全陪、领队是同行，又在同一个导游服务集体，为了顺利完成带团任务，必须协作共事，不能也不应该弄得关系冰凉，甚至水火不容。人对我可以不恭、不敬，我不可对人不仁、不义，任何时候都要无愧于他人。这是做导游、做人的底线。

024. 导游上团，怎样着装、打扮？

导游的衣着打扮要给人以朝气蓬勃的感觉，但是有的导游上团非常“扎眼”，穿着前卫，发型前卫，他自以为最帅、最靓，但是很多游客反感，即使青年游客也未必欣赏他。衣装是有文化品位的，导游衣装的款式、颜色要适应旅游团的审美，不能与旅游团的禁忌冲突，如旅游团对某种动物有禁忌，导游的T恤衫上若有这种动物的图案就会让旅游团反感。

在几天的旅游生活中，游客天天看着导游，每一位游客总是希望本团的导游是一个有品位的人。衣装是导游的行头，穿着要有一定档次，不能陈旧落伍，其他个人物品也要质量较好，书包、鞋袜、帽子、皮带都要质量好。曾有一个男导游，带团中腰带断了，裤子差点掉下来，好不容易让小卖部的人给了他一根塑料绳，这才不用提着裤子工作了，这样的尴尬让他终生难忘。

导游不是模特，五官未必俊秀、身材未必好，但是导游需要有良好的形象，打扮要得体，不可俗气，穿着不能过于艳丽，不得轻浮。衣冠整洁、装扮得体是对游客的尊重。

讲究的导游是每天换一身衣服、换一双袜子，至少每天要换衬衫、换袜子，带团期间最好更换一次外衣、裤子，暑期要多带着几件衬衫、T恤，及时换下被汗水湿透的衣服。北方的导游在寒冷的冬季有几身羽绒服换着穿。

男导游必须每天剃须，女导游应淡妆。导游的清新整洁的形象本身就是对游客的尊重。

时尚代表着导游的精神面貌，典雅体现着导游的文化修养。

025. 如果旅行社给排的团少，怎么办？

导游是自由职业者，一般是给几个旅行社带团。某旅行社排的团少了，首先要考虑是否因为自己某些方面做得不够，或业绩不突出，可以与计调多接触、沟通，请计调给自己带团指正指正。其次可以向导游朋友们求援，请他们向其他旅行社推荐自己。现在导游微信群里经常发“求团”的信息，也常有“谁有空上团”的信息。

旅行社计调只对经常给社里带团的导游、重要的导游有所了解、熟悉，缺导游的时候，她们都是让熟悉的导游去呼朋唤友，这样招来的导游，计调至少可以放心一半。导游互相介绍“活儿”（带团），多少年来都是导游带团的一个重要途径。新导游接的团少是因为还没有建立广泛的导游朋友圈。如果有机会上大团，新导游一定要注意广交朋友。有的大团需要5~40名导游，旅行社往往只安排两三个老导游，由他们四处招揽人马。凡是有上大团的机会都是导游发展关系、建立联系的最好时节。认识的导游多、旅行社计调多，团就多。

026. 为何旅行社最烦挑团的导游？

旅行社计调给导游派团要综合考虑导游的工作能力与业务特长，如果导游挑团，计调会认为你挑肥拣瘦、事儿多，为人不实在，计调在琢磨如果派你带这个团，万一砸了怎么办。

旅行社派什么团，新导游就应该接什么团，不要贸然提出种种要求。在某社带团时间久了，和计调熟悉了、亲热了，才可以申请带重要的团，或者申请担任全陪出长线团。

如果计调排的行程过于紧密，或者难度大（购物店多、加景点多），导游可以说自己能力不行，接不了，这不是挑团，而是老实的表现。要是硬着头皮接，砸了，这个旅行社几年内不会用你了。

027. 新导游为什么要“刻苦学习，善于总结”？

旅游团游览、参观的景点从历史到现代，从古代建筑到文化名园，从自然山水到古都名城，从名人故居到现代艺术聚集区，题材众多。如果地陪讲解流于泛泛而谈，景点会因之失色，游客也欣赏不到应有的艺术价值。

导游传播文化主要凭的是深邃的思想、渊博的知识，而不是凭华丽的辞藻、流利的语速。游客说：“文化深的听知识，文化浅的听热闹。”如果新导游遇到了专听知识的旅游团会顿感知识匮乏。知识不是临时看一眼书、翻几篇文章就能获得的，知识有一个学习、认知、消化、吸收、运用的漫长过程。有些新导游之所以不喜欢做地陪，是因为地陪需要过硬的导游讲解能力，需要扎实的知识和语言功底。

有些导游说“我不是专家，要听真知灼见找专家去”，也有的导游说“比我级别高的那些导游大咖讲得也不过如此，我这样已经很不错了”，还有的导游说“给我的是导游服务报酬，没给我专家讲学的报酬”，导游如果总是如此辩解，为自己开脱，怎么进步？

一个导游的成功，除了他的学问、身体、口才特别适宜导游工作外，第一是刻苦学习，讲解中任何一个文化点都不放过，突出文化旅游。

第二是善于总结，总结导游讲解艺术、总结带团的经验教训。有的导游在电脑中存着接团的详细记录：日期、地区、集体照，哪段讲解游客给了掌声，游客对餐、宿、购物、娱乐节目的意见，重要客人的微信（手机中已存了 5000 位游客的微信），像这样用心总结的导游，怎么可能会不成功？

严格来讲，导游学习专业知识已经不是个人爱好的事情，而是在继承民族传统优秀文化，这是导游工作性质决定的。几千年来先民留下的宝贵传统文化，需要后人继承并流传下去，导游就肩负着传承的责任和义务。

祖国的锦绣河山是导游的工作环境，祖国给了导游沉甸甸的金饭碗，每位导游都深深地爱着祖国母亲，就必须刻苦学习传统文化知识、各种专业知识。

028.“不急于求成”是导游上进的心态，为什么？

上了几个团，有的新导游就很着急，“怎么我的导游讲解不吸引游客？”“怎么我带团发散，凝聚不起来人气？”“怎么我带的团效益不如别人？”发现自己落后了，干着急没有用，过于着急反而会使自己产生畏难情绪，甚至对自己能否以导游为职业都失去了信心，说得直白一点，你的急躁情绪常常与急功近利相关联。

有的新导游仗着年轻、精力充沛，不休息连轴转地带团，以求多挣钱。拼命最不可取，玩命就是竭泽而渔、饮鸩止渴。凡是急于求成，就是指导思想已经出岔，开始忘乎所以了。

古人云“欲速则不达”，新导游要学会循序渐进，逐渐加大团量、加大工作难度。先带人数少、进店少的团，以熟悉业务为目标，不以挣钱为目的，学艺胜于挣钱。

新导游一定要学会多看、多请教、多思考，要善于向老导游学习，要学会总结自己导游工作中的成功经验和失败教训。

把心沉下来，就不会患得患失，成功的导游都是一步一步慢慢走过来的，凡是迅速生长的植物，都不大坚实，容易空心。人一蹴而红，有可能很快就开始褪色。

沉稳，才能一步一个脚印，步步稳健，“不急于求成”才是导游学艺的心态，好学上进的心态。

029. 新导游怎样做到“具有理性的心理素质”？

（1）处乱不惊

旅游团经常会遇到意想不到的问题，如飞机严重延误、航班取消，游览中风霜雨雪大作，游客生病了、骨折了、脚崴了、丢钱包了，景区重点殿宇正在大修无法参观，宾馆供水设备坏了，旅游汽车被别的车撞了，游客在地摊上购物与小贩争吵起来了等。遇到这些情况老导游也很为难，何况新导游。在这些突发情况面前，一定不要慌乱，要冷静思考、准确判断、果断处理，必要时立即请示旅行社如何处理。

沉着才能不乱方寸，判断准确才能拿出最好的方案。果断就是最快的反应，赢得时间，消除旅游者的负面情绪。

（2）敏锐观察、准确感知

带团中导游要眼观六路耳听八方，随时注意游览现场有无异常情况或不良征兆，一旦发现异常，必须立即带领旅游团撤离现场，保护游客安全。

导游的眼睛是望远镜、是放大镜，游客的情绪尽在导游的敏锐觉察之中。导游的耳朵是雷达器，游客的一言一语，导游一听就明白其意向。导游的观察能力和感知能力不是特异功能，而是出于导游对游客的真心体贴，这些体贴积累多了就是经验。

了解游客的情绪和身体情况，感知他们的心理变化，随时调整讲解思路和游览路线，不做费力不讨好的事。游客若身体出现不适或过于疲惫，导游要及时调整旅游活动安排，调节导游讲解方案。调整、调节不要突兀，要自然而然，使游客感到导游做的是那么恰到好处。

（3）控制情绪，谨言慎行

在旅游活动中导游经常会遇到个别游客胡搅蛮缠、骚扰挑衅，或者发表负面言论；有的旅游接待单位不负责任，令游客气愤；导游服务集体的成员（地陪、全陪、领队、司机）失职，影响旅游行程。遇到这些情况，新导游一定要沉得住气，要讲道理而不是与对方争吵，据理力争时不说错话、不说出格的话、不说赌气的话，声音不能太高，更不能发生肢体冲突。导游不得煽动其他游客参与进来，激化矛盾。

任何事都不要做绝，给对方留了下台阶的机会，就是给自己留下了天地。

（4）和谐、双赢

换位思考，体谅对方，就不会激化矛盾。退让一步，海阔天空。导游应该有这样的胸怀。

凡是把错误、失误推给别人，愚弄别人的人，最后迎来的是自己的失算。

会说话的让人心服，会办事的让人佩服。和谐才是成功，双赢才是胜利。

030. 新导游怎样看待各种困难？

没有跌宕起伏，水流就没有冲劲，也没有丰富的含氧量。导游没有经过被委屈甚至被错误批评，就不会心理坚强。如果游客总是在捧着你，你就不知道自己的导游服务有哪些不足；如果旅行社总是在夸赞你，一定会危机四伏。凡是省事、省力，轻易取胜的都不是真正的成功。

新导游不要认为一切都会顺理成章，不要认为你小心翼翼地带团就一定会受到所有游客的好评，你对游客尽心尽意，游客未必真的感谢你，未必事后给你网上做好评，新导游必须明白，我们所处的环境是复杂的，有的游客不是以公平、公正地来看待导游的工作，而是以个人的好恶来评价导游，没有或不能满足个人要求，就会耿耿于怀，恨不得逐项给你差评。

导游的工作，经常是大小困难接连不断，千难万难不是难。困难面前畏缩、怯懦的是懦夫，迎难而上，接受挑战者才是勇者，才是胜者！

031. 为何"阳光的工作态度"是成功之路?

个别游客总想以最便宜的价格得到超值享受，对于住宿条件、餐饮标准、游览安排总是有意见，总是要求提高现有标准，满足期望，这些人已经把占便宜当作享受，不是导游讲几次道理，他们就会转变的。面对游客的挑剔、刁难、否定，导游要学会不急于辩解。

游客并不了解旅游活动的操作流程，也不了解导游在底下做了多少准备工作，他们把旅游理想化，而导游只能按照旅游协议约定的内容和标准来安排，不可能满足游客提出的额外要求。游客大多数是讲理的，如有的游客说几百元一桌的饭菜就这么几道平常的菜，导游可以解释说"餐厅里的饭菜含有餐厅的租金、厨师及服务员的工资"，游客听了可能就会笑了，就不再计较虾不大、肉不多了。

遇到导游服务集体成员的不配合、旅游接待单位的不积极合作、游客的责难，新导游不必耿耿于怀，出现这些事很正常。不要凡事争个山高水低、你错我对，更不可以睚眦必报，和谐相处为上。

只要有一个平静的心态、宽阔的胸怀，就不会为一些不顺利、不愉快的事别扭。处理好与方方面面的关系，化解各种矛盾和困难，这才显示出导游的优秀工作能力。

不要看别的导游带团挣钱了，自己就着急。不要一看自己收入少，就心不在焉，敷衍了事。收入是浮财，服务本领是真金。

要珍惜自己的工作机会，不要这山望着那山高，挑剔旅行社、挑剔旅游团、嫌弃指责其他合作者，抛弃非常容易，获得肯定不易。

只有心态平和才能客观地、公正地处理所遇到的各种问题。心胸宽广就会宽容大度、待人随和，鸡毛蒜皮的零星小事不与人争，得让且让。

导游大度，就会把最大的精力放在增学问、长本领上，就会快速提升。

新导游不仅要今天能成功，还要明天有成就，一个人的胸怀有多大，就能做多大的事。

032. 新导游怎样“发挥主导作用”？

（1）游客客观依赖、心理需要

游客来到异国他乡，需要有人引领自己住宿、用餐、游览、购物、观看当地娱乐节目，这样可以省心、省力、省钱，节约时间。事实证明最适合的人选就是导游（全陪、地陪、领队）。导游是为游客提供各种旅游服务的专业人员。

游客来到陌生的地方，处处感到新鲜，但是如何欣赏当地的景色，如何解读当地的风土人情，游客希望有个“明白人”为自己解惑释疑、指点迷津，这个“明白人”就是地陪。有了地陪，游客就可能很快融入当地的旅游生活，可能会获得深度游的体会。

游客到了一个新的地方，总会有些拘谨，甚至有不安全感，导游就是游客的贴身随扈，旅游各个环节都有导游带领。保障游客的人身和财物安全是导游的主要责任之一，游客把导游看作自己的安全卫士，只有在安全的前提下才能轻松愉快地旅游。

（2）导游是旅游团的主心骨

导游是旅游团的当家人，旅游活动的主持人，他们能满足游客有人陪伴、指引、服务、安全的心理需求，满足游客在几天的旅游生活中的各种需求。

导游从接团到送团，每一件事都服务到位，遇到困难能拿出办法，遇到突发情况能掌控全局。导游走南闯北，经的事儿多、见的世面广，遇事不慌、办事稳妥，是旅游团真正能起主心骨作用的人。

（3）具有“控团”能力

有的导游无论是服务态度还是讲解水平都挺好，但旅游团就是一盘散沙，一些游客还经常抱怨。这些导游心中有些苦闷，不知问题出在哪里，其实这是因为他缺乏“控团”能力。一个导游带团要有大将军的气魄、要有雷厉风行的劲头，绝不能拖拖拉拉，必须说到做到，完成行程计划。特别是带大团队中的一个团时，更要事事、处处争先，永远争第一。

导游带团的实际操作水平、讲解水平、服务水平形成了对旅游团的影响力、把控力，这个影响力、把控力就是导游常说的“控团”能力。

033. 导游怎样在旅游团中"树立信誉"？

导游必须在旅游团中树立信誉，这样才能领导全团的旅游活动。

（1）给游客留下深刻的第一印象

导游应特别重视第一次亮相，人的第一印象非常重要，认同了诸事皆顺，不认可就困难重重，导游绝不能出师不利。

戏曲演员讲究"碰头好"，一出场就有热烈的掌声。导游也要在第一次亮相时就让游客感到这个导游形象好，行止落落大方，言谈亲切自然，办事稳重利索。

（2）以人格魅力吸引游客

导游应是一个善解人意，易于接近，能与之交往的真诚的人，是一个善于与游客沟通的人。

游客总是用审视的目光和心理观察导游，往往一天就能确认导游的人品。

优秀的人都是有人缘、有魅力的，导游带团其实就是以人格魅力带团，豪爽大气不失细枝末节，坦荡磊落更增凝聚力，具有与众不同的导游风格是导游的独特魅力。

只要带团一定要拿下好评，一定要顺利、圆满、成功！

（3）言必信，行必果

导游的热情不是没有原则，幽默不是随便，与游客相处以礼相待，保持应有的距离，不亲热过度，不随意无原则地承诺一些与旅游行程无关的事情。游客提出的个别要求，只要是合情合理的，经过努力可以办到的，不涉及接待标准的，导游都要尽力帮游客实现愿望。

不管事情大小，可有可无，只要导游说了，就一定要实现承诺，万一因为客观因素不能实现，游客也会看得很清楚。这样，导游才有影响力，才能赢得旅游团的信任、信赖。

旅游团满意，一封封表扬信就是你带团能力的证明。有信誉就有团带，有团就能生存，就能发展，就可以不断提高自己的导游服务水平。

对任何一个导游而言，最重要的是要有信誉，言而无信，何以行立天地之间？信誉是永远不透支的信用卡，是永不干涸的幸福源泉。

034. 中国优秀导游员的基本标准是什么?

衡量一个导游是否优秀，有四条基本标准：品德气节，文化素养、导游服务能力和百折不挠以导游为终生职业的精神。

（1）有品德、有气节

品德，即人的品质和道德。

中华民族之所以高尚，就在于道德和民族气节高于一切。一个人只要继承了中华民族的高尚道德，他必定有根植于心的善良，气节里充溢着忠诚与正直。

导游能够达到优秀、最优秀，最根本一条是有道德，人品够格。必须热爱祖国、钟爱山河、尊老爱幼、热心公益，在危险面前挺身而出，在利益面前绝不狗苟蝇营。任何时候坚持慎独，自省自己的所言、所行，无愧于人、无愧于事、无愧于社会。

最优秀的导游也是食人间烟火的，他的思想境界也具有局限性，但是由于他的心正、人正，做事必然光明磊落。

（2）有文化素养

中华民族之所以优秀、之所以历经劫难而不败，就在于有素养、有文化。中国导游体内流着中国人的血，骨子里凝聚着中华民族的素养和文化，中国优秀导游身上必定具有浓郁的中国文化元素，他们善良、热情、谦和、儒雅、素养高、文化底蕴深。

素养的基础是文化，虽然导游工作很烦琐，为旅游团安排食、住、行、游、购、娱，但究其实质每一个环节都是文化传播，光是饮食文化就可以吸引五湖四海的游客。

导游只有素养高、文化底蕴深厚才能够顺利地交流文化、传播文化。

最优秀导游也是芸芸众生中的一员，学历也未必很高，但是他必定是刻苦学习的人，“恒兀兀以穷年”，学有所长。

虽然大多数导游不是专家，他们的学养也未必受到广泛认可，但导游是解读文化的人，导游边行走边讲解，通过自己的“含英咀华”，深入浅出地弘扬祖国的优秀文化。文化不仅哺养着导游员，也滋润着游客的心田。

（3）导游服务能力出色

导游工作不是书斋里的学问，也不是外交领域的风云际会，导游每天经办的都是琐碎、繁杂的事务，但就是这些点点滴滴铺垫着整体旅游质量。

优秀的导游勤于做事、会做事，处事干练，善于为人处世，说话有如春风，随时化解不和谐因素，处理各类问题。

有的优秀导游多才多艺，带团如鱼得水。

导游虽然是“小人物”，但是旅游这个大舞台却能使他成为“大角色”。

（4）执着、坚持

一个人的优秀表现在品德、人格、文化、能力，但是优秀不等于成功，两者之间还有一段距离。成功之路往往不平坦，常会遭遇意想不到的困难、不公平待遇、莫名其妙的误解、接连不断的挫折、家庭负担，甚至自己身体也来添麻烦。古人云：艰难困苦，玉汝于成。百折不挠比才华更为宝贵。

只有成为一个好人，才会成为一个好导游，貌由心生，形象与品德融合，智慧与心灵交织。做导游，还是从做人起步吧。

一个优秀的导游大多不会刻意地去怎样做、怎样说，但是他的导游服务、他的导游讲解，发之于心，运乎于行，他的心境、气血都与导游职业融化为一体。

游客享受旅游的愉悦，导游享受工作的幸福。

把导游职业当作事业，执着地热爱它，无怨无悔地一直走下去。忠于事、勤于事，每一位导游都有可能成长为国家级的优秀导游。

第二章

地陪辛苦亦风光

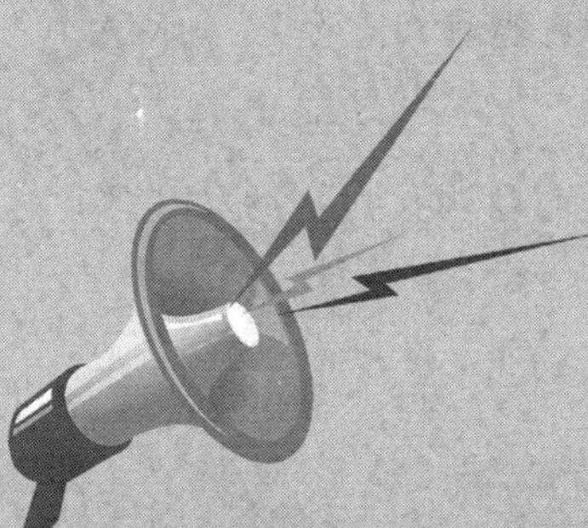

胸前佩戴着电子导游卡，手举着旅行社社旗，若干游客紧紧跟着他在景点游览，不时聚拢在他的身旁认真地听他有声有色的讲解，游客的脸上时而露出会意的微笑，不用介绍，这个人就是地陪。旅游团中谁最显眼、最风光？地陪！旅游团中谁最辛苦受累？也是地陪。地陪从迎接旅游团开始，担负着旅游团在当地的“食、住、行、游、购、娱”各项活动的安排、落实。地陪每天早早到达酒店照顾游客用早餐，一天的行程满满的，任何一个环节都要完成好，不能出现失误，晚上把旅游团送回酒店才能回家，旅游行程结束了，还要做好送机、送站工作。在整个旅游行程中地陪几乎是嘴不停地说、脚不停地走，为每一位游客细微化服务，地陪是旅游团的贴心人、知心人。

做好地陪工作，要有热情服务的态度、不怕辛苦的精神，更要有出色的导游服务技能：独立工作能力、组织协调能力、善于和各种人打交道的能力、导游讲解能力、特殊问题的处理能力和突发事件的应变能力，还要有广博、深厚的文化知识。

在带团过程中地陪是舞台上的主角，全陪是舞台监督。不管这个比喻是否恰当，可以肯定地说优秀地陪在整个旅游过程中星光璀璨。

做好任何工作的首要条件是认真刻苦，一丝不苟，并且只有“讲究”才能做得更好。决定地陪工作成败的关键是要做好每一个环节的细微之处，本章就地陪的带团细节，提出怎样更宜，怎样不宜，供导游朋友们参考。

035. 领取行程计划时，地陪要注意什么？

（1）及时领取

计调有时候会外出，有时在社里与客户洽谈业务，导游要与计调约定时间去拿行程，一旦定下时间，就要准时到达旅行社，如果计调正忙，要在一边静静等候。

遇到重要节日，旅游团会多得接不过来，旅行社的计调们便通知所有接团导游在同一时间来旅行社领行程，以便旅行社领导介绍这些旅游团的特点和接团要求，导游千万不要请假。

有的旅行社计调会给地陪"讲团"，细说行程，点明要注意哪些事项，导游最好记下来。

现在有快捷方便的微信，旅行社经常是把电子行程单发给导游，导游就不用跑路来旅行社领取纸质行程单了，下团后地陪可以把发票、门票快递给计调，电脑网上报账。

导游要注意保存在手机上的电子行程单，清理手机时一定要小心，不要删除，有的景点，导游只有凭电子行程单和电子导游证才能买优惠票，自己才能免费进入。

（2）认真研读，熟悉接待计划

一定要研读行程计划，若有不明白之处，地陪可以先问社里的老导游，把握不住的、没有弄明白的问题写下来，逐条请示计调，不要东一榔头西一棒子地乱问。

（3）核对签单，收好单据

计调会把行程计划单、景点门票签单、餐厅签单、餐厅名录（一定要在名录中的餐厅用餐）、游客意见单等放在一个信封里，地陪要收好。

一般在装行程的信封上，计调写有签单（门票、用餐）的号码，如003511~003520，导游要认真核对签单的张数和号码是否对，这个信封不要丢掉。

036. 旅游团抵达前，地陪如何掌握行程计划？

（1）把握行程

仔细考虑整个行程安排能否顺利完成，如有问题及时与计调商量。计调排出的行程自然有他的考虑，导游一定要揣摩清楚，实在领会不了，直接问计调。

检查行程中的景点是否有自己没去过的，了解景点售票时间、景点开门关门时间；行程中有哪些自费项目；购物、娱乐节目是如何安排的；如何送机、送站（为节约费用，有的旅行社不安排地陪送机、送站）。

有的团队有拜会、拜谒、出席酒会、参观访问、座谈，行程不能随意调整，不过有时团队抵达后可能根据接待方的变化临时调整行程（如某文化创意园区领导上午有事，参观、座谈就要调到下午）。

（2）掌握房、餐、文娱演出的相关情况

团队未抵达，地陪就要确认酒店，与酒店确认房间数、房间类型（双标间、大床房、海景房等）。这个工作很重要，有的酒店在一个城市有两三家分店，过去曾有导游搞错酒店的事情发生，不与酒店确认房间数、房间类型，可能会满足不了旅游团的要求。

地陪要提前与全陪核对房间数、房间类型，如果与行程单不符，或者酒店不能按计划供应所需要的房间，地陪要及时和“房调”（旅行社负责订房的计调）联系，请他与组团社、酒店协调。

提前预订风味餐，如有可能提前3天预订风味餐，报旅行社社名、人数、餐标及特色餐餐名、导游姓名及电话。必须确认餐厅地址（旅游团多在分店用餐，切不可想当然以为在总店或某店）。贵宾团要确认菜品（凉菜、热菜、特色主食、酒水）。

了解娱乐活动的票价、演出时间及座位规格（贵宾席位、普通席位），行程计划内的一定提前预订。

（3）了解新景点

常规景点导游都会讲解，有些不常去的景点、新景点，如新开发的自然风光景区、新建的博物馆、新恢复的寺庙及明清时代老街等，导游未必会讲解，这就要提前做功课。

（4）掌握其他接待要求

行程是否标注旅游团有矿泉水供应及供水数量（有的社规定晚间接机、中午送机不给水）。有的旅行社在节日给游客赠送小礼品或小红包。

037. 如果计调安排的行程不甚合理或者难以完成行程，怎么办？

如果发现计调安排的行程不甚合理或者难以完成行程，地陪应认真思考，如果觉得真的应当调整行程，应坦率地向计调说明，并商议如何调整。

若行程安排过于密集，即便早起晚归，也难以完成，计划中的景点没有游览，游客是不会轻易放弃的，甚至会坚持游览完所有景点后才会离开游览地区，这样就会有经济损失，赔付责任应该由谁负担？此时，地陪不要逞强，装“英雄好汉”，必须向计调说明情况，要求调整，若计调坚持原计划，地陪可以辞掉这个团。不接团不会给旅行社带来负面影响，若接砸了，不仅给地接社、组团社、地陪自己带来负面影响，也很难挽回不良影响。

038. 行程中有没去过的郊区景点，地陪怎么办？

（1）提前了解，熟悉景点

打电话向景点了解详细情况，向景点工作人员了解进入大门后游览线路如何走，要在自己心中形成一条游览路线，向去过该景点的导游、旅游车司机师傅请教，或在网上搜寻景点景观的照片和一些游客的游记。

（2）准备导游讲解词

尽快收集相关资料或向同行请教，及时形成导游讲解词并熟记于心。

039. 接团前，地陪如何与旅游车司机联系？

（1）提前联系旅游车司机

行程上标注的司机手机往往是车队长、车头的手机，车队长会提前告诉导游上团司机的手机号码，若车队长迟迟未告知，地陪就要催问。得知司机电话后必须通一次话，以免在机场、车站临时发现司机手机号有误。

向司机师傅了解旅游车车牌号、载乘人数（避免座位不够）、旅游车公司名称。

给司机打电话要选时间，通常应在上午 10 点左右、下午 2 点半到 3 点，或晚 8 点至 9 点半时打电话，避开司机行车时间段。

（2）将接机、接站准确信息通知司机

将航班号、航站楼，列车车次、火车站，飞机、火车的抵达时间，通过微信、短信发给司机（电话中说，司机会记不住），如果提供矿泉水，请司机提前准备，请其回复收到。

（3）与司机商量旅游车接团地点

在火车站接团，司机一般接到导游电话才进停车场，以节省停车费。也有可能司机不进火车站停车场，让地陪把旅游团带到一处方便的地点登车。

在机场接机，所有接旅游团的旅游车必须停在停车场内。

（4）地陪一定要提前到达机场、车站，避免因堵车导致误接（导游界术语，即旅游团出站了而导游、司机未到）。

040. 为什么地陪应提前与司机商定行程？

地陪将需要游览（含车览）的景点、住宿酒店、用餐餐厅、演出地点写下来交给司机师傅（或者让师傅看一下行程），司机了解旅游团的所有活动安排后，可以统筹行车路线、行驶时间以及每天的出发时间，如果行程安排有问题，司机就会直接向地陪提出建议。

提前把旅游团的所有活动安排告诉司机，也是对司机的一个尊重，以便更好地合作。

041. 接团前，地陪要与全陪、领队联系，联系时商谈什么？

（1）确认双方手机号码，告知接机、接站时的具体位置、标志（接站牌或社旗）。

（2）向全陪（领队）了解旅游团的大致组成（单位组团、几个家庭组团、散客组团等），了解游客是否有禁忌和个别要求。

（3）与全陪、领队确认返程（出境）车次、航班。有的新导游很纳闷，怎么旅游团未到就问返程车次、航班，这是因为返程交通票据落实了，地陪才能合理地安排旅游活动的时间，旅游团才能顺利结束本次旅游。

联系时最好能通一次电话，沟通感情。通过电话，地陪就应该知道全陪是否有水平，如果有经验的地陪遇到有能力的全陪则是旅游团的幸运，当然也会有缺乏经验的地陪偏偏遇到了糊里糊涂的全陪。

042. 地陪如何购买景点门票？

一个城市（地区）内及周边的景区很多，每个景区都有自己的售票规定。有的景区有摆渡车、缆车、滑车、电瓶车设施，买这些小交通的票，各个景区又有各自的优惠政策。旅行社不可能白白放弃这些优惠，所以地陪带团首先要会买票，在北京做地陪至少要知道50家景点的购票规定。

（1）熟悉售票处位置、购票的结算方式

大部分景点设有旅行社窗口，有的景点售票处不能刷信用卡只能刷银联卡，有的景点只收现金，有的景点可以微信扫码支付。

（2）了解景区对旅行社购票的要求

有的景区要求有正式行程（必须是旅行社盖了红色社章的，复印件无效）、电子行程单及优惠协议（复印件就行），有的景区要求行程上的旅行社与签协议的旅行社名称必须一致（有的旅行社挂两块牌子）。有的景点必须网上预先订票，现场购买一律不优惠。

各种小交通一般是自费的，小交通售票处需要地陪出示行程单、门票、导游证才出售针对旅行社的优惠票。有个别景点和小交通的售票处都要收取纸质行程单，这时就要拿两份行程，有时计调忘了，但导游不能忘。

（3）了解计调对买票的要求

有的旅行社就在景区附近，他们每年给景区送客量超过普通旅行社的送客量数倍，所以景区给予他们更优惠的待遇，他们买票比其他旅行社更便宜些，他们充分利用最优惠条款，派出一两个专职销售人员，在景区停车场发售门票签单。因为买签单比买协议门票还便宜，旅行社计调就让地陪买签单，地陪买了签单去换票，哪怕每张票只便宜0.5元，一个40人团就能节省20元，日积月累也是旅行社的利润点。

有的计调不要门票存根，要求地陪把发票开回来，这样计调报账方便，又可杜绝导游虚报，导游要请计调把旅行社的名称（全称）和纳税人识别号打印出来，自己随时携带，拿到发票后要认真核对，发票一定要保存好，丢失不补。

（4）认真购票

买票后要数清门票，或拿好门票单（卡）；若是纸质门票，验票后要保存好门票。

（5）每次购票都要记下享受免票、优惠票的游客姓名

有的组团社对所有游客都按成人收费（因为掌握不好游览地景点门票的优惠条件，有时游客还会没带证件，无法享受优惠），游客若享受了优惠票、免票，优惠部分由地接社送团前退，以免游客质询、投诉。地陪购票时需要及时把享受免票、优惠票的游客姓名记下来，以便日后准确退款。

超高儿童、不能享受免票的老年游客（有的景点对外地老人不免票，只能享受半价优惠），都要补票，提前请他们补门票钱，地陪不要垫付，以免日后有个别游客以种种理由不认账。

（6）网络购票

现在许多景区的官网可以网络购票，如果现场买票的人特别多，可以用支付宝购票、微信购票（购票处可以开发票），刷导游手机上的二维码，带团进入景区。

购票后地陪应及时在记事本上记下门票款的数目，以便理清账目。

043. 有的游客要留下景点门票做纪念，怎么办？

许多景点的门票非常精美，有的还是明信片，所以游客都很喜爱，提出能否把门票给他们留作旅游纪念，一般可以满足其要求，但不要当时给，回到旅游车上或者到宾馆后慢慢发给游客。给游客门票前，一定要把票根留好（即印有钱数、税务审核的那部分），以便报账。

有的景点给旅游团的是集体票，或是薄薄一张纸，或是一张卡，无法留给游客留作纪念，地陪要向游客解释清楚。有的游客十分想要那种精美的个人门票，地陪或者客人可以问一问检票人员，他那里是否有废票，有的客人检票后不要，把票扔在票箱。游客看到地陪如此重视自己的要求，会心生感动。

044. 地陪使用签单时有什么注意事项？

（1）保存好签单

签单签好后，旅行社盖章的下联留给景点或餐厅等收费单位，上联自己保存好，用来报账。可以准备一个夹票据的硬夹子，妥善保管。

签单若出现丢失、多签、错签等情况，导游自行承担责任。为防丢失，可以在签单上眉标注“只限于某月某日前使用，人数不超过 ×× 人”（万一丢失被冒用，损失有限额），导游签字处不可早签，万一丢失可根据冒用人签字破案。签单比钱更重要，丢失了很难报失。

（2）准确签好游客人数

提前算好成人、老人、儿童人数。

凡是购买优惠票或免票的游客要出示证件，不然检票时会让导游去补票，但签单已经签好，签单不可以更改涂抹，只能导游付现金（刷卡、微信），这样报账时很麻烦。

1.2 米以上的儿童不享受免票（有的景点是 1.3 米以下可免票），要买学生票。为老年人购买优惠票或免票，要有身份证或老年证，有的景点规定 60 岁或 65 岁或 70 岁为老人，个别景点对 70 岁老人也不免票。大、中学生要有学生证。持军人证、残疾证者一般都免票。

（3）工整填写

填写签单字迹一定要工整，保持严谨的工作作风。付款额要会写大写数字：壹、贰、叁、肆、伍、陆、柒、捌、玖、拾、佰、仟。曾有一位导游把1350元写成“一千参百五拾元”，该签单作废。（自武则天之后就有大写数字了，朱元璋明令账簿记账必须使用大写数字，以防涂改。）

045. 为何地陪要备一份联系电话？

行程中涉及的人和单位的电话非常重要，万一手机丢失、没电，就无法工作。曾有一个地陪带团走出了景区，一不小心，手机掉在地上摔了，联系电话调不出来了，无法通知司机来接旅游团。因为是车队长派的车，计调也不知道司机的电话，正在着急中，地陪突然想到自己在行程单上写了司机的电话，他就用全陪的手机与司机联系上了，避免了一次严重失误。

地陪一定要随身携带必备电话的纸质记录，或者在备用手机里存上重要的电话，重要电话应有本社计调、司机、全陪、餐厅、酒店、剧场、购物店等的电话。

046. 地陪上团前如何做好心理准备？

地陪上团前必须做好各方面的心理准备。例如，如何与旅游团拉近距离，如何照顾好特殊游客；游客若对餐饮、住宿和参观游览等提出不满意意见时，如何调整；出现突发事件、复杂问题时如何应对；如何与其他旅游接待单位的工作人员协调好、配合好；如何与司机、全陪同心同力协作共事；等等。

总之，只要上团导游就一定要做好吃苦、被抱怨、被指责，甚至被投诉的心理准备。

047. 地陪如何接机？

（1）提前到达

地陪接机一定要提前30分钟到达航站楼，首先查看候机楼内的电子屏幕航班显示，再次核实航站楼、落地时间、出口。时间充裕可以到出发厅的安检处、出港口，为吸烟游客拿一些打火机。

重要团队的接机，地陪一定要提前45分钟到达，检查所有工作是否准备齐，如备好献给带队主要领导的花束、给每位客人的鲜花（每人一支）。

（2）及时联系

飞机起飞前就要给全陪或领队发信息或打电话，了解起飞情况。飞机落地后，与全陪、领队电话联系，说明出口位置、接机标志。

（3）专心迎候旅游团

电子屏幕上落地显示灯一亮，地陪就要投入接团状态，专心等候，观察是否有本团客人走出，因为头等舱、不托运行李的客人很快会走出来。

接机一定要站在出口的显眼位置，打出社旗或者接站牌。接站牌最好不要白纸黑字，更不可以在一张小纸上随意书写。贵宾的姓名一定要用庄重的字体。游客看到为旅游团特意制作的接站牌、接站牌上工整的字体及生动的动漫画，会产生温馨、受尊重的感觉，会感受到地陪真诚的欢迎。

（4）联系司机，了解旅游车位置

交通拥堵已是常态，地陪优先选择乘地铁去机场。地陪抵达机场后自然想知道司机是否也能提前到达，如果这样问："师傅，您到机场了吗？"司机听来有检查他工作的意味，最好这样说："师傅，我是导游某某，我已经到达机场了，电子屏幕显示航班正点到达，等接到客人我给您打电话。"一般说来，司机会说："好的，我现在已经在机场边上，你接到客人，我就进停车场。"如果司机在路上，他也会告诉你目前在何处，如果他估计要迟到一刻钟，他会让你拖延一会儿。

（5）主动认找旅游团

有经验的地陪从旅游团的人数、年龄结构、领队或全陪寻找接机标志的眼神，立刻就能主动认出旅游团，游客则会感受到地陪是个能干的人。

048. 地陪接到旅游团时应做哪些事情?

(1)确认团队

与全陪或领队核对团号、人数，若旅游团无领队、全陪，就应与旅游团成员核对，以免错接；查看游客是否到齐，若旅游团人数有出入，地陪必须尽快通报地接社。

(2)温馨提示

提醒游客行李是否拿齐，是否需要去洗手间。如果直接去参观游览，地陪要报告当地温度(要确切报告，不可说大概)，提醒游客更换衣服，准备相机。建议游客把重的行李放到行李小推车上，地陪最好也取一辆小推车，以便为重要游客服务。

049. 旅游团人数有变化，地陪如何处理?

地陪接到旅游团发现旅游团人数有变化，须及时处理。

入境旅游团人数增加，增加者一般都已办妥单独的入境签证，若人数减少，通常由领队在入境地边检站办理在团体签证上注销未到者姓名的手续。

旅游团人数有变化，无论入境团还是国内团，全陪应及时通报国内组团社，由其通知各地接社，地陪则及时通报地接社，由地接社安排住宿、餐饮、交通等问题。

现在通信非常发达，旅游团人数若有变化，相关旅行社就会及时了解，做出处理，万一旅游团抵达时得知人数增加或减少，可按上述方法处理。

050. 地陪机场接到旅游团后如何引领旅游团登车?

(1)及时联系司机

有的航站楼前有大停车场，地陪提前与司机师傅联系，必须问清楚旅游车准确的停车位，以免带着旅游团在停车场里来回转悠，地陪确认旅游团人齐、行李齐，就可以带队去登车。

有的机场航站楼下有接客大巴车的调度人员，导游告诉调度旅游车号，调度通知停车场后，司机方可开车出来，地陪一定要记住旅游车车牌号的后四位数字，不知车号调度员不予通知。

（2）安全行走

因为许多游客推着行李车，地陪尽量带领旅游团走平坦的自动滚梯，有老年人及儿童就要放缓步速，地陪要不时照看走在后面的游客。

（3）乘车提醒

在引领旅游团登车时或快走到旅游车时，地陪要进行乘车安全提示：游客不要乘坐第一排导游专座，礼让老年人、晕车者，请他们坐在前几排。

登车前的乘车提醒要及时、准确，过早说客人会觉得这个地陪事真多，连坐个座位都有要求。如果上车再说就晚了，你对坐在第一排带孩子的客人说请您不要坐在第一排，但是旅游车中部都没有座位了，游客只能坐最后几排了。不能让游客刚下飞机就不愉快。

（4）引领登车

注意先把老年人、儿童引领上车。地陪站在车门口，照顾游客上车，提醒他们注意脚下及台阶。行李由旅游车司机协助游客安放在车底部的行李厢内。

（5）车上清点人数

清点人数一般从车厢最后一排开始，要快捷、准确、姿势优雅，不要指指点点，尽量一次就数清，避免反复清点人数。

（6）行李放稳再通知司机开车

开车前检查行李架上的旅行包是否放稳妥。开车后倘若某游客的包掉下来砸了人，即使自己之包伤及自身，都会造成不愉快。

051. 游客执意坐在旅游车第一排，导游如何处理？

有的游客以晕车为理由，执意要坐在旅游大巴车的第一排，虽然导游能看出来这仅仅是个借口，但是不要戳穿。地陪、全陪要明确告诉游客：出于安全考虑，交通、旅游管理机关规定第一排为导游专座，游客不得乘坐。真有晕车问题的游客，通常都自己带着药品，请他们及时服用乘晕宁，用风油精涂在太阳穴或风池穴，将伤湿止痛膏贴在肚脐附近。

游客若执意要坐第一排，也不能为了这点事吵起来，但是一定要游客写下安全自负的责任书，至少他要向全团宣布有问题他自己承担责任。如果游客不写责任书，也不声明责任自负，导游可以请司机不要开车。

旅游车最后一排的座位中间对着通道，因为前面没有遮拦，乘坐的游客一定要系好安全带。

052. 地陪如何在火车站接站?

（1）提前与全陪（游客）联系

接站当天提前与全陪（游客）联系，了解火车正点情况，通过微信发接站位置、接站标志图，问候全陪及游客一路辛苦了。

（2）与司机确认接站时间、地点

火车站前不能停旅游车，地陪需要带领旅游团走到停车场位置，如果地陪不熟悉如何出站、不熟悉停车场位置，一定要提前踩线，看看别的导游是如何把旅游团带到停车场的。

曾有新导游因为不熟悉如何出站，把旅游团带到站外，但是停车场却在相反的方向，又把团带回地下一层出站口，反复坐滚梯，耗费了近一个小时，最后跟着别的旅游团才到了停车场，被旅游团投诉后，导游下团。

（3）提前半小时到达火车站

通过微信或电话，告知全陪（游客）在第几出站口等候。夕阳红旅游团、表演参赛团队都会出站很慢，地陪可嘱咐带队人员不要着急，整好队伍再出站。

（4）热情迎接旅游团

接到旅游团要热情问候并请游客查看行李是否拿齐，提醒游客是否要去洗手间。

（5）通知司机做好准备

接到客人后地陪应给司机师傅打电话，请他把旅游车开到接团地点，打开空调，打开行李厢。

（6）引导旅游团登车

从出站口到停车场有时需要登滚梯、过马路，一定要提醒游客注意安全，前往停车场途中要关照旅游团中的老年人、儿童，以及携带很重行李的游客。

053. 万一发生漏接，如何补救？

漏接是旅游团（游客）到了，而导游未到，这是极大的、不可原谅的失误，现在很少发生。

发生漏接的原因，最大的可能是旅游团提前乘飞机，组团社、全陪忙于应付提前登机，没有通知地接社或地陪。现在，旅游团若提前乘坐大交通（飞机、火车），组团社不可能不通知地接社，全陪也不会不通知地陪。

也有可能旅行社计调在行程计划单上写错了车站、机场，导游又事先没有核实，导致了漏接。不过这种概率极小。

发生漏接，往往导游自己是不知道的，如果导游知道，就不会忘记接机、接站了，一般是旅行社计调接到旅游团电话，才知道漏接了，所以一般是先由旅行社计调处理漏接事故。

如果司机到了，请司机前往航站楼、出站口，迎接旅游团（游客）。如果司机也没到，旅行社就需要立即派车、派导游前去迎接。

地陪、全陪在接团前互相不联系而造成漏接，这些年没有发生过。

还有一种漏接，就是旅游团到了，地陪迟到或司机迟到（导游通常称之为“误接”，耽误接团之意），这也是一个严重的失误。这种漏接也很少发生，即使发生，也就是耽误了旅游团 10~20 分钟。万一发生了，如果司机到了，请司机辛苦一下，前去迎接。如果司机也没到，地陪只有请全陪帮忙周旋一下。如果司机迟到，只能地陪设法周旋了。

不管何原因造成导游或司机迟到，第一必须郑重地向旅游团赔礼道歉，千万不要狡辩，强词夺理。第二，要有所补偿，如用餐时每桌加适量酒水。地陪或司机赔点钱是小事，游客满意不满意是大事。

地陪提前与全陪联系，提前到达机场、车站，是预防漏接的最有效方法，也可以防止因迟到而导致的“误接”。

054. 发生空接，地陪如何处理？

空接是导游、司机到了，而旅游团未来。

近10多年以来，空接的事情也极少发生，现在通信如此发达，已很少有这种情况发生：地陪不联系旅游团全陪，全陪不把旅游团延误抵达的消息告诉地陪，组团社计调与地接社计调也互不联系。

万一出现旅游团未到机场、车站，地陪要立即与旅游团全陪联系，询问情况，联系不上全陪，地陪请地接社了解情况。

至于地陪和司机是继续在机场、车站等候，还是可以撤离，要听旅行社计调的安排。

漏接、误接、空接事故虽然很少发生，但是地陪要有预案。

导游书上还有“错接”一说，不过，以现在的联系手段，错接几乎是不可能的，因为错接的旅游团全陪怎么就认同了迎接的地陪？而应该接的旅游团地陪怎么会根本不联系全陪？错接的旅游团人数、航班（车次）怎么能凑巧与应接的旅游团正好一样？若有错接绝对是一件美妙的接团经历。

055. 接团后地陪为何要致欢迎词？

古人云：有朋自远方来，不亦乐乎？地陪接机、接站对旅游团只是露了个面儿，致欢迎词才是地陪接团的正式欢迎仪式。

中国是礼仪之邦，导游承担的是文化旅游，必须礼节周到，致欢迎词是开场戏，必须唱响。致欢迎词也是地陪的一次小亮相，必须有风采，这样游客就会感到这个地陪说话、办事挺有章法、挺有礼貌。

客导之间感情交融好了，互相尊重，接下来的旅游行程也一定会顺利。

056. 地陪的欢迎词主要有哪些内容？

地陪的欢迎词应包括如下内容：

（1）代表旅行社、本人、司机，热情欢迎各位游客光临本地。

（2）简略介绍本地游览项目和日程安排，顺便说明旅游中会有一些不能尽如人意的地方，需要大家理解、谅解（导游称之为“打预防针”），如旅游团用的都是旅游便餐，菜品比较简单，未必合口味，用餐时可能会人多拥挤，需要等候等。

（3）明确告知旅游团自己的手机号。

（4）温馨提示：提醒文明出行，注意人身和财物安全，行动准时。

（5）表达美好祝愿。

057. 地陪致欢迎词时应注意哪些方面？

（1）尽早而不仓促

开车后，点清人数、随身行李放稳、旅游团安静下来就要致欢迎词，不要车开动好久才扭扭捏捏、羞羞答答地站在车前方致欢迎词，也不要车一开动，游客还在乱糟糟互相讲话时，就开始致辞，这时，即使你口吐莲花也没人听。

拿着话筒，面带微笑，看着旅游团，这就是示意导游要讲话了。

（2）清晰、简洁，长短适宜

过长是絮絮叨叨，过短可能词不达意，一般说来清晰、简洁为好。

要适宜游客的情绪，如果旅游团刚下夜航十分困倦，地陪还是让游客在车上多睡一会儿为好。

（3）原创、定制

欢迎词最忌陈词套话，原创的欢迎词应有针对性、亲切感，客人会感到地陪的欢迎词是为他们定制的，是真诚欢迎旅游团的到来。

什么样的旅游团就致什么样的欢迎词，什么样风格的导游就有什么样的欢迎词，游客喜欢独具风格的导游词，如果是老一套的欢迎词，有的游客会开玩笑地说“导游，你这套，我也会啊”。

（4）彬彬有礼

因为与游客初识，欢迎词宜典雅不宜过分热烈，彬彬有礼比较能表达出对客人的尊重。

058. 什么是导游的第一次正式亮相?

旅游车离开机场、车站，地陪致完欢迎词，就要开始首次导游讲解，游客在大巴车上非常希望听到导游津津有味的讲解，地陪往往利用首次沿途讲解的机会讲述这个城市（地区）的历史沿革、介绍街道两旁的景观、著名建筑以及旅游中需要注意的问题。

沿途导游讲解比致欢迎词更重要，这是导游的第一次正式亮相，是地陪展示学识、口才的好机会，可以满足游客的求知欲、好奇心。地陪第一次的大段讲解如果能吸引住游客，游客必然对地陪产生信任感。

由于沿途导游讲解涉及整个城市（地区）的历史、天文地理、人文、民风民俗、市井景观等内容，地陪要在有限的时间内进行自古至今、天时地利洋洋洒洒的讲解，游客一听就知道地陪水平的“水深水浅”，因而沿途导游讲解最考验导游的讲解功力，这是地陪的真正亮相。

059. 首次沿途导游可以讲解哪些内容?

地陪的首次沿途导游非常重要，地陪往往利用首次沿途讲解的机会讲述这个城市（地区）的前世今生、街道两旁的景观、景点的欣赏价值以及旅游中需要注意的问题。沿途导游讲解是比致欢迎词还重要的亮相，第一次的大段讲解是否能吸引住游客，关系到以后的导游讲解。沿途导游讲解最考验地陪的讲解功力。

（1）地区概况

游客来到一个陌生的地方首先希望对当地有一个概括的了解，地陪可以将本地区的政治、经济、文化、交通、自然条件、气候特点，提纲挈领地向游客介绍，有助于游客融入当地的环境。

（2）历史沿革

中国的每一个地方都有悠久的历史，每一片土地都有著名的历史人物，很多在当地发生的历史事件，至今还被人们津津乐道，历史背景往往是今日大发展的根源。

（3）日新月异的新面貌、新变化

地陪在进行沿途特色景观介绍时若能深情地介绍城市（地区）崭新的面貌，一定会让游客带着欣喜来欣赏当地时尚风光，游客会对这个城市（地区）留下深刻的印象。

（4）当地风土人情

介绍当地风土人情、土特产、独到的风味餐饮，是最接地气的沿途讲解，游客总是对当地的风俗习惯、享誉全国的特产、当地最有代表性的美食特别感兴趣，这些介绍一定会让游客开心地会意一笑，也会激起游客的旅游兴趣。

（5）旅游须知

大多数游客会注意听导游在旅游车上的讲解，所以一些旅游注意事项，应该清晰、简要地向游客说明，这个工作俗称“打预防针”。

060. 首次沿途导游讲解时怎样讲才能成功？

（1）内容具体翔实

如果进行浮光掠影的笼统介绍，游客毫无感性印象，只有具体介绍能让人了解当地的情况。

（2）适应游客

内容符合游客欣赏口味，游客喜欢听历史就多讲历史沿革，喜欢听城市风光介绍，就多讲车外街景。话题轻松，适应时令、节庆。

（3）内容喜庆、欢乐

谁都愿意听吉庆的事情，地陪不要在沿途讲解时说些沉重的话题，也不要说容易引起争论的敏感话题。

（4）重点突出，繁简适宜

避免面面俱到，视车程、游客情况作相应的讲解。城市概况、历史沿革内容丰富，往往一次讲不完，地陪可在以后旅游团前往景点途中，甚至在参观游览时适时、适景地多次讲解。

（5）以听为主，以看为辅

讲解车外风光时，讲解与游客视线所及同步。如果总让游客看车窗外风光，会产生视觉疲劳。

061. 地陪怎样为旅游团入住做好准备？

接团前与酒店核实旅游团用房数量、类型，以及旅游团的特殊要求（有的游客要求住在同一楼层、有的游客要求住无烟房间）。

地陪提前告诉酒店大约入住时间，请酒店备好房卡，旅游车发车后，地陪请酒店前台做好准备，请全陪或领队收齐游客的身份证件，询问全陪（领队）是否有分房表，如果没有，请全陪、领队尽快准备好分房预案。

062. 旅游团入住饭店，由谁办理入住手续？由谁分房卡？怎样分房卡较好？

旅游团抵达饭店后，地陪请全陪、领队照料游客下车，请酒店行李员、司机师傅帮助游客取行李，自己则迅速去酒店前台办理入住手续，领取全团房卡、在酒店的用房单上签字（酒店凭此单与地接社结账）。

酒店房卡押金现在通常由全陪缴纳，房卡由全陪（领队）分发，并记下某房号住某某游客，如无分房表则边发房卡边记录游客姓名。请酒店复印住房分配表，酒店、全陪、地陪各持一份。

分房时通常最先分配三人间、大床房（这两种房型不好安排，先解决难点，如有不妥，可以团内协调），优先将房卡发给重要游客、老年游客、带小孩的游客。

063. 旅游团入住酒店前，地陪应做哪些温馨提示？

旅游团抵达后，为节约时间一般是先游览，晚餐结束后才入住酒店，在前往酒店途中，地陪应温馨提醒游客：

（1）不要触摸酒店内的艺术摆设，以及酒店内各个商铺的展品。

（2）提请游客注意酒店的泳池、健身房等设施是否收费，如果地陪知道，应明确告诉游客。

（3）房间内有个人付费物品，消费前先看价格表，如浴盐、洗浴药（玫瑰花、藏红花等）、精油、内裤、袜子、安全套，冰箱内的饮料、方便食品等。在酒店内其他消费（健身、理发、游泳等），也要先问清楚费用再消费。

（4）外出时要注意人身、财物安全。

（5）地陪、全陪的手机保持 24 小时畅通，游客有事可直接联系。

064. 发房卡前，地陪应做哪些提醒？

分发房卡前，地陪应：

（1）向大家说明第二天的叫早时间、用早餐的时间和地点、出发时间、酒店 Wi-Fi 登录密码，告知全陪的房间号。如果是白天入住，则要说明何时在酒店大堂集合，要去哪里活动。

（2）提醒游客进入房间后要检查设备是否好用、洗浴用品是否齐全，如调不好中央空调，打不开电视、电脑，应直接与客房中心或前台联系，不要自己乱弄。

（3）提醒游客若对楼层、房间类型、房间卫生不满意，以及有其他要求，请及时提出，尽量当时解决。

（4）提醒游客查看房间内的逃生路线图，以防万一有紧急情况时（火灾、地震等）逃生。

065. 地陪如何宣讲文明住宿?

地陪应向旅游团宣讲文明住宿的有关规定:

(1)夜间23点以后不得在客房内会客、留宿客人,不得私自转让房间或床位。

(2)不得在房间内赌博、吸毒,不得进行黄色活动、吸毒、传播淫秽物品或视频。

(3)不得在楼道内赤身露体(只穿内裤)行走,不得在房间内酗酒、喧哗以及大声歌唱,电视机不要声音太大,以免影响别人休息。

(4)爱护设备,节约用水、用电。遵守防火规定,不要在床上吸烟,不准把烟头扔在地毯上。

066. 游客入住后,地陪还要做些什么?

旅游团入住后,地陪应与全陪一起查看客人的房间是否有问题(下榻高星级酒店,也要查看一两个房间),若有问题及时处理。如果游客忙于盥洗或收拾行李,导游不便巡查客房时,地陪应告诉游客自己在酒店大堂逗留20分钟,游客若有事可到大堂找他。

酒店扫描证件后,地陪应尽快通知全陪(领队)来领取游客的身份证件,及时归还游客。

067. 旅游团或游客为何要求调换饭店?地陪如何处理?

旅游团或游客要求调换酒店大致基于下列原因:

(1)旅行社原因

酒店星级低于协议或不是协议标明的星级,酒店"星"高、质不高或地理位置偏、设备较旧。

导游应立即向旅行社汇报,地接社或给予补偿,或提供符合协议星级的酒店。

（2）酒店原因

房间卫生不达标，设备陈旧，或者有异味（装修气味）。

凡酒店房间卫生不达标，地陪应要求酒店给游客更换房间。

（3）游客原因

游客期望值过高或以曾住过的豪华宾馆为标准来衡量这次的住宿酒店。

旅游协议一般均注明下榻酒店名称、星级标准，组团社在行前说明会上也会介绍酒店情况。如果酒店标准符合协议，游客有意见时，需要地陪、全陪多做工作，即使游客的要求不尽合理，导游也要好言劝慰，请游客理性思考。

068. 游客要求调换房间，地陪如何处理?

（1）同等级房间调换要求

或因楼层号、房间号、房型，或希望与亲友游客相邻，或因房间朝向等原因，游客提出同等级房间换房要求，地陪可请酒店帮助调换，如果当天满足不了，酒店次日会尽力给予调换。

地陪、全陪一般不在22点以后帮助游客在本团内部调换房间，以免匆忙换房遗失物品。

（2）特殊调换要求

游客要求住宿特殊朝向（海景房、湖景房、山景房等）、高标准的房间（特殊观景房，豪华双标间、豪华套房等），或无烟楼层、无烟房间，地陪可为游客与酒店联系、办理手续，由游客自行承担房费差价。

（3）大床房或双标间的换房要求

夫妻带有儿童，可能会要求大床房（独立一张大床）。有的夫妇习惯于双床，若分得大床房也会提出调换为双标间。大床房、双标间的团队房价相同，地陪应请酒店尽量给予调换。

069. 游客提出在房间内加床，地陪如何处理？

（1）儿童需要加床

游客在报名参团时提出儿童不占床，入住酒店后儿童不愿意与家长同一张床，于是提出加床要求。地陪应按照旅行社指示收取加床费用（向旅行社补交费用），地陪不要私自收取费用。

（2）成人游客需要加床

有的游客希望安排三人间以便聊天、互相照顾，如酒店无三人间，游客提出在朋友的双标间加床，可满足要求，要向游客说明加床的尺寸会小于房间原床铺，且不退差价。

地陪要特别注意不能出现为某一位游客安排加床而造成双标间空一张床的情况。

070. 游客要求住单间，如何处理？

旅游合同都会注明：若住宿产生单人，或选择与其他同性游客同住一室，或补交一张床位费用自己单住。旅游团住宿出“单”时，全陪、地陪应提前征求游客的意见，是与同性拼住还是单住。游客单住，需向地接社补交“单间差”费用，收费标准由地接社决定。

有时单男或单女没有提出单住，但是有的旅行社为了游客口碑，让单身客人住单间，并不补收费用。

若因不能忍受同室团友的生活习惯（如打鼾），或有单住的生活习惯，要求住单间，酒店有空房，可满足其要求，房费由要求住单间者自理，不退还原床位费。

游客因与团友产生矛盾要求住单间，全陪（领队）可先在内部调换，如调换不成，酒店有空房，可满足其要求，房费由提出者自理。

071. 酒店配给了若干个大床房，如何安排？

黄金周期间，酒店房间紧张，甚至一房难求，酒店要把所有的房间都安排出去，每个旅游团都给安排若干大床房，通常是安排夫妻入住，如果还有大床房就得安排其他游客来住了。地陪首先把住宿情况介绍给全团，与全陪一起动员女游客、亲属游客、好说话的游客入住。

如果经劝导，仍没有游客愿意入住，全陪可让游客抽签，抽上签的游客入住大床房。

游客不愿意接受住大床房的原因是房间的棉被也是大的，两个人共盖一床棉被似乎有些尴尬，导游要说明酒店衣柜里有备用棉被（快捷酒店可能没有），游客可以各盖一床棉被。有的游客担心合住的室友老翻身、老去洗手间，影响自己睡眠。全陪、地陪要努力做好动员、说服工作，力争和谐解决。

072. 游客不愿拼住三人间，如何处理？

在有单男、单女的情况下，地接社一般会安排三人间，或在双标间内加床。但是有的游客不愿拼住三人间，经劝说无效，只能让不愿意拼住三人间的游客住单间，费用按住单间处理。

如果安排3位游客住三人间，若其中一人不愿意拼住，他只能自费住单间。若酒店有双标间则安排服从安排的二人去住，自费住单间的游客只要补房差就可以了。若3位游客都不愿意拼住，凡不愿意拼住者，均按住单间处理（通常3位游客中总有愿意服从安排者）。

073. 在长线团中，单男或单女能和导游、司机拼住吗？

在长线团中全陪、地陪、司机有时与旅游团同住一个酒店，旅游团中的单女游客有时会提出可以与导游合住，单男游客提出可以与司机合住，但是导游、司机要和游客保持一定距离，不能和游客拼住，因为司机、导游可能晚上还有很多事情，会影响游客休息。另外，导游、司机、游客各有钱财，万一出现差错，不好解释。

有的地接社为了获得游客好评，或因双标间空间狭窄不能加床，地接社会免费让单男（女）住一间房。

074. 个别游客要求延长或缩短住房时间，地陪怎样正确处理？

个别游客因客观原因或主观原因（如生病、探亲访友、继续参观游览等）要求延长酒店住宿，应与地接社另签住宿协议。入境游客延长住宿，地接社一定要考虑签证是否在有效期。

缩短住房实际就是提前退房，有的酒店可以提前几天退房，有的酒店不予退房，若游客执意提前退房，地陪应明确告之单人退床不退费。若两位游客退所住双标间，因为旅行社是团购、酒店是团销，因此缩短住房期间的房费有可能不退，或部分退费。

游客提出不在酒店住宿而去住亲友家，但仍参加旅游活动，也属于缩短住房时间，地陪需向地接社汇报，地接社指示地陪如何处理退房，单人退床不退费。

地陪要提醒不住酒店的游客，准时来酒店与团队会合，最好来酒店用早餐，以免误了出发时间。

075. 为何地陪一定要与全陪、领队核对日程？

（1）核定日程是导游服务集体友好合作的开始

与全陪或领队一起核定行程上的各项旅游安排是一种协作共事的行为，地陪与全陪、领队确认行程后，大家认识统一，旅游会顺畅。

（2）避免误会和遗漏

全陪手中的旅游行程与地陪手中的行程有时会在旅游项目、费用、接待标准等方面出现不一致，为避免误会或发生矛盾，避免遗漏景点，保证全程旅游活动顺利进行，地陪与全陪、领队之间应尽早、逐项认真核对日程。

（3）尊重领队、全陪（国内团）的职权

地陪与领队、全陪核定日程后，入境团由领队向旅游团宣布活动日程，国内团由全陪宣布，领队、全陪是旅游团的核心，由他们宣布更有执行力度，这也是地陪对领队、全陪职权的尊重。

（4）尊重游客的正当权益

游客手中都有一份旅游行程，但是他们未必认真阅读，报团时旅行社负责收客的工作人员也未必向游客细细解释，还有个别旅行社为收下游客，故意打马虎眼，因此有必要地陪与领队、全陪再核对一次行程，并向游客详细解释，解答游客的疑问。

游客来到旅游目的地有权审核本团在当地的活动计划和具体安排，也有权利提出修改意见或合理要求。

（5）特殊旅游团更需详细核定活动日程

特殊旅游团以游览为辅，重点是拜会、座谈、参观等活动，日程安排密集，时间不可调整，更需要地陪、全陪、领队与当地接待方代表一起详细核定全部行程和每一个重要活动的安排。时间安排要留有余地，一定保证重点项目的实施。

核定好日程后，全陪、领队应向旅游团中的核心人物通报，接待方代表向接待方领导汇报，若有实施上的问题或困难，地陪应及时向地接社报告。

076. 地陪何时与全陪、领队核对日程？

为了充分利用宝贵的游览时间，地陪在机场、车站接到旅游团就要开始走行程，这样地陪、全陪、领队没有时间核对全部行程，地陪可以把当日的行程简洁地向全陪和领队介绍，若无异议就可以开始旅游活动了。

通常旅游团入住宾馆以后，地陪、全陪、领队在一起从容核对行程。

077. 若旅游团没有全陪（领队），地陪怎样核对日程？

如果旅游团人数较少，组团社没有派全陪、领队随团，地陪要与全团的游客核对行程内容，特别要明确说明需要游客自费的项目，如大门票不包含的小景点、电瓶车、缆车、文娱演出、风味餐等，这样做是对游客权利的尊重。

078. 核定日程时主要核对哪些内容？

（1）核定住宿标准

组团社已经在行程上标注了酒店名称，以便游客上网查看，地接社不得以各种借口更改酒店，若更改必须向游客说明原因，但不得降低标准。

（2）核定旅游活动及时间安排

查看参观游览项目（含车游、无门票景点）是否有遗漏，是否含园中小景点门票、缆车、电瓶车、游船；核对娱乐活动的内容与接待标准（戏曲、曲艺、杂技，座位级别）；如有购物活动，需核定购物地点、时间安排；核对所有活动的时间安排是否合理，时间上是否留有余地，这样才能保证圆满完成旅游计划。

（3）核定餐饮安排

核定酒店是否含早餐，每天正餐的安排以及行程中风味餐的安排（标准、时间安排），餐桌如何安排（尽量安排亲朋在一桌、男女搭配在一桌）。

（4）核定旅游团中享受优惠票的游客

旅游团中的老年人、儿童、学生、军人，门票有免费的、半价的，有的儿童用餐是半价的、免费的。提前核定出来，心中有数。

（5）核定返程安排

落实机票、火车票，以及送机、送站的大致安排。

079. 日程核定要遵循哪些原则？

（1）尽早核定

出了机场、车站，地陪要着手安排旅游团的用餐、旅游、住宿等事宜，但是再忙也不能忽略核定日程的环节，地陪、全陪、领队都要积极主动核定日程，全陪、领队不能消极等待地陪与其核定。

如果疏忽或迟迟未核定日程，在走行程中才发现地接社与组团社的计划有所不同，接待标准有误，常常已经难以补救或更正，造成游客的不满。

（2）以行程为准

旅游行程是组团社与游客的约定，也是组团社与地接社业务合作的协议，具有合同的性质，是整个旅游活动的依据。在核定日程时发现有不同之处，特别是涉及接待标准和费用，导游要及时向各自旅行社汇报，组团社与地接社协商后及时调整，不能留下任何问题。

（3）保证重点旅游项目

2018 年春节北京有句流行语："有钱没有票（提前两天网上也约不到故宫的票），有票进不去（游人太多，通过安检慢）。"在核定日程时一定要想方设法力保重点旅游项目，必要时设法调整，如某旅游团有乘船游湖项目，但天气预报游湖那天有浓雾或大风，商定行程时可将游船活动提前或延后，以保证游湖项目不落空并顺利进行。

（4）前紧后松，留出机动时间

在旅游活动开展两三天后游客的身体会逐渐疲乏，旅游热情也会递减，整个行程安排应前紧后松，以适应游客。每日行程也要尽早出发，前紧后松。例如，某旅游团从延安出发去看壶口瀑布，有的游客起床晚了，旅游团没有准点出发，路上又遭遇严重堵车，抵达宜川县壶口乡时景区已经停止售票，旅游团不可能再来一次，只能留下遗憾。

（5）注意场合

地陪与全陪、领队核对日程时，不要当着游客的面商议（避免好事的游客插言、进言，核对细节时会涉及接待标准、价格，没有必要让游客知道接待细节），最好在游客入住之后在酒店大堂商定。

有的全陪当着旅游团的面让地陪调整行程，甚至发生争吵，全陪、地陪丢尽颜面，也因此影响导游服务质量。

全陪、领队尽量在正式场合向大型旅游团、重要旅游团宣布活动日程，使旅游者感到旅行社对他们的重视。

（6）严格执行

核对之后，地陪与全陪都要把旅游行程的安排及标准牢记在心，不折不扣地执行。不能核对后仍丢三落四，安排不周。

080. 有的全陪（领队）要求看地陪的行程单，地陪如何处理?

如果地陪的行程单没有地接社的详细标价（各种消费的实价），地陪可以让全陪看行程。

如果地陪的行程单有地接社标注的各项实际价格，地陪则不能把账目公开，有经验的地陪都是让地接社计调给自己一份可以公开的行程单。

081. 核定日程时发现涉及费用的项目有些出入，如何处理?

（1）费用是否由游客自理

园中园门票、游乐项目、景区内交通工具费用（电瓶车、环保车）是含在行程之中，还是游客自理，组团社与地接社的行程有时会不同或者表述不清晰。凡是不含在行程中，或只部分包含的项目（如单程缆车）都要与全陪确认，并在合适场合向游客明确说明。

（2）自费项目标准不同

自费景点、自费节目，如自费观看城市夜景、观赏文娱演出、品尝当地小吃等，组团社标注的参考价格与地接社的收费标准可能有所不同，在这种情况下，地陪首先向全陪解释，若全陪仍有异议，地陪、全陪都要当时就向各自的旅行社汇报，听从两社协商的意见，地陪与全陪都不宜自作主张。

凡是自费价格有出入，不要透露给游客，地陪、全陪不得私自提价，必须按照组团社与地接社的规定收取费用。

082. 全陪（领队）提出修改行程，地陪如何处理？

由于全陪（领队）是组团社的代表，提出的修改意见无论是否合理，地陪都不要当面断然拒绝，说明因涉及费用，需组团社、地接社相商。最后按照两社协商一致的意见执行。

由全陪（领队）向全体游客说明修改行程的原因以及价格变化、时间安排的变化。

如需游客补交费用，最好由全陪（领队）收取，在收费的同时记下缴费人的名字。

收取自费时，无论是全陪还是地陪收费，都要清楚地写下人名。若有游客不参加，则记下他们姓名。

083. 多数游客提出修改行程，如何处理？

《旅游法》第七十三条规定“旅游者请求变更旅游行程安排，因此增加的费用由旅游者承担，减少的费用退还旅游者”。

多数游客提出修改行程，提出增加参观游览项目，或提高接待标准，这些要求都涉及接待费用，应由全陪、地陪分别向各自旅行社汇报，按照组团社与地接社协商一致的意见向游客说明费用问题及行程安排。

若游客提出的修改行程要求不涉及费用又可行时，应尽量安排，满足游客。例如，某旅游团第二天下午的行程是上海博物馆和东方明珠塔并乘船游黄浦江（上博免费，行程含登塔、游江），游客提出延长在“上博”的时间，在“上博”细细品赏春秋时代的青铜器和明清两代江南巨匠的墨宝。登塔的时间改在晚饭后，登塔以后再乘游船观赏黄浦江夜景，地陪与全陪协商后觉得可以满足旅游团要求，地陪将晚餐餐厅调整到东方明珠塔附近，用餐后登塔、船游黄浦江，全陪向全团宣布了调整方案，旅游团很满意。

084. 个别游客提出修改行程，如何处理？

个别游客提出修改行程，地陪需耐心解释、说明原因，旅游行程不仅是两社间的契约，而且是旅行社与游客的约定，具有合同的性质，整个旅游活动以行程为依据，行程以全团游客的利益为重，个别游客的要求难以照顾。

如果游客提出的某项修改不影响旅游团行程，没有危险，且费用自付，也可以满足。例如，旅游团游览苏州虎丘，某位游客多年来就想去留园游览（虎丘离留园很近），如果他打的前去，然后与团队在虎丘停车场会合，或者在午餐餐厅会合，也是可以的。

游客提出修改行程，不能满足时，地陪的解释要耐心，说明要委婉，有时点到为止。例如，某研学旅游团某日的行程是上午虎丘，下午水墨同里古镇，有几位随团老师提出旅游团一般都是先远后近，是否可以上午游古镇，下午游虎丘。研学团对老师的提议非常重视，地陪组长亲自向老师解释："老师，你们是旅游行家，提的建议非常好，但是同里没有大餐厅能容下我们 360 人同时就餐，如果提早回到苏州城里用餐，同里游不好；若中午返程，同学们已经饥肠辘辘了。"老师们听了，觉得行程安排是有道理的。

085. 为什么游览活动必须准时出发？

旅游团遵守约定时间出发，才能轻松愉快地完成行程，如果总是拖拖沓沓，一步晚，处处晚，如果影响了行程，或者没有在最佳时间游览景观，迟到的游客不认为是由于他们的迟到造成的，反而认为导游没有工作能力，遵守纪律的游客也因为导游迁就迟到游客而有怨言。

导游必须干练，旅游活动一开始就应建立起活动秩序，景点游览前要提醒游客与团队一起活动，游览时要随时督促磨蹭者、迟到者紧跟团队，这样旅游团就不会松松散散，各种活动就能顺利进行。

086. 早晨在酒店，地陪发现有游客未准时前来集合，如何处理？

地陪在酒店大堂发现有些游客未来集合，首先地陪要与全陪到餐厅看一下这些游客是否还在用早餐，若是，可以婉转地催促一下，说大多数游客在等候他们。

如果游客没在餐厅，地陪、全陪要分别给迟到者的房间打电话，催促他们。若游客说不参加旅游活动了，地陪要询问原因，并说明放弃旅游活动，有的综合服务费（如餐费等）不退，有时还要根据旅行社的要求让不参加活动的游客签字，声明自负安全责任，同意费用不退。

087. 旅游车出发前往景点途中，地陪要做哪些工作？

每天随着旅游车的开动，地陪站在旅游车前部首先向游客问候，询问昨晚是否休息好了，然后开始讲解，程序如下：

（1）预报今日行程安排

预报今日即将开始的行程安排以及时间安排，让游客心中有数。虽然行程单上有计划安排，但是游客还是希望了解具体是怎样安排的，曾有一位地陪，上车就开始讲景点的人文历史，游客说："这个导游挺认真，但是我们总有盲从的感觉。"细查原因，这个地陪每次出发时都没有把计划向游客讲明白。

（2）进行沿途讲解

前往景点的沿途讲解与游客下飞机、下火车后的沿途讲解大不相同，前往景点途中只简单介绍行程中标明的车览景观以及沿途重要街景，因为今日游览参观的重点是景点，主要为导游景点做铺垫，讲解景点的背景资料（历史沿革、人文逸事等）、欣赏价值等，激发游客的游兴。

（3）提醒注意事项

在旅游车上提醒游客在游览时需要注意哪些事项，是最有效率的。特别要强调集合地点、集合时间，以及如何注意安全。

088. 在前往景点途中，地陪沿途讲解时要注意什么？

（1）讲解姿势自然大方，声调声音悦耳

在大、中型旅游车上，地陪应站着讲解，面对游客，辅以手势，站姿要自然文雅，表情应自然和谐，面带微笑，手势运用要得当，不宜手舞足蹈，指天画地。

（2）讲解街景

行程中的车览街头景观一定要指到、讲到，不要遗忘，而且讲解要与游览的视线同步，不能老让游客回头看街景。

（3）讲解与行程相关联

讲解景点的背景材料（历史沿革或逸事），讲解景点如何去欣赏、美学及人文价值。

如果是登长城、爬泰山等活动，在攀登过程中总会有先有后，而且攀登途中游人众多无法讲解，这时就需要在旅游车上进行景点讲解。

（4）顺应旅游者兴趣

观察、判断游客的兴趣所在，及时调整讲解内容、变换讲解风格。

游客的兴趣都在表情上，导游要善于观察，如果游客对于景点的历史沿革感兴趣，就多讲景点的兴废过程，若游客对游览景点的历史名人逸事有兴趣，多讲一些历史名人为好。

089. 在景点游览前，地陪要做哪些提醒？

（1）防拥挤、防丢失财物

景点人多拥挤时，要提醒游客注意安全，保管好财物；不与景区外的游商小贩搭讪，若与小贩讨价还价时游客要注意自己的财物安全，俗话说“背包在身后，有可能在替别人背着”。

（2）强调集合时间

特别是进入庙会、步行街前一定再次强调集合地点、集合时间。如果严重迟到，按照全团意见办，开车不等待，让其自己打车回酒店。

（3）提醒游客记住旅游车的停车位置、车牌号

需要早回到旅游车的游客可以记住司机师傅的手机号，以备找不到旅游车时联系师傅。

（4）走路小心

走小路、山路、崎岖土路时，上下台阶时，在有水、有雪、有冰的路上行走时，一定要小心谨慎，不要东张西望。提醒老年人一定要注意脚下，以免被绊住跌倒，年轻人也不要跑跑跳跳，因为小石块垫了一下、路滑，跌伤的案例很多。

090. 在景区验票时，有的小孩超高需要补票，地陪如何处理？

（1）在景区购票前就应该让可能超高的小孩去量一下身高，以免被动。

（2）验票时验票员让超高小孩补票时，通常由地陪收取孩子的门票钱后去补票，全陪则照顾已过验票口的游客。也可以由全陪去补票，地陪照顾已过验票口的游客。

（3）没有全陪，让孩子家长去补票，地陪要照顾旅游团。

091. 旅行社网络订票，进入景区前，游客说持有优惠证件，地陪如何处理？个别游客因故不游览，能退票吗？

许多世界遗产景区对客流实行限流管理、网络实名订票管理，所以旺季时有些旅行社怕订不上票，旅游团还没来，就把游客的身份证号输进去，通过网络订了票。

进入景区前，游客说他持有优惠证件（学生证、老年证、军人证等），地陪要及时与计调联系，持残疾证一般都免费，可以退票。

许多景区是限游客人数的，在景区还有票可售的情况下，可以先退票，再买优惠票。如果景点门票已满，有可能刚退掉票就被别人网上抢购了，就麻烦了。这时导游可以找景点票务人员商议一下如何办，若票务人员说退掉后万一

被别人抢购了，他给开补票的条（或通过对讲机告诉票务），地陪再让计调网上退票、买票。如果验票人员说不保证能补票，地陪就只好对游客说："因为事先您没声明有优惠证件，退票后可能买不上，只好全价票进入。"

若游客自己在网络订的票，只能他自己在网上退票。

地接社网络订票，旅游团的票都挂在地陪名下，验票员有权抽验团内游客的身份证件。

只要刷了地陪的身份证，订单内所有游客均视为已验票，一经验票则无法申请退票。

若个别游客因故不游览，地陪应在验票前，通知计调为不游览的游客申请退票或改签，计调告诉地陪退票成功，地陪再带团验票。

如果现场购票排队，导游就要告诉游客不能为了买优惠票而耽误全团的游览时间。

无论是使用旅行社签单换票、网络订票、微信买票、现金买票，旅行社计调一般会让地陪在送站前给享受优惠票的游客退费，导游报账时，计调会补给导游。

网络订票一般在预约日之后的5天内退款。

092. 游览前，地陪对游客应做哪些提醒？

在景区示意图前讲解旅游团的游览路线后，地陪要认真提醒游客：

（1）记住集合时间和集合地点。

（2）游览时跟紧团队，万一走失，就问景区工作人员所处位置，给地陪、全陪打电话，等待去接，不要独自去找团队。

（3）游览时不走不安全的路。

（4）不去摸任何文物及展品（包括随手可以摸到的木雕、砖雕、玉雕、太湖石、抱柱楹联等），有可能就因为你的稍微一模，有所损害，文物和展品都是无价的。

093. 地陪如何带领游客愉快地参观游览?

（1）保证游览时间、游览路线

行程中都标注有最低游览时间，游览时间只能延长15分钟不能缩短5分钟，这是硬指标，只要游客对游览时间缩短提出意见，就会成为无法弥补的失误。

导游不得随意缩短或改变游览路线，如有时游人如织，要去的景观要走很长一段路，地陪偷懒，对游客说那个景观不如近处的某景观好看，就带团去近处景观观赏，私自缩短了游览路线。景点中的园中园、自费景点，如果导游不带领旅游团进行游览而让游客自行游览，如游览颐和园，行程中含有排云殿、佛香阁景区，导游懒得爬100多级台阶，就让游客自己前去观览，导游在排云门前等候，也是缩短游览路线。缩短游览时间、游览路线都是带团中的“硬伤”，绝不允许发生。

（2）掌握好行进速度

旅游团中有男女老少，行走速度不一样，地陪要把不同的游客都照顾到，不让年轻人、腿脚利索的人感到磨蹭，也不让老年人忙于赶路。

（3）讲解适应游客需要

游客总希望尽可能多看一些景观，但旅游团下午或晚上要乘机、乘车离站，地陪就得精练讲解。若景区严重拥堵时，安全最重要，即使导游热情讲解，游客往往没有心思听，烦而生厌。

游览时间充裕，景观人文历史厚重，游客感兴趣，哪怕讲解环境不理想，也要重点讲解。讲解要适应游客的情绪和心情。

094. 游览中，地陪怎样讲解景观?

（1）讲解内容深浅适宜

讲解内容要照顾不同文化程度的游客，文化程度高的能听懂导游讲解厚重的历史、古人的诗文，对喜欢通俗易懂内容的游客就可以说老百姓的大实话、讲一个真实的小故事，甚至和游客调侃几句，讲解无论深浅，都要让游客愉快地融入景观欣赏。

（2）详略得当

由于游览时间有限，导游讲解一定要详略得当，重要景观重点讲，一般景观要点到，注意不能遗漏行程上的任何一个景观，如游客提出“导游，行程上的那个某某亭，怎么没去观览啊？”虽然这个亭子很小、很普通，就是某某古人为亭子写有一篇诗文，既然在行程列出，就得游览，如果出了景点才发现没有参观，导游已不可能带着全团重新回去看一眼那个亭子，倘若游客较真，只能赔礼道歉，或者有所赔偿。

（3）在意游客感受

讲解的作用是有助于游客深入地欣赏景观，导游要在意游客的感受，从游客的表情中，能看出游客是否认同导游讲解。

药到病除的药不多，但好的导游讲解却能立刻受到游客的欢迎，导游的讲解把游客带入历史，带到具体场景之中，游客既有视觉享受又有文化享受。

095. 带少数散客游览，有何特点？

带团队游览，必须把行程中列出的主要景观在规定的时间内都要走到、讲到，而带散客游览则有较大的自由度，游览线路、游览时间都可以满足散客的需要，当然如果超时服务，散客要按小时补给导游、司机服务费。

对少数散客可以进行互动式、聊天式讲解。

只有一两个客人的旅游团，都是贵宾团，更要下功夫，随时调整自己的讲解题材、讲解风格，以适应散客的需要。

096. 地陪如何面对总是迟到的游客？

旅游团总有屡次迟到的游客，而且每次迟到的总是这几个人，无论导游怎样强调准时集合，迟到者依然我行我素，他们想“反正导游不敢把我甩下”，迟到者很少是老年人或带儿童的家长，往往是有参团经验的中年人，有的游客把迟到当作占便宜。导游该如何面对总是迟到的游客?

（1）积极联系

当着旅游团的面，多次拨打迟到者手机，催促赶快前来集合地点，有时迟到游客一看是导游手机就不接，这时可以请别的游客打电话催促。

（2）耐心等待

如果不等待，万一迟到者在自行回酒店时出了事就麻烦了，所以还是再多等几分钟为好。

如果是单位的旅游团，带队领导不说走出景区、不说开车，就一直耐心等待，最着急的是领导。

（3）正面劝导

在等待时，导游不能说气话，迟到者上车后也不要立刻批评他，其他游客讽刺挖苦他们时，导游千万不要笑，迟到者惹不起其他游客，但是惹得起导游。

要正面强调守时，如果迟到者的人品很好，他就不会迟到了。导游在强调守时时，要注意方式方法，话语稍重，迟到者就可能立刻翻脸，和谐、愉快的旅游气氛被他的吵闹一扫而空。

（4）郑重提醒

个别游客将好言相劝当成耳旁风，这样导游就要向旅游团说明：屡屡迟到耽误时间会影响下面的行程，有的景点到点就不售票了，导游担不起这个责任。与旅游团商定过了集合时间多少分钟就不再等待，请迟到者打车追上旅游团，一切责任自负。

（5）预留等待时间

行程上的游览时间是指从景点验票到走出景点的时间，已经发现总有迟到者，地陪可以稍微加快点游览速度，预留些等候时间。

地陪一定要尽力完成当日所有行程，杜绝旅游团黄昏时分才进入景点（看不清景物），旅游团到达景点时已停止售票、停止进入，那是绝对不行的。倘若有的景点当日游览不了，虽然次日早出发可以弥补，但是司机超公里数的损失由谁负责?

097. 如何预防游客走失？

（1）讲清活动安排

每天开始行程，在旅游车上，地陪要详细向游客通报当日的活动安排。

下车前向游客讲清旅游车停车位置，提醒游客记住车号。

进入景区在景点鸟瞰图或示意图前向游客指明游览路线，强调集合时间地点。

（2）强调恪守集合时间

每次分散活动前，地陪要着重提醒游客恪守集合时间，与旅游团商定“过了集合时间几分钟就不再等待，请迟到者打车追上旅游团，一切责任自负”。

如果导游不郑重其事地宣布纪律，旅游团的行动就有可能松松垮垮，会出现更多的迟到者，守纪律的游客也会产生不满。

（3）不带团去拥挤、复杂的场所

黄金周期间，尽量避开景区内的大型表演场所，避开表演时段。许多景区有大型古装祭祀表演，观众至少几千人，且不说耽误游览时间，散场往往很难聚齐游客，走散了更麻烦。

（4）多次提醒游客跟紧团队

参观游览前、游览中多次提醒游客跟紧团队，不要随意自由活动。自由活动时不要远离团队。提醒家长看紧孩子，小孩丢失就是大事，很可能全团都无法继续游览了。

（5）勤清点人数

在景区每次移动时、出景区大门前都要清点人数，发现缺人，及时寻找。

（6）导游服务集体密切配合

地陪、全陪、领队密切配合，分工合作，注意游客动向，只要他们一远离团队，就及时召唤游客归队。

098. 在爬长城或登山结束后，有的游客走错了停车场，南辕北辙，地陪如何处理？

（1）问清游客所在位置

一个景区的停车场往往有好几个，但距离都很远，如北京八达岭长城前山停车场就有几个（919 公交停车场、两个高架桥停车场、林场停车场），后山滚天沟停车场距离前山大桥停车场至少有 4.5 里路，如果游客走错了停车场，首先问清他目前所在位置或明显标记，他若指认不清，请他询问身边的其他导游或者小卖部人员。

（2）请游客走到明显地标或原地不动等待导游

走错停车场的游客总是希望旅游车去接他，但是旅游车需要绕来绕去，从辅路上高速、下高速，麻烦极了。有的景区几个停车场可以开车互通，即便如此，司机也不能随便进出停车场，一进一出就是几十元停车费，停车场外面又不允许停车等候，所以只能地陪步行去找。

为节约时间，导游可以用手机指挥游客往回走，若游客迷路，则嘱咐他站在一个固定位置别走动，若是走动，更找不到。

（3）找人时间请其他游客耐心等待

寻找走错停车场的游客一般都需要 15~30 分钟，只能请其他游客耐心等待。如果有出租车，请游客打车前来会合。如果走失游客所在处距离旅游车太远或者说不清位置，请他打 110 求助。

099. 回酒店途中的沿途讲解，地陪主要讲什么？

经过一天不停歇的游览、参观，返程时许多游客有疲劳之感，老年人会在车上闭目养神，但是一部分青年游客仍然兴致勃勃，地陪要察言观色，根据实际情况进行“返程沿途讲解”，如果不讲解，游客会觉得地陪偷懒，讲多讲少，视游客情绪而定。

（1）适当补充景点讲解

许多知识点、有趣的故事在景点没有充裕的讲解时间，在景点主要是让游客游赏，返程时则可补充讲解，延伸景点的历史深度，讲述与景点有关的历史人物、历史事件。

（2）回答游客提问

及时解答游客的提问往往会有很好的效果。

（3）请游客发表观感

请游客讲一讲观感，游客会感到自己脸上有光，游客往往说几句就没词了，讲几句就口干舌燥，他会体会到地陪是有文化底蕴的，讲解一路是很辛苦的。

（4）行车时间较长可以分段讲解

若行车时间较长，沿途讲解可以分几个段落，讲不同的话题，也可以讲解与景点有关的趣闻逸事，活跃气氛，缓解旅游者的劳累。注意不能讲粗俗笑话，也不要以某位客人为题材，说些打趣的段子，模仿他的动作，以免刺伤游客的自尊心。

（5）安排游客适当休息

经过一天的游览，游客走累了、体乏了，尤其是老年人多的旅游团，地陪一定要让游客适时休息，导游自己也可休息一会儿，此时无声胜有声。

（6）预报次日行程

在返回酒店的车上预报第二天的行程，反复强调叫早、早餐、集合出发的时间以及注意事项，以防游客（尤其高龄老人）记错、忘记。地陪上车后有时忙于接听电话，或忙碌其他事情，或与游客交流特别兴奋，忽略了预报行程与提醒注意事项，游客回房间后再逐一通知很麻烦。

100. 在什么情况下，游客会提出个别要求？

（1）旅游接待单位服务不周

酒店房间卫生不达标，或有异味，游客肯定提出换房间。景点内某一景观因故不开放，游客会提出如何补偿的要求。景区道路有冰雪，又未铺草垫子、麻袋片等防滑设施，也未贴防滑告示，游客滑倒跌伤，会提出索赔要求。餐厅上错了菜肴，或者菜肴有问题，游客会提出补偿要求。

（2）游客希望满足自己对旅游的期待

游客对于旅游行程的认识理解不同，总是希望旅游接待应适应自己个性化的要求，而没有更多考虑客观因素以及他人的需求。

例如，行程上住宿标准五星级，但是很多游客不满意，因为下榻的五星级酒店是郊区度假酒店，距离市区远，游客晚间自由活动时感到交通不便，就要求更换酒店，哪怕住在市区四星级的酒店也行，但游客不知道市区的四星级酒店比郊区的五星级酒店价格贵得多。

又如，游览敦煌莫高窟，许多游客看不够，希望给予充足的游览时间；而游览风景奇特景区，摄影爱好者忙于拍摄优美风光，总感到游览时间短，抱怨旅游团出发晚、收队过早，但是带小孩的游客却希望早点回酒店。

（3）行程标注不具体

组团社、地接社的接待标准存在模糊内容，如组团社的行程是国家大剧院，地接社的行程是外观国家大剧院，有的游客就提出进去参观。

有的景点有几段可乘电瓶车（停车场至景区大门，景区大门至缆车站，甲景观至乙景观等），行程只写了含2次电瓶车，究竟是去程，还是返程，到底是哪两次，含混不清，即使导游多次解释，总有游客不满意。

101. 游客提出个别要求时，地陪如何处理？

（1）认真倾听、信守合同

游客在提出个别要求时，地陪一定要认真倾听，这是对游客负责的态度。在旅游合同的约定内容和标准内处理问题，这是办事的依据和原则。

地陪要冷静仔细地考虑游客的个别要求是否合理，或者有几分合理，怎样答复，怎样灵活处理，地陪的言行在一定程度上代表了旅行社，所以地陪一定要言语有据，办事有理。

（2）合情合理、灵活处理

游客的个别要求往往很具有个性化，地陪处理时应善解人意，既要坚持原则又富有人情味，应诚恳地与游客商量解决的办法，智慧地、恰切地处理游客提出的有难度的个别要求。地陪不应把这些个别要求看作烦扰，而应把它看作提高自己工作水平的着力点。

处理好个别要求，往往凸显导游干练的工作能力。

（3）耐心解释、有理有节

面对不合理或者根本无法满足的个别要求，地陪要耐心地、清晰地向游客解释，使游客能够客观地看待自己的要求。即使游客强词夺理、声高语重，地陪也一定要始终保持平和的态度，言简语赅地讲清道理不与其争执，争取让游客及团内其他游客都心悦诚服。

（4）复杂情况及时汇报

遇到复杂的个别要求，地陪无法准确把握处理尺度或者难以处理，一定不要擅自做主，明确告知游客此事需向旅行社汇报请示，必要时地陪可以请旅行社与游客直接对话，合理解决。

102. 在景区，个别游客要求自行游览，地陪如何处理？

进入景点后有个别游客认为自己具有旅游经验、行动快捷能够独自游览景区，也有的游客觉得与家人或好友单独游览更有情趣，于是提出自行游览的要求，导游首先应劝其随团游览，如游客坚持独自或和其亲友自行游览，地陪要请游客写一份自行游览安全自负的字据；强调集合时间地点，请其准时与团队会合；提醒他注意人身、财物安全；告知万一迷路，立即联系导游。

103. 游客希望延长在景区的游览时间，地陪如何处理？

（1）适当满足要求

有时遇到奇妙的气候美景，人在画中游，人游画景动。游客纷纷向地陪提出延长游览时间，如果不影响行程，地陪可以满足要求，宜助兴不可扫兴，但地陪要不断地提醒游客注意安全。

（2）通知司机

若延长了游览时间，地陪应及时与司机联系，以免司机着急。

（3）适可而止

导游要助兴，让游客尽兴游览，但要适时请游客结束游览，因为还有其他行程，即使没有其他游览活动，旅游团也得在约定时间去用餐，也应早回酒店休息。

104. 游览时，有的游客总是凑到别的旅游团中听导游讲解，地陪如何处理？

（1）调整讲解方式，吸引游客

即使是个别游客去听别的旅游团导游讲解，地陪必须要思考自己的讲解为什么吸引不了游客。

导游讲解贵在灵活、妙在变化，地陪应该及时调整讲解方式，也可以悄悄请全陪为自己支招。

例如，杭州六和塔登塔是另收费的，地陪小王在塔外为旅游团讲解塔的结构：“六和塔塔高 59.89 米，内层塔身 7 层，外层木檐 13 层，飞檐翅角挂有 104 只铁铃铛……”王导发现团内有 3 个游客在听别的导游讲钱塘江有多长、多宽、发源地在哪、途经几省……王导知道游客对六和塔结构没啥兴趣，就开始讲在六和塔观“钱塘秋涛”：“杭州湾外宽内窄，像一只大喇叭，海潮来时，以每秒 10 米的流速涌来数十万吨海水向江岸推进，江道越来越窄，江底越来越浅，潮水后浪推前浪，一层叠一层，激起 3~10 米高的浪墙，南宋皇帝曾在此观潮，塔后有南宋皇帝御笔‘敕赐开化之寺’。鲁智深在寺内听潮圆寂，武松也在此出家，80 岁圆寂……”王导生动的讲解、游客生疏的题材吸引了游客，还引来了其他团的游客。王导讲解六和塔下观潮，并没有跑题，只不过把六和塔景色延伸了，却产生了不同凡响的效果。

如果地陪真的技不如人，就只能讲完后带团去下一个景点，以免个别游客跑去别团蹭听。

（2）谨慎、谦虚

在离开景观时要注意让听外团讲解的游客跟上团队，千万不要讽刺那几个听人家讲解的游客，地陪要认真思考为何其他团的导游讲解能吸引住游客，究竟是题材新颖还是讲解生动，积极吸取教训，力求下次讲解时焕然一新。

一个导游如果总是觉得自己的讲解多么符合历史、多么有文化，认为他人讲解得生动其实就是搞噱头，内容粗俗陈旧，游客不听自己的讲解是因为他没文化，导游若总这样自以为是、故步自封，那他就永远不会进步。尺有所短，寸有所长，虚心学习，认真找出差距，才能进步。

105. 多数游客要求自费参观景区内的小景点，地陪如何处理？

旅游团的行程计划中一般不包含小景点的门票，如果时间允许，旅游团内多数游客提出自费参观游览应予满足，地陪要引导他们游览，并热情讲解。但事先要妥善安置少数不游览小景点的游客，并与他们约定好集合的地点、时间，提醒他们注意安全。

106. 个别游客要求自费参观景区内的小景点，地陪如何处理？

个别游客提出自费游览小景点，在其能够准时与团队会合、安全责任自负、全陪同意的情况下，地陪按照游客自行游览处理。

107. 游客要求自费乘坐景区内的缆车、滑道、游览车、大型游船，地陪如何处理？

因为景区内的缆车、滑道、游览车、大型游船一般与旅行社有合作协议，行程上也有推荐价格，地陪在到达景区前应作说明介绍，并在下车前请游客做好决定，地陪或全陪把自费收齐，下车后地陪可以迅速购票。

（1）全团乘坐

旅游行程中一般不含有缆车、索道、电瓶车、游船等费用，但是会标注出价格。如全团游客要求自费乘坐，在安全前提下可以满足旅游团的要求。

（2）部分乘坐

如果只有一部分游客要求乘坐，地陪和全陪可以分别照顾乘坐者和不乘坐者，地陪要照顾大部分游客。地陪可以把要求步行游览的少数游客送进验票口，约好集合地点、时间，叮嘱好注意安全，让他们自行游览。

若全团游客有两种意愿，一部分游客要求乘坐缆车，另一部分游客要求乘坐滑车，缆车和滑车的站点不在一起，有的离得很远，地陪、全陪就得分别带领游客去乘坐缆车、滑车。若没有全陪，地陪只能送一拨再送另一拨，若离缆车近就先送坐缆车的游客。

若全团游客有三种意愿：缆车、滑道、步行攀登。地陪、全陪只有两个人不能照顾第三方，全团只能选择两种方案：或滑道、缆车，或缆车、步行。不设第三种方案。若个别游客不服从地陪的安排，就得按自行游览处理，说明集合时间超过 15 分钟，旅游车不等候，自己打车回酒店。

再次明确集合时间、集合地点。

108. 游客要参加景区内的蹦极等高危项目，地陪如何处理?

有的景区内有蹦极、热气球、空中飞人、滑雪、跳伞、直升机、快艇等项目，非常吸引青年游客，旅行社不安排此类项目。若游客要求参加此类项目，导游应劝阻。如果游客执意参与，地陪应请游客签字并说明责任自负，导游已作安全提示。

这些项目若由导游购票往往会有优惠，但是导游要让游客自行购票，导游代买票就是允许、支持游客参与。出了问题导游是有一定责任的。

游客参加此类活动前，地陪、全陪仍要尽责，对他们进行忠告，请他们注意自己的人身、财物、证件的安全，在约定的时间、地点与团队会合。

若个别游客组织不安全活动，如湖里、海里游泳比赛、飞跨小溪等活动，导游必须劝阻。

109. 游客要求减少参观游览景点、减少游览时间，地陪能满足吗？

因为天气非常寒冷或炎热、游客劳累、对景点缺乏兴趣等原因，游客纷纷提出减少参观景点、减少游览时间、提前返回酒店的要求，如果全团要求或者大多数游客达成一致意见，地陪可满足其要求，但要写下自愿放弃景点的文字材料，以免日后投诉地陪未完成行程。

如果少数游客提此要求，导游应说明只能依旅游团多数人的意愿继续完成行程计划；不能满足他们的要求并致歉。如果个别游客身体不适，地陪可请他到集合地点休息（停车等候时司机不开空调），或签字放弃游览，自己打车回酒店休息。

110. 地陪如何回答游客的具体提问？

游客可能问非常具体的问题，在听完导游讲解祭天之后，游客问祭日、祭月的日期与时辰，游客经常也会问到某字的读音、匾联题额的含义、皇帝的生卒年月、太子的妻子儿女、皇家的生活习惯、树木花草的生长特性等。这些提问地陪如果回答得好，可能会收到意想不到的好效果。若导游回答说“春分卯时（晨5~7时）祭日，逢甲、丙、戊、庚、壬年皇帝亲祀（亲自参加）。秋分酉时（17~19时）祭月，逢丑、辰、未、戌年皇帝亲祀”，游客一定为导游鼓掌。但是导游的知识储备是有限的，可以选择自己会的，或者有代表性的（大家感兴趣的、难度大的）来回答，也可以与游客互动。

如果不知道、不懂，则实事求是说不会。导游可以请教旅游团中的高人或者请教同行以后再给游客较正确的回答。

游客可以随意问，但导游不可以置之不理，不会没有关系，不理睬是失礼。

111. 地陪如何回答高难度的问题？

有的游客喜欢提出高难度问题，希望与导游探讨一番，如秦始皇陵兵马俑武士俑的面孔形象各异，当年不可能让武士们站好当模特，即使站着让塑造形象，这也不是捏面人，一会儿就捏好，当然更不会一一为造俑人画出彩色人像来，那么当时造俑人是怎么塑造出这些一人一面的官兵？游客提出来高难度问题的时候，往往会引起全团游客的注意，如果导游有水平，全团会佩服。

个别游客喜欢显示学问，或者把刁难他人看作自己的乐趣。他们习惯把青年导游、新导游叫小导游："小导游，哪个朝代开始称华表？""秦始皇兵马俑是秦始皇生前烧制，还是驾崩后烧制？""李自成撤退时完全有时间，他为何不把紫禁城全烧了？"

有的问题根本无法回答，历史上没有任何记载，导游应实事求是地回答不知道，也可以请提问者发表看法。爱提怪问题的游客喜欢夸夸其谈，导游不要与之争辩。

对于游客提出有价值的提问，地陪可以求教之后给游客一个答复，千万不可以瞎说、胡说。知识缺乏正常事，不懂装懂堪可笑。

112. 黄金周时，地陪怎样带团观赏景观？

（1）保证重点

核心景观是游客最关注、最向往的，要保证游览时间、要进行讲解，不能匆匆了事。

（2）精练讲解

导游讲解要精练，不要讲解太多的背景资料。能在旅游车上讲的不要在景区啰唆，旅游团重在观赏。

（3）拍照比讲解更重要

许多游客回到家中，对亲友最可炫耀的就是在著名景观前留下具有纪念意义的照片、神采奕奕的照片，多少年后翻看、回忆，有幸福感，所以一定要创造机会帮助游客拍好照片。

2018年春节北京故宫推出“我在故宫过大年”活动，人山人海，太和殿广场上到处是游人，有的地陪把旅游团带到太和殿广场东庑体仁阁前拍摄太和殿，游客居高临下，既可以拍摄太和殿，又可以拍摄太和殿广场及太和门，有位游客说：“我来故宫5次，都没有拍过这么好的照片，有位懂摄影的导游，太幸运了。”

113. 黄金周时，地陪怎样做到安全第一？

黄金周，去往景区的道路拥堵不堪，更有甚者高速路成了停车场；到了景区地陪排长队买票，买了票排游龙一样的队进景区；好不容易进到景区，游人如织，摩肩接踵，景区的接待达到极限，游赏困难；从景区出来旅游车因为拥堵迟迟不能抵达；到餐厅后需要排队，至少要等一个小时；庙会里人头攒动，娱乐场所一票难求。黄金周是旅游业、交通业的盛大节日，也是导游筋疲力尽还得挺住的时候。

（1）千万避免走失

安全永远是首要大事，人多拥挤时游客最容易走失，寻找起来非常困难，景区的寻人广播根本听不清，手机可能都没有信号，近在咫尺也许谁也看不见谁。导游一定要再三提醒游客紧紧跟着队伍，走过一个大景观就与全陪一起清点人数，刚失散时还好找。

（2）游览中注意人身、财物安全

书包放在身前是自己的，背在身后可能是别人的。旅游主要是观赏，不是疯狂采购，导游要提醒游客不要携带大量现金。

（3）尽量避开景区内最拥挤的区域

景区内往往有古装表演，游客很可能喜欢观看，但最好能绕过表演区域，因为在景区看表演最容易失散、最不容易快速集合。

现在许多景观在春节有古礼表演，至少有一千人在观看，从开始到散场，大多要一个小时，有的地陪以为20分钟表演就能结束了，于是凑热闹，带领旅游团去观看。为了聚拢人气，仪式迟迟未开始，这时地陪已经无法把旅游团带出场外，表演结束后集合队伍费了很长时间。

个别景观虽然有历史性、观赏性，但是在黄金周就不宜带领旅游团参观游览了。有位地陪带领一个 20 多人的团，她觉得时间有富裕，就排队等候进北海公园最精美的园中园静心斋。没想到静心斋控制人流量，出来一位游客才放一位游客持牌进去，等了大约 15 分钟才进去了 4 位游客，这时一位老导游路过，告诉她赶快把进去的游客喊出来，虽然静心斋清雅别致，但是旅游团排不起这个队，结果进园的游客说没看好，没进园的游客埋怨导游浪费了时间。

（4）让游客量力而行，不硬撑游览

有高血压、心脏病、糖尿病的游客，受不得累，也忍受不了嘈杂、炎热、饥渴，导游要提醒他们及时休息，量力而行，实在不行，可建议某些游客在出口处休息，等候与旅游团会合。

114. 黄金周时，地陪怎样保证完成行程？

（1）任何事宁早勿晚

千万不能按照常规的经验来走行程，宁可早出发，不可晚片刻。

节假日拥堵不堪时，导游会把道路上、景区门口、景区内、餐厅前等候排队的视频发到朋友圈或者微信群里，有经验的地陪会把这些图片、视频让游客代表看，并讲清旅游团的行程要避开高峰，一定要早早出发。

凡是行程中有登泰山、黄山、华山、九华山、恒山、庐山等著名景区时，地陪一定要提前打听好景区营业时间，最好凌晨出发，争取第一批进入景区。

行程中若有坐船游湖、乘坐缆车，地陪一定要带团先坐上，不然会排几个小时。

（2）各个环节留足时间

绝不能以平日游览的速度估计时间，要把路上堵车、排长队进景区、景区内排队上洗手间、景区内摩肩接踵行走缓慢、停车场进出不畅、餐厅等候桌位这些因素考虑到，每个环节都要留出充裕的时间，平时一小时能走完行程，节假日可能三小时也走不完。黄金周时北京有些导游凌晨 3 点多就带团前往八达岭，一路畅通，还有更早来的，停车场已有众多旅游车了。上午八九点时八达岭高速已经快成停车场了。黄金周时晚上八九点吃晚餐很正常。

115. 黄金周时，地陪怎样才算完成了带团任务？

黄金周时，游客该看的都看了，核心景观讲了，游客拍了几张满意的照片，游客没有失散，该出园时出来了，用餐顺利，按时送机送站，旅游团安全离站了，地陪的带团任务就可以说基本成功了。

116. 游客要求离团自由活动，地陪如何处理？

游客在旅游活动中基本上是跟着导游活动，但是有的游客因为某种情况要求离团自由活动，地陪处理应既人性化又稳妥。

（1）在游览中要求离团自由活动

让游客征得全陪（领队）的同意，签署自行离团安全责任自负的文字材料。

叮嘱游客离团后一定要注意人身、财物安全。

告之晚餐的地点、时间，以及晚间的安排，希望游客早些归队。

请游客记住酒店名称、地点，以及导游电话，晚上回到酒店及时向全陪报平安。

（2）游客要求离团一日或一日以上

游客应先征得全陪（领队）的同意，签署“离团旅行社免责证明”。

> 本人于　　月　　日　　时至　　月　　日　　时自行离团。离团前导游已做安全事项的说明及有关提示，出现任何问题与旅行社无关，特此确认。
>
> 游客签名

地陪向离团游客讲清未享受的旅游费用的处理办法：属于自愿放弃的一般不退费；至于餐费、门票费是否能退，根据旅行社意见办理。

叮嘱游客注意人身和财物的安全，保持与全陪（领队）以及团友的通信联系，尽早归队。

117. 有哪些情形，导游要劝阻游客自由活动？

（1）即将离开本站前

离站前，地陪一定要保证游客安全，准时抵达机场、车站，发生误机、误车就是责任事故。游客提出自由活动，无论何种理由导游也不能答应。游客不听劝阻自行离开，责任自负。

（2）夜间

夜间行人、车辆相对稀少，照明不好、没有摄像头的街道容易发生偷盗、抢劫等治安事故，外地游客不熟悉当地情况，夜间出行是不安全的。

（3）治安不稳定

有些地区社会治安不稳定，情况复杂，游客不要前往，既保护自己又不给公安机关添麻烦。

（4）诱惑性活动

游客不应参加不了解或者具有诱惑性的活动，否则轻者耽误宝贵的旅游时间，重者违反法律，受到惩处。游客也不要前去与陌生人会面，正常交友最好在酒店大堂进行，既方便又安全。

（5）不开放地区

有些边境地区、军队驻地、高科技基地是不开放的，禁止中外游客前往，导游也不能把这些禁区的地址和相关信息透露给游客。

118. 高速路上遇到严重拥堵，在停驶等候期间游客要求下车走动，导游如何处理？

高速路上遇到严重拥堵，是无可奈何的事，导游首先要劝慰游客，可请游客在旅游车上休息，可以打扑克消磨时间。通常，导游不能让游客下车在高速路上活动。

119. 在带团中会遇到不可抗因素，如何应对？

带团中遇到许多不可抗因素，如天灾、交通事故、景点临时关闭、实施交通管制等特殊情况，导致某些景点不能游览，有些活动不能进行，此时地陪要：

（1）机智灵活、相机处理，根据情况或更改游览项目，或变更旅游行程。

（2）实事求是地向旅游者耐心解释，征得他们的理解和支持。

（3）有关补偿，听从地接社指示，地陪不能轻易许诺或自作主张。

如果遇到重大天灾，如地震、泥石流、洪灾，导致旅游中断，组团社与地接社会做出决定，争取一切可能，全陪则带领旅游团迅速撤出灾区，至于交通费用以及旅游退费问题，如何安置受伤游客问题，导游无权处理。

120. 为什么说导游服务质量很大程度上取决于生活服务？

有些导游以为会讲解景点就能带团，其实真不是这个事儿。许多新导游最发怵生活服务这一环，有时甚至觉得自己都带不了团，究其原因往往就在餐饮、购物、自费项目上问题不断，旅游团不满意。

旅行社在基本符合旅游协议的情况下，各个环节上都尽可能节约成本、压缩费用，生活环节就需要导游特别精心调节。如果把游览、讲解比作公共福利，生活服务就是游客的自身福利，如果每顿饭都不合游客口味，风味餐没有预订上，游客想买较好的土特产品而地陪却带去一个小购物店，游客想看当地民俗表演，地陪没有买上票……对此游客怎么能满意？在购物、娱乐、自费项目中都有方方面面的利益，只有搞好了生活服务，游客、旅行社、导游才会三方皆大欢喜。

121. 为什么旅游团的第一餐很重要？地陪如何安排好？

（1）用好第一餐的重要性

第一餐有为旅游团洗尘接风的意义，在餐标范围内尽量搞得丰盛一些，地接社也非常重视第一餐，有时第一餐会略提高餐标。人们的思维习惯是先入为主，第一印象很重要，如果旅游团对第一餐就不满意甚至抱怨，以后的正餐可能会顿顿不满意。

（2）精心安排第一餐

尽量在熟悉的餐厅用餐，地陪了解该餐厅的环境、饭菜质量。要提前告知餐厅游客来自何处，请其尽量安排符合旅游团口味的菜肴，若旅游团不能吃辣的、咸的，地陪一定要通知餐厅。地陪要提醒餐厅，等旅游团到达后再上热菜，避免冷菜冷饭，毕竟一热顶三鲜。

122. 地陪怎样做好旅游团的早餐服务？

（1）早餐形式

一般三星级以上的酒店提供自助早餐，大多是中西合璧式，早餐时间一般是6点半至10点，游客报房号或交餐票进入餐厅。二星级以下的宾馆大多是中式桌餐，每桌10人。

团队若很早出发，地陪要提前与宾馆前台（或餐厅、营销部）约定，请餐厅准备打包早餐路上吃（早餐若由营销部负责，必须在其上班时间预订早餐打包）。

（2）第一顿早餐服务

在旅游团用第一顿早餐时，地陪应提前10分钟站在酒店餐厅门前，面带微笑迎候旅游团用早餐（其实每天早餐都应当这样），这是导游的礼貌。导游的热情、真诚服务体现在点点滴滴的细节之中。

（3）不占床儿童的早餐

有的餐厅对不足1.2米且不占床的儿童予以免费，有的餐厅只对3岁以下的儿童免费。餐厅收费时，请儿童家长向餐厅交餐费，一般情况下地陪不代收、代交。

（4）早餐时进行温馨提醒

提醒游客穿便于登山、走路的鞋履，适时增减衣服，携带雨具、防晒霜、必要的药品；提醒老年人、学生、残障游客、军官携带自己的证件，以便购买优惠门票。

123. 旅游团的团餐有什么特点？

（1）定点餐厅、签单结账

旅行社和多家餐厅签订用餐协议，地陪用签单结账，签单上要签注用餐日期、餐厅名称、用餐人数（成人、儿童）、餐标、酒水数量和价格、司陪人数（如收费要注明标准）。

若不用签单结账，微信、刷卡付款都能出凭证，最好不用现金付款（曾有导游虚开金额的前例）。

（2）团餐标准

团餐为10人一桌，普通餐标为八菜一汤（如果九菜一汤、十菜一汤，甚至十二菜一汤，地陪也不事先说明，给游客意外之喜），荤素搭配。主食为米饭或面食。如果有酒水，行程上会注明数量、标准。

地陪要特别注意行程上标注的餐标，不要凭印象或是一览而过。低于餐标，游客追究起来，地陪要赔偿；高于餐标，地陪要自己赔付超标的部分。有的地接社在行程上标注的餐标并不是真实的餐标，计调都会把实际餐标告诉导游，地陪在行程上要做记号，以免临时忘记计调的指令。

（3）餐厅如何安排团餐

大多数旅游餐厅是按旅游团人数乘以用餐标准来收费的，但是郊区的餐厅大多数是按桌收费的。如果按人数收费，每10人开一桌，若旅游团32人，一桌坐10人，另外两桌坐11人，餐厅给这两桌各加一个菜。若旅游团26人，坐3桌，每桌减少一个副菜。

（4）司陪餐

各个餐厅的司陪餐价格、质量不等，多数为自助用餐，收费一般为每人10元或15元（有的餐厅的司陪餐非常丰盛，旅行社就让司机、导游自理）。有的餐厅对司陪餐免费。

124. 地陪如何处理旅游团中的儿童餐?

儿童餐一般是指 3~6 岁，身高 1.2 米以下的儿童用餐，儿童餐费惯例为成人的半价。地陪首先要注意旅游行程中儿童是否含餐，若不含餐，要向地接社补交餐费。

有的餐厅对 3 岁以下的孩子不收费，有的收半费，凡是需要补交餐费的，请地接社指示是交给地接社还是交给餐厅，交给地接社的原因是便于统一结算或不暴露费用明细（地接社对组团社的报价往往有水分）。

如果旅游团内儿童数量多于全团成人的 1/10，餐厅会要求 3 岁以上的儿童按照成人结算餐费，如旅游团用餐人数是 32 个成人、8 个儿童，餐厅有时不接受按 32.8 人结算餐费，凡是餐厅不认可的儿童（例如，超高、大于 6 岁），请餐厅当着游客面指认哪几个孩子按成人结算餐费，让家长在现场补餐费。

地陪结账时要先与餐厅确认好成人人数、儿童人数，再填写签单，地陪最好先向计调说明餐厅定下的儿童人数再写签单，以免下团后地接社指责导游多花钱了。

125. 地陪如何为旅游团订餐?

（1）必须去定点餐厅就餐

为了杜绝餐饮事故，防止导游“切餐”（旅游界术语，意即导游克扣餐标），旅行社要求导游一定要去定点餐厅用餐，否则旅行社不予报账。

地陪还要根据旅游团口味、行车顺路的原则选择餐厅，尽量每顿正餐在不同的餐厅用餐，让游客有新鲜感。

（2）不准并餐

旅游团的餐标较低，有的导游将午餐、晚餐合并为一顿高标准正餐，导致旅游团回到当地投诉缺餐。若旅游团提议并餐，必须签字，导游向计调汇报，否则不予报账。

（3）提前核实订餐

提前订餐，当天用餐前3小时再次核实，告知客人用餐的忌口（辛辣、过咸、过甜）。提前半小时通知餐厅旅游团的抵达时间，督促餐厅备桌、备餐。

126. 地陪如何满足旅游团的特殊餐饮要求？

（1）旅游团在抵达前已提出饮食禁忌，地陪应提前落实到每一个用餐的餐厅。

（2）旅游团在抵达后提出饮食禁忌，地陪应尽量满足游客的饮食习惯，提前告知餐厅，餐前再次提醒餐厅游客的禁忌事项。

（3）穆斯林旅游团用餐必须在挂有穆斯林专用标志的餐厅用餐。如团内只有个别穆斯林游客，就请其择菜食用或自理餐饮（未享用餐费按照旅游协议处理）。

127. 地陪如何安排行程中包含的风味餐？

风味餐分两种，一种是游客自费的，另一种是行程内包含的，行程中的风味餐和景点一样，是绝对不能短缺的。

（1）必须提前预订、提前到餐厅

有的旅游团几天内所有的正餐都是风味餐，又逢节假日，非常有可能预订不上，地陪要立即向地接社汇报，请地接社想办法补救。就是预订上了，有可能午饭很晚才吃上，千万别掐着钟点来用风味餐。曾有位地陪认为游客早上8点才吃完五星级酒店的早餐，11点半用风味午餐太早了，于是12点半带团来到风味餐的饭庄，一个又一个的旅游团都在等候用餐（导游拿号），饭庄内没有地方休息，游客只能站在饭庄外面等候，结果14点才开餐，导致下午行程很紧促，游客十分不满。

（2）向旅游团说明风味餐标准

用餐前向旅游团说明菜肴标准（几荤几素）及酒水数量，如客人自点酒水，请服务员及时收费，可事先说明餐厅允许自带酒水。

128. 地陪如何介绍行程中包含的风味餐？

饮食文化是旅游文化中的一个重要方面，风味餐口味独特、具有浓郁地方特色，风味餐是旅游活动中的一个亮点。

（1）地陪可利用行车时间介绍风味餐

介绍风味餐老店（大多百年以上）的发展历史（创业史）、风味餐的形成过程（例如，为何元大都的时尚美餐是烤肉）、烹制技术、独具美味（例如，为何北京烤鸭享誉中外）以及受到民众欢迎的原因。

（2）正确介绍风味餐标准

说明是风味餐（品尝风味餐）不是风味宴，不可能尽兴品尝，希望游客能理解。有时旅行社为收揽游客，常常把风味餐宣传成“迎春大宴”“福运宴”“金秋盛宴”等，地陪对此类所谓宴会一定不要过分渲染，言过其实往往带来负面效果。

（3）开餐前介绍如何享用风味

例如，品尝大闸蟹时，地陪要介绍如何利用开蟹工具，螃蟹哪些部位不能吃，为何吃蟹肉时要蘸姜末调料，为何吃蟹与饮黄酒是佳配；吃烤肉时，地陪介绍牛羊哪些部位的肉最适宜炙烤，什么是文烤肉、什么是武烤肉，怎样烤才又嫩又鲜香；吃烤鸭时，地陪介绍薄饼怎样卷鸭肉、葱丝和黄瓜条，鸭肉蘸多少酱为宜，为何甜面酱和葱丝是最佳佐料。

129. 旅游团提出退掉当天晚餐，地陪如何处理？

（1）问清原因

首先要了解退餐原因，是因为对地接社安排的餐不满意还是旅游团希望换餐。若旅游团不满意地接社安排的餐，地陪要向地接社汇报，按地接社指示办理。如果希望换餐，可尽力协助。

（2）合理处理

旅游团在用餐3小时前要求退普通团餐，一般可以满足。

若旅游团用餐前2~3小时要求退普通团餐、退风味餐，地陪和全陪一起向旅游团耐心解释，说明餐厅已经备餐，临时退餐，餐厅通常不退餐费，或收取退餐损失费。

（3）及时通知餐厅

旅游团决定退餐，地陪要及时通知餐厅取消预订，如何向旅游团退费，按旅行社指令处理。

130. 旅游团提出将正餐换为风味餐或退餐后自费品尝当地风味餐，地陪如何处理？

（1）若旅游团提前（3小时以上）提出换餐，如中餐改为西餐，团队餐改为风味餐或自助餐，地陪应汇报地接社。退餐前地陪要了解是否能订上风味餐，退餐成功后再正式预订风味餐，餐费差价由旅游团补交。

（2）若旅游团决定自费品尝风味餐，地陪要及时退掉行程中应有的那一顿餐。按地接社决定向旅游团说明如何给他们退还餐费。

（3）旅游团提出自费品尝风味餐，地陪应向他们讲清楚风味餐的大致费用。旅游团若请地陪帮助预订包间，地陪预订前一定要向旅游团说明临时取消预订，要赔付餐厅包间损失费，若已点菜，还要赔付餐厅备餐损失。

（4）若旅游团自行前往品尝风味餐，提醒他们注意安全。

131. 旅游团自费品尝风味餐，邀请导游、司机参加，如何处理？

（1）旅游团自费品尝风味餐，邀请导游、司机参加，应婉言谢绝。

（2）如果餐厅距离酒店较远，旅游团要求司机、地陪提供服务，地陪应向地接社汇报，如何收取服务费听地接社指示。

（3）旅游团若请导游帮助点菜点酒水时，只参谋不做主。席间，导游、司机不要给游客布菜，这时司机、导游的身份是客人。

餐后结账时导游不可代替游客去结账，也不陪同游客去结账，更不垫付餐费。

132. 地陪如何安排 VIP 团队用餐?

（1）按照旅行社列出的餐厅用餐，若允许地陪自选餐厅则必须去装修高档、格调清雅的社会餐厅，最好是老字号餐厅、著名餐馆，若因为路途的关系只能去旅游餐厅，必须去外宾餐厅。

（2）餐具要洁净、筷子要有袋，有公筷、公勺。

（3）菜肴要有特色、味道好、品相好。

（4）如果组团社请地接社代付加酒、加菜的费用，餐后地陪应及时把代付的加酒、加菜费用明细，请全陪及时签字，免得日后全陪认为账目不清。

133. 若餐厅提供的餐饮质量不符合标准，地陪应如何处理?

（1）若餐厅提供的餐饮质量不符合标准，地陪立即找餐厅经理换餐。

（2）如果餐厅强词夺理，地陪则应拍下照片发回社里，请地接社经理与餐厅交涉。

（3）若游客发现菜肴里有异物（蟑螂、头发、刷锅的钢丝等），地陪立即要求餐厅重新另上菜肴或换菜，所换的菜或同等或高一档次（如麻婆豆腐换成宫保鸡丁之类荤菜）。

（4）是否增加菜肴以安抚游客不满的情绪，是否给餐厅结账，请示地接社经理。

134. 地陪怎样给餐厅结账?

（1）及时结账

主要菜肴都上了，地陪两次巡餐后觉得没有什么问题了，可以去餐厅前台结账，结账方式一般是用签单，若用银联卡结账要保留刷卡条，用微信结账微信有记录，若用现金结账，必须让餐厅打出餐费明细单（每道菜、主食、汤的价格）。

（2）价不外露

结账时，不要大声与前台核算费用，财务明细不可暴露。

有的游客总是爱问餐饮的具体费用，地陪应解释只负责签人数，不管钱数，旅行社按照协议与餐厅定期结账。有的游客脸皮厚硬跟着地陪去结账，地陪可以暂时不签单，前台人员会找单间与地陪结账。

135. 带团用餐时地陪忘带签单了，怎么办？

带团用餐时忘带签单了，是一件很尴尬的事情。不要慌乱，导游上团大多会带着银联卡，手机微信上也有钱；若没有带着银联卡、微信上也没钱，可参考如下处理方法：

（1）首先请计调发微信，看是否还有本社导游带团前来就餐，若有，就把本团游客人数加在该导游的签单上；或经计调同意，借用本社导游一张签单，但要给人家写借据（写清签单号）。

（2）请计调给餐厅经理打电话，是否可以让地陪留下字据作为用餐费用凭证。

（3）实在不行，请计调给餐厅微信付款。

136. 个别游客要求换餐，地陪如何处理？

问清原因，通常能满足游客的要求，但要告知该游客餐费自理，原餐费不退。提醒游客旅游团用餐后就出发，请及时用餐，准时归队。

137. 游客要求单独用餐，地陪如何处理？

若游客不习惯与许多不熟悉的人在一个菜盘里夹菜，觉得不卫生，或游客想单独点菜、点饭，地陪可以满足。

若因为游客与旅游团友闹意见而提出单独用餐，地陪、全陪可以进行劝解或帮助调换桌次，若游客坚持单独用餐，可满足要求。

不管何种原因，地陪应向单独用餐的游客说明餐费自理，未享用的原餐费不退。

138. 游客要求退餐，地陪如何处理？

（1）一般不退费

若游客因某种个人原因提出不用餐（行话称退餐），无论游客提前说还是临时决定，旅行社一般不退费。旅游团一般是用桌餐（10人一桌），有的餐厅是按实际人数 × 餐标来收取餐费的，但是人数少了，餐厅会减菜，其他游客会有意见。有的餐厅是按桌收费的，人数减少了也照一桌来收，所以一般情况下不退游客餐费。

（2）按地接社指示处理

组团社要求地接社合理退费的情况下，地接社是否退费、如何退费，会根据旅游协议和餐厅实际情况做出决定，地陪按照地接社的决定答复游客。

（3）早餐不退

旅游团早餐含在房费内，不用早餐，费用不退。

139. 游客对菜肴提出个别要求，地陪如何处理？

（1）不涉及费用，尽量适当满足

用餐关系到游客的身体健康和一天的精力，导游必须重视。个别游客提出菜不能辣、不能咸，或纯素菜等要求，地陪要照顾全团，在不影响其他游客的前提下，尽量满足某几位游客不过分的要求。

（2）认真落实

地陪向餐厅订餐时一定要交代游客的个别要求，到餐厅后告诉服务员哪桌的菜要免辣、免咸，素菜一定用素油烹调，用餐时告诉客人某几个菜是特意为他们备的。

140. 个别游客因身体不适，晚餐时想吃碗面条，地陪如何处理？

地陪要提前与餐厅协商，尽量请餐厅照顾，做一碗普通的面条。

如果餐厅说必须付费，地陪就告诉游客，请游客决定。地陪不要随便对餐厅说某桌减一个素菜，改为一碗面条，这样其他游客会认为侵占了他们的利益。

141. 大型学生系列团，若午餐为盒饭，怎样发放？

所有导游合作，按每辆旅游车的人数分好餐，装箱。请每辆旅游车上的老师带领骨干学生来领餐，数好数，导游组长做好记录。

不能让每辆车的同学自己来领盒饭，导游认不清谁是哪班的、谁领了，不是不相信同学，就怕混乱，避免领到最后发现不够数了（有同学替某人代领了，某人却不知道又来领）。

发盒饭时导游就要嘱咐学生用餐后把餐盒、矿泉水瓶等，按照垃圾分类，分别放到纸箱内或分类垃圾桶内。

142. 旅游团购物要遵循哪些原则？

（1）符合《中华人民共和国旅游法》的规定

《中华人民共和国旅游法》第35条规定：“旅行社组织、接待旅游者，不得指定具体购物场所，不得安排另行付费旅游项目。但是，经双方协商一致或者旅游者要求，且不影响其他旅游者行程安排的除外。”导游必须带领旅游者去行程单上列明的购物店，不得更换购物场所、增加购物次数、随意延长购物时间。

（2）购物自愿

导游不得以各种方式迫使旅游者购买商品，或者连说带劝地要求游客购物。

143. 地陪可以介绍当地的土特产吗？应当怎样推介？

经济学家说：“没有消费，就没有生产；没有生产，社会就不能前进。”游客的购物活动不仅仅是满足消费心理的需要，而是更具有特定的政治、经济、文化的意义。购物是旅游体验中的重要组成部分，游客在旅游地的购买活动与日常生活的购物活动不同，在购买土特产时附加了旅游的纪念与美好的体验。

从国际旅游统计来看，购物支出在旅游花费中所占的比重是衡量一国、一地区是不是旅游强国、强地区的重要指标之一。凡是旅游发达的国家、城市、地区，都有强大的购物吸引力，游客到了那里没有空手而返的。我国的旅游强市上海、广州、苏州、杭州等地的旅游购物，年年递增、长盛不衰。许多游客到某地区旅游的一个重要目的，就是到那里购买正宗的特产，如有的旅游团到了绍兴，就是要去参观绍兴黄酒的酒厂，游客早就计划好买某种特制黄酒。

每一个到了异地他乡的游客，都有购物的愿望，购物前自然想了解当地土特产的商品信息，想请教一下“当地有何特产？哪种特产最值得买？怎样购买更经济实惠？”地陪就是最合适请教的人，通常游客都会兴奋地向地陪讨教。

导游服务的性质之一就是经济性，地陪不但可以介绍当地的土特产，而且应当很好地推介，为拉动当地经济尽一份力量。地陪可以在旅游车上从以下几个方面介绍本地土特产品的特点：

（1）不可复制性

当地特产或特殊品牌，如只有宁夏银川地区出产的枸杞好，只有甘肃瓜州县锁阳镇出产的中药材锁阳好，北京人民大会堂礼品部出售的纪念品他处没有。

（2）利益性

有益于身体，有益于生活，有价格优势。其中的任何一项都有吸引力。游客买回去还会义务做广告，如“花椒就是那里的最好，对于舒筋活血非常有作用，你们去了一定要去买”。

（3）礼品性

适宜馈赠亲友，或自己保存。土特产和文创产品都是受欢迎的礼品。哪个旅游者愿意空手回到家中？中国人总是自己可以不吃、不喝、不用，也愿意把好东西赠送他人。

（4）纪念性

很多名牌商品各地都有的卖，现在网购非常发达，网上的商品质优价廉，但是旅游当地的物品是游客某年某月从出产地、专营店买回来的，俗称“是人肉背回来的”，如果赠送他人，受赠人会对他的朋友们说“这是我妈千里迢迢给我带回来的”，带着亲情的物品更具纪念意义。

144. 购物服务中，地陪要注意什么？

（1）以行程为依据，绝对不可另加购物项目或次数，安排好购物活动的日期、时间，一般是在去景点的路上，或是从景点返回的路上安排购物活动。地陪要掌握购物店的营业时间及电话，旅游团到达购物店前可以先打个电话，请他们做好迎接准备。

（2）下车前一定要讲清楚购物时间、集合登车时间，不得随意拖延购物时间。

（3）地陪可以在旅游车上简要介绍特色产品，不宜过细。下车后组织游客听购物店人员介绍商品。

（4）提醒游客轻拿轻放商品。凡不准备购买的不要把玩挑选，以免损坏。

（5）旅游团购物结束时，地陪及时到购物店营销办公室签单，保存好签单回执、流水明细单。

（6）游客购物后，地陪不得收集购物小票，不得向购物多的游客赠送纪念品，献歌、献鲜花，更不得含沙射影地奚落没购物的游客。

145. 游客要求增加购物场所及次数，地陪如何处理？

近年来，旅游团的购物活动演变成了一个敏感问题，即使多数游客要求增加购物场所及次数，地陪也不得擅自安排，必须按照行程带领旅游团进店。

少数游客要求去其他购物场所购物，可按游客自由活动处理，地陪不介绍、不陪同，但要提醒他们注意人身、财物安全，及时归队。

146. 游客购物时请地陪帮助挑选或垫付货款，如何处理？

导游应尊重游客的审美取向，一般不帮助挑选，可解释说自己也不懂，不为游客做决定，过分热情，效果不会好。

如游客带款不足，请其在团内借款，导游不要为其垫付，万一游客不喜欢购买的商品，让导游去退货，或不还垫付款，导游就不好处理了。

147. 购物后游客要退货，如何处理？

凡在旅游行程内的定点商店所购买的商品，游客发现有质量问题或不满意，在规定的期限内、商品未使用并保持原状（食品及特殊商品除外），可持购物小票到原商店退换。地陪应积极协助办理，交通费用游客自理。若旅游团大量退货，全陪、地陪要分别向组团社、地接社汇报。

148. 地陪可以“车销”吗？

“车销”是指在旅游车上推销当地的土特产或纪念品，这是一种变相增加购物的做法。

由于“车销”商品都是当地名牌商品的仿制品，价格远低于名牌商品，很多还以“打包”“捆绑”方式廉价销售，对游客具有很大的诱惑力。这些“车销”商品不是正规厂家生产的，质量没有保证，损害消费者权益。

因为“车销”商品有司机、导游的利益，有些导游、司机见利忘义，合伙“顶风”推销，一经查处，必被严惩。导游一律不得进行“车销”，也不能暗许厂家商贩上车兜售所谓的传统风味、土特产、专卖纪念品等。

149. 地陪如何推销行程中的自费娱乐节目？

娱乐活动可以增加情趣，陶冶情操，是游客融入当地历史、人文的积极方式，许多旅游城市有一台或几台专为游客准备的娱乐节目，节目以演出为主，都非常精彩。旅游行程中安排的娱乐节目，有包价（行程内含有）与游客自费两种形式，大多是自费的形式。

（1）避免与上站重复

旅游市场提供的文娱活动有戏曲、杂技、歌舞、曲艺、传统功夫、堂会等。为避免节目重复，地陪应了解旅游团在上站曾经观看的文娱节目。

（2）在游客心情愉悦时推销文娱节目

地陪一般都是在餐后的行车途中或者游客心情愉悦时，推销符合旅游团文化情趣的节目，介绍文娱演出的内容及精彩之处，地陪介绍，全陪协助，但不可强迫推销。

（3）尽早预定门票

娱乐节目凸显当地历史文化，对于游客具有很大吸引力。旅游旺季有时一票难求，接团后尽早预定（预订时地陪不用向剧场交费），“收上钱款，票没了”，导游尴尬、游客失望。

（4）按规定收取费用、按行规服务

行程中一般会标注出娱乐节目的价格，费用中含有节目票价、旅游车费、导游服务费。

多数游客自费参加的娱乐节目，旅游车负责接送，地陪、全陪必须全程参加。

少数游客自费参加的娱乐节目，因为节目票中有导游、司机、旅行社的利益（比例不同），是否接送视人数而定，人数较少（10人以下）就不用司机接送了（给司机的利益不够油钱），地陪带领游客或乘出租车，或乘公交（交通费游客自理，有时地陪也可主动付款）抵达剧场，购票后把游客送进剧场，嘱咐好游客如何返回酒店就可以回家了。

如果只有一两位游客参加，是否带领他们观看，地陪酌情而定。

150. 少数游客不参加自费文娱演出，地陪如何处理？

节目一般安排在晚间，晚餐后尽量先把少数不看演出的游客送回酒店，再把多数看演出的游客送到剧场，地陪办理票务，地陪、全陪陪同观看，节目结束后用旅游车送游客回酒店。

若在景区看演出，或者剧场距离酒店很远，少数不看演出的游客可在旅游车上休息或逛逛附近商场，到时间回到旅游车，全团一起回酒店。

151. 旅游团要求取消、更换行程中的娱乐节目，如何处理？

旅游团若因为天气、身体原因，或者不感兴趣，提出取消行程中的娱乐节目，地陪了解原因后立即向地接社汇报，因为行程中的娱乐活动是组团社与地接社拟定的，游客在报名参团时已经知道有这个节目，如何处理由地接社与组团社协商。旅游团的娱乐票基本上是地陪当时购买，不产生地接社退票问题。

旅游团要求更换行程中的娱乐节目，多数情况下尽力满足其要求，更换成他们所中意的节目，差价游客自理（习惯上只补不退）。

个别游客提出放弃行程内的娱乐节目，一般不退费。

152. 为什么说推销自费项目就是地陪在推销自己？

世界各国每条旅游线路基本安排了一些自费项目，如增加景点、观看文娱演出、乘“景交”（乘坐景区特殊交通工具，如缆车、索道、电瓶车、马车、黄包车等）、品尝风味餐等。国外旅游大多是游览城市风光和免费的景点，精彩景点基本是自费项目。国内旅游都含有精彩景点的门票，但景点内的精彩景观大多是自费项目（俗称“小门票”）。

自费项目中有行程中没有的景点、娱乐节目、风味餐等，游客是否参加全凭自愿。毋庸讳言每个自费项目中都含有旅行社、导游、司机的利益，不过这些自费项目都有利于促进深度旅游。

地陪推销自费项目在某种程度上是推销本地文化产品，更是在推销自己，只有导游服务做得成功，被广大游客认可，才会有成功推销。

153. 地陪推销自费项目要遵循哪些原则？

（1）不过分渲染

实事求是地介绍自费项目的欣赏价值、时间长度、所需费用，有些导游夸张介绍、过分推销自费项目，游客一听就知道导游在吹嘘，导游之前所做的努力顿时褪色或者消失了，结果是因小失大。

（2）游客自愿参加

自费项目必须坚持游客自愿原则，对不参加自费项目的游客，地陪仍要热情服务。

（3）合理安排行程

不得为了安排自费项目而挤压、缩短、减少行程中的游览项目。

（4）妥善安排不参加自费项目的游客

不参加自费项目的游客，导游不得冷遇、歧视、奚落他们，反而要很细致地关照他们。例如，有几个游客不乘坐自费“景交”，或由全陪陪伴步行，或嘱咐游客安全抵达游览地点，与旅游团会合。

在泰山、黄山等名山游览若只有几个游客不乘坐缆车，爬上去要很长时间，导游要尽量劝他们与大家同行，若执意不坐，乘缆车的多数游客不会等待几个不乘坐缆车的游客，地陪带领大家游览，按约定时间下山。全陪则在山上等待不坐缆车的游客，并请他们游览后按照预定时间下山。

关于风味餐，地陪一般是先介绍零售价，再讲团队享受的优惠价，减去行程中的餐标费用，游客补交一部分费用即可。对不参加自费品尝风味餐的游客，地陪通常是给风味餐餐厅打电话订餐时，也请他们安排少数人的团队餐（风味餐餐厅一般都有团队餐）。如果风味餐是海滩、湖边的风景餐，一般是先把不用风味餐的游客送回酒店用餐，再带领多数人去享用风味餐，不管何种方法一定要安排好这些少数人的用餐。

154. 地陪如何防止遗忘景点？

地陪如果遗忘了行程中某个景点，是一件非常麻烦的事，司机不会重新跑一次，有时候也挤不出来时间，如果赶上周一，纪念堂、博物馆等都闭馆休息，更麻烦。

地陪遗忘的景点一类是没有门票的景点，另一类是熟悉的车览景观，虽然这些遗忘的景观没有门票，但是行程里有，如果游客较真一定要看，怎么处理？为了防止遗忘某个似乎不重要的景观，地陪应该：

（1）每天早晨过目一下行程，计划好进入景点后的游览路线，不遗漏行程上的小景点。

（2）走出景点前想一下有何疏漏，若有遗忘的小景点，必须抓紧补上，除非游客说不看了。

（3）万一不好弥补，地陪需要向旅游团赔礼道歉，虽然这些被遗忘的景点没有门票，地陪也要提出赔偿办法，通常是加酒水加菜，实在不行地陪退点钱给每位游客，但是一定要请几位游客代表和全陪在谅解协议上签字。千万不要有蒙混过关的想法，更不能让旅游团带着遗憾回去，如果旅游团回到当地诉求赔偿，就更麻烦了。

155. 地陪如何预防返程时误机、误车？

（1）认真核实

返程机票、火车票一般是组团社已经订好，全陪拿着返程票，但是地陪一定要与全陪认真核实返程航班、车次的时间，避免误机、误车。例如，有一个旅游团的返程火车应是15点45分开车，全陪却说成是下午5点45分，地陪在离站当天午餐时信手翻看手机才发现了这个错误，急急忙忙带团赶往火车站才避免了误车。

（2）送行当天行程要宽松、稳妥

当天尽量不安排到远郊的行程，以免途中严重拥堵，若是夜晚的飞机、火车，也要留出充裕的时间返回市区，一定在市区用晚餐。当天不安排爬山等项目，万一哪位游客跌伤，处理伤病也会耽误行程。

（3）与司机商定送行时间

因为司机熟悉路况，送行时间以司机意见为主。送站、送机时间一定要留有余地，宁可早到被游客抱怨，不可因误机、误车而被游客投诉。全陪（领队）因为不了解路况，可能觉得出发过早，地陪应很好地向他解释。

要做好高速路上堵车、机场车站安检人多等不利因素的准备，旅游团应早些到达机场、火车站。

156. 旅游团离站返程前，地陪如何为游客退费？

有的组团社与地接社约定，在旅游团返程前把所有应退的费用都以现金或微信转账退给游客，地陪需要列出清单，退款后请游客签字，以便报账，游客也可以拍照退费表。

姓名	退费明细				退费总额	游客签字
	景点/原因/退费					
李某						
苏某						

157. 旅游团离站返程前，地陪如何请游客签“游客意见单”？

（1）“游客意见单”是衡量接待质量和导游服务质量的重要依据，送团前一定请游客代表（或每个家庭）签好“游客意见单”，并写上手机号码，以便旅行社回访。

（2）散客拼团必须由每组客人或每个家庭的代表填写。

（3）地陪一定不要代替游客填写，更不可私自涂改游客意见。

（4）最好送团前一日，或送站当天午餐时，请游客签好“游客意见单”。如果有的游客出于不公正给了差评，旅行社可能会扣导服费，导游一定不要与游客争论，反而应当虚心地请他批评，并设法与其沟通（如请他喝茶、敬酒、赠送小礼品等），以释前嫌，请游客删去差评，给予正确评价。

158. 旅游团离站返程前，地陪怎样与全陪、司机内部结账？

（1）送站前一天或离站当天旅游结束前，在合适的场合与全陪、司机结清有关账目，并请他们签字，全陪、司机可以把账单拍照，以便慢慢核算。

（2）如果组团社允诺承担贵宾团的酒水费用或其他消费，地陪应将具体费用列出总清单，请全陪签字（全陪可以拍下费用明细的照片以便组团社核查），地接社凭消费清单向组团社报账。

159. 旅游团离站返程，地陪怎样安排旅游团离开饭店？

旅游团返程当天还有行程或者是乘上午的航班、车次，都要早晨退房。

（1）准时、尽快退房

嘱咐游客用早餐前将房卡交前台，这样可以及时查房。行李可寄存在大堂或者自己携带进餐厅。催促未退房的游客退房（前台会给地陪写出未退房的房号）。

查完房再出发，否则发生房间用品缺失、设施污损的事不好处理。酒店查房后会把客人的遗忘物品标注上房间号，地陪领取后及时交还游客。

（2）上行李

游客自己（行动不便者可请饭店行李员或导游帮助）将行李拿到旅游大巴

行李厢前，司机、全陪会协助把行李放入行李厢内，地陪主要负责退房事宜。

（3）提醒带齐物品

离开酒店前一定再次提醒游客带好身份证件、钱包、手机。全陪如果提前把火车票发给游客（散客拼团的火车票都在游客手中），地陪还要提醒他们带好火车票，以免补票耽误时间。

160. 送机、送站途中地陪一定要致欢送词吗？何时致辞为好？

旅游团离站，地陪一定要致欢送词，这是地陪应有的礼貌，也是导游服务最后的精彩。

地陪要抓好致欢送词的时机，旅游车开车前往机场车站，地陪先向游客介绍登机、登车程序，游客都会注意听，这时地陪再向游客致欢送词能收到应有的效果。地陪不要在快到机场、车站时才急忙致欢送词，那时游客已经心不在焉了，他们的心气全在于尽快进机场办理登机手续或顺利进入火车站候车大厅。

161. 地陪的欢送词主要内容是什么？

（1）简要回顾

简要回顾旅游团在本地的行程和游览的主要景点，风趣叙说享用风味餐的快乐，以及观看娱乐活动的兴奋。

（2）致谢

感谢全体游客、领队、全陪以及司机师傅的支持，感谢大家对不足之处的谅解。可以提一两个具体事例，如“我的嗓子发哑，游客李大哥心疼我，就把他们当地特产西瓜霜送给我一盒，我服用了很见效”，“我们旅游正值黄金周，游人如织，但是全团游客总是紧紧抱团，没有走失一人，让我带团顺利，你们的团队精神让我感动”。

（3）惜别

向游客表达惜别之情，“天下没有不散的筵席，旅游再美好，也有结束行程的时刻”虽然是地陪的俗语，但是在送站的时候说出来就有真切的感情。

（4）祝福

向游客致以美好的祝愿，祝福的话永远受听，祝福游客全家身体健康，万事如意。如果游客中有企业老板就祝他“生意兴隆通四海，财源广进达三江”，对老年游客就祝福他们“福如东海，寿比南山”。一定不要忘记祝福团里的小朋友和学生，他们是每个家庭的宝贝、祖国的希望，祝愿他们健康成长、学业有成。

最后希望各位游客有时间故地重游，也希望让他们的亲友来此地游览。

162. 地陪的欢送词有何特点？

（1）风趣。送行话语宜轻松、风趣，风趣是睿智，是学识，是修养，风趣的话能让游客唤起对几天来旅游生活美好的回忆，让游客在喜笑颜开的气氛中返程。

（2）热情。地陪几天来已与游客成为好友，很熟悉了，话语应表达出与游客的感情。

（3）诚恳。唯有诚恳才会把感谢旅游团的真情实感表达出来，诚恳才会令人感动。不要油嘴滑舌，让游客感到在敷衍他们。

（4）精练。返程前很多游客归心似箭，不愿听长篇大套的说辞了，欢送词以简洁、精练为好。

（5）吉祥。祝福游客吉祥如意，万事顺心如意。

163. 地陪怎样才算完成了送机、送站任务？

20 世纪 80~90 年代，地陪要等飞机起飞、列车开动才算完成了送机、送站任务，因为万一飞机、火车延误，旅游团自己处理延误之后入住、用餐有困难，需要地接社安排地陪协助。随着时代的进步，现在已经不这样要求地陪了。

旅游团乘飞机返程，地陪要协助全陪为旅游团换好登机牌、托运行李，把游客送到安检口（隔离区）。旅游团乘火车返程，地陪把游客送到火车站安检口（没有火车票一般不允许进候车大厅），地陪就完成了送机、送站任务，就可以离开机场、火车站了。

164. 地陪若遇到瞎出主意乱指挥的全陪，如何应对？

地陪不可当着游客的面批评全陪瞎出主意乱指挥，一定要婉转地向全陪说明现实情况以及行程计划的相关协议。

如果全陪不听劝告，总是当着全体游客瞎出主意，而有的游客只要获得利益，认为全陪是为他们好，就不顾原则跟着全陪起哄，这时地陪可以当着游客的面，有理有据地分析全陪的主意不可能兑现的理由。

如果全陪不出面，怂恿某位游客提出不合理要求，地陪一定要耐心解释，诚恳地说明他提出的要求是超出了行程计划的接待标准，虽然知道全陪在制造麻烦，但话语中不要点破，给全陪留面子。

无论全陪是什么态度，地陪都不可与全陪面红耳赤地争论，不可把矛盾暴露在游客面前，但必须坚持原则，按行程计划带团。

165. 游客口头投诉地陪，地陪如何应对？

地陪若没有把旅游中各种容易发生的问题讲到说到，出了问题，地陪又没有妥善处理，往往会导致游客对旅游接待产生不满，加上客导之间缺乏沟通，游客不满情绪无处发泄，就有可能口头投诉地陪。

（1）直接沟通

无论游客口头投诉，还是地接社转达，地陪应主动、及时地与投诉者直接沟通。若集体（多人）投诉，地陪应与其中的代表人物沟通说明原委，也可以认真听取意见为由分别接触投诉者，避免事态扩大。若投诉者太激动无法沟通时，可暂停商谈，待其情绪较稳定时再沟通。

地陪要明白大多数游客参加旅游不是为了投诉，只有心中的不满很严重了才会投诉，尽管他们的不满可能是因为要求过高，也不一定合理，但是地陪应当检查自己的言行是否有失当之处。

（2）认真倾听

地陪要认真倾听投诉者的陈述，即使理由不当，也不要立即辩解、否定，更不能与其争吵。

（3）妥善处理

凡是投诉表象是争个道理，实质上是争得相应的物质赔偿。

导游面对游客的投诉，认真分析后该解释的要实事求是地解释，必要时指出其投诉不合理的理由。但一定不说一句过激的话，不说一句不占理的话。该弥补的要积极弥补，有时要给予合理赔偿，尽可能消除游客的不满。

面对扭曲事实的投诉，地陪要妥善处理，必要时请示地接社，不过地陪要从中汲取教训，积累经验，更好地服务旅游者。

宽容大度，宾客至上。中国人常说：来客是贵人，凡事敬三分，地陪不可以过分地辩理，受点委屈不算什么，地陪要多检查自己的不足，宽容才能与游客融合，豁达才能带团顺利。

导游真诚的笑容、坦诚的话语，一定能化开三冬严冰。

166. 若游客欲投诉旅游接待单位，地陪如何处理？

有时旅游接待单位（酒店、餐厅、景点、购物店、缆车、剧场等）服务不周，加之语言生硬，游客火气之下欲投诉某接待单位，由于这些接待单位与旅行社有常年合作关系，地陪要及时“救火”，千万不要因为导游与这家接待单位有过节，就煽风点火鼓动游客投诉。导游必须明白投诉必然引起纠纷，势必影响游客良好的旅游情绪，肯定也会降低旅游服务质量，也有可能影响导游的前程。

（1）劝慰游客

地陪要当好和事佬，代替旅行社或接待单位向游客致歉，及时让游客泄火消气，并表示一定积极向这些单位的高层领导反映，让他们引以为戒。同时也要把接待单位接待不周的原因，向游客做简要分析，希望游客体谅服务单位。

（2）请接待单位负责人向游客赔礼道歉

地陪要劝说旅游接待单位的负责人，说明游客一嚷一喊影响特别不好，企业的口碑最重要，请接待单位的经理及时向游客赔礼道歉，努力化解矛盾。为让游客消气，接待单位应尽量做一点弥补工作，如菜肴不符合质量，就让餐厅再加一道好菜，上点水果，酒店房间卫生不好，尽量给游客换一间朝向好的宽敞房间，任何事不要拖延，当时解决为好。

167. 文明出行、文化旅游是社会时尚，导游如何践行？

作为中国导游，不管是担任地陪、全陪、领队，都应努力践行国家倡导的文明出行、文化旅游。

（1）规范言行，文明服务

导游的一言一行会对游客产生无形的影响。例如，当游客高兴地大呼小叫时，地陪短暂停顿后压低声音开始新的导游讲解，游客会意识到这是地陪在提醒不要喧哗；当游客把矿泉水瓶、水果皮、垃圾扔在地上时，地陪默默拾起来扔进垃圾箱；在游客提出超出旅游接待标准或不适当要求时，地陪耐心向游客解释，不急不躁；导游讲解要有文化看点，言之有据，与时俱进。

导游必须严格要求自己，做一个有修养、有文化的导游。

（2）经常提醒游客文明旅游

导游一定要友好亲切地向游客提醒文明出行的细节：登车时不争抢座位；分房前嘱咐游客注意环保，节约水、电，离开宾馆时把自己的房间都收拾好；进入景点安静排队，发现其他游客插队，礼貌劝阻；在博物馆不触摸展柜的玻璃，不吃食品不喝水，拍照时不用闪光灯，谈论时轻声；观看文娱演出时提前进场，观看时不交谈，不提前退场。如有个别游客不听劝告，做出一些违规行为，地陪必须严肃向他指出，及时阻止。游客若有赌博或其他丑陋行为，地陪必须严肃警告，不听劝阻继续胡来时应报告公安部门。

能否引导全团文化旅游，倡导文明旅游、健康旅游，是衡量地陪、全陪、领队工作能力的重要指标，也是一个导游孜孜不倦的努力方向。

第三章

旅游团的主帅是全陪

全陪带领旅游团乘飞机、坐高铁、住酒店，游遍祖国的大好河山，从表象看，全陪全程陪着旅游者游山玩水，尽情享受旅游生活，然而事实上全陪担着非常重的责任，在旅游团出现问题时、遇到困难时、发生事故时，全陪要拿主意，做决断，保障游客的人身和财物安全。旅游行程顺利时，全陪的重要作用显现不出来，只有在困难面前，方显出全陪是旅游团的“主帅”。

全陪为保障旅游质量达到标准，要处处操心甚至有时会私下与地陪、地接社“较真儿”，这些是游客看不到的，当然也不能让游客知道。

全陪是旅游团 24 小时无时不在的服务员，全陪辛苦受累，游客都能亲眼看到、亲身感受到。

全陪是旅游达人，见多识广、走遍天下，遇到问题必有办法。有的导游说：“没做过地陪的导游，就像一棵椰子树没有结过椰子；没做过全陪的导游，就像没有登过泰山。”

全陪的任务是什么？如何顺利完成？做一个成功的全陪，窍门在哪儿？让我们进入全陪的世界，去了解全陪的酸甜苦乐，去探究如何做好全陪工作。

168. 全陪在旅游团中起着什么重要作用？

全陪是导游服务集体的核心，对旅游团的旅游活动负有全责，在导游服务中起着主导作用。

全陪是实施旅游计划的监督者，监督地接社提供的旅游车、酒店、餐饮、购物活动、娱乐节目是否符合旅游协议，衡量地陪的导游服务是否合格，某地的接待服务质量是否能使游客满意。

全陪把握着全团的旅游节奏，处理旅游中出现的各种问题和事故，这是全陪的工作定位、角色定位。

全陪与地陪都是为旅游团服务的导游，工作目标一致，但具体责任各有侧重，全陪是地陪可靠的主要协作者。

169. 全陪在带团中要承担哪些任务？

（1）监督各站实施旅游接待计划

全陪最主要的任务是监督地接社全面完成旅游协议，协助地陪实施旅游接待计划。

全陪在旅游接待质量上有否决权，如下榻酒店不符合标准，全陪可立即向组团社报告，请组团社通知地接社更换酒店；如果某地的旅游服务质量太差，全陪有权要求地接社改进并报告组团社。

全陪对于旅游活动具有一定的决定权，如在游览时雷雨大作，全陪有权决定结束游览，及时回到酒店，或者改为室内参观，但全陪在各方面要主动协助地陪做好导游服务工作。

（2）做好联络、协调工作

衔接上下站的旅游活动，向地接社反映游客的要求和建议。

协调导游服务集体成员之间、游客与导游、司机及旅游服务人员之间的关系，和谐团结、协作共事，是促进旅游活动顺利完成的一个重要因素。

必要时协助地陪与旅游接待单位进行协调，使这些单位提供更好的服务。

（3）关心游客生活，保护游客的人身安全

旅游团从出发至返回全程都由全陪来照料他们的生活，在整个旅游期间负责保护游客的人身安全，并提醒游客注意财物安全。

（4）及时处理问题和事故

旅游团出现问题和事故时，如果不严重，地陪继续带团游览，全陪进行处理；如果严重，全陪决定是否调整旅游行程。

（5）引导旅游团文明旅游、健康旅游

导游要作文明旅游的表率，及时介绍旅游地的风俗民情，请游客尊重，积极倡导健康旅游、文明旅游。

170. 全陪出团前应做好哪些心理准备？

（1）准备吃苦

经受旅途劳顿、旅游旺季时连团的考验；经受水土不服、餐饮不适、休息不好、突患疾病的考验。

（2）要有应对突发事故的准备

旅游过程中随时会出现问题，严重影响旅游团行程，全陪要能应对这些事故。

例如，2019年10月12日22时55分在广西玉林北流市发生5.2级地震，震源深度10千米，住在玉林市的旅游团受到影响，全陪按照政府关于震情的通知，或带团到广场等空旷地域避险，或余震过后继续住在酒店，还要安抚游客，让他们放宽心，好好休息，第二天还有行程。

又如，旅游团从某地返程，已通过安检，但飞机延误，旅游团不能准时登机，甚至要等候好几个小时，全陪就要安抚、照看好全团游客。

（3）忍受挑剔、误解，甚至被投诉

在几天的旅游生活中个别游客不断暴露出他的秉性，对导游百般挑剔，只要没有达到他的要求，动辄以“投诉”“网上差评”威胁导游，全陪不能与之计较，而要耐心解释，不能因他们的责难而耿耿于怀，依然要微笑服务。导游阅人无数，自然胸怀宽大。

171. 为何全陪有可能是旅游团的“出气筒”？全陪如何应对？

旅游团中遇到不顺利，游客总是想发泄一下，往往朝全陪撒气，这是因为全陪和全体游客都熟悉，而且全陪受了气通常不会发作，让游客难堪。

全陪要有所担待，大度大量，不要急于分辨是非。时过境迁，游客自然会明白委屈了全陪，他们也会以不同方式表示歉意。

172. 全陪认真阅读接团计划时，重在掌握哪些内容？

（1）核实交通安排

核实各站飞机、火车、轮船的抵达、驶离时间及接团、送团的安排。核实各站交通票据的落实情况。

（2）研究行程安排

旅游团在各地都有一些重点参观游览项目或者特殊活动安排，全陪一定要了解、掌握这些重点项目是否已经安排好。例如，黄金周假期能否保证买上泰山的往返缆车票？拉萨的行程只有两日，能否保证买到布达拉宫的参观券？能否买上敦煌莫高窟的门票？与当地单位（政府、党派组织）的会晤时间是否已经确定？

了解当地风味餐、娱乐节目、购物活动的安排。

全陪需要衡量行程每一天的安排是否合理，整个行程是否前紧后松。

（3）掌握接待标准

网上核实各地下榻酒店的等级是否符合接待标准。

与地陪联系，了解旅游车的状况（座位数、新旧程度），请地陪介绍娱乐节目以及几个自费项目的情况，掌握旅游行程中各地的餐标。

（4）了解游客的个别要求

无论是旅行社门市收客，还是总社在网上收客，做业务的计调都会在收客时询问游客有无特殊要求，然后做好备注，全陪要认真向收客计调了解，若不明白或者感到有可能达不到游客希望的，还要打电话直接与游客联系、沟通。

若游客坚持他的特殊要求，全陪不可敷衍，否则在旅游地游客坚持要求满足他的要求，就很麻烦。因为游客是旅行社业务人员收的，请他们直接联系、协调。

173. 为何全陪出团前要做好全程的知识准备？

导游进行知识准备俗称“做功课”，导游的知识准备应该是综合性的，包罗万象也不足以应对旅游中可能出现的各种问题。游客提出的各类知识问题往往也难以回答好、解释清楚。

全陪要了解全程各地的名胜古迹、风景区，以及各地的历史文化、民风民俗、节庆活动、日常礼仪，旅游目的地人民的餐饮习惯、生活习惯、审美习俗等。

有经验的全陪能揣摩出游客对哪些事物感兴趣，能预料到游客会提出哪些问题，如来到河北崇礼县的游客会关心当地如何筹备2022年冬奥会，崇礼一般从几月几日开始下雪，平均每年冬天下几场雪，最低气温是多少。又如，来到银川，游客肯定想知道为何银川枸杞甲天下，来到青海游客想了解冬虫夏草的生长规律。

随着文化旅游的大力推进，全陪出团前更要做好全程的知识准备。

提供有针对性的导游服务，有助于提高服务质量，提高旅游者的满意度。

174. 行前说明会上全陪应做哪些工作？

大型旅游团、考察团、重要旅游团等，出行前通常要举行说明会，会上全陪要介绍行程、注意事项以及旅游地的风俗民情，行前说明会是全陪在旅游团前的第一次正式亮相，要重视，从着装到言谈都应落落大方。行前说明会的主要内容有：

（1）感谢旅游团的支持并介绍自己

衷心感谢全团游客对旅行社的信任和支持，热烈欢迎各位游客参加这次旅游活动。

简单介绍自己，希望得到每一位游客的大力支持。旅游中只要有问题、有事，请随时拨打全陪手机，手机号是……

（2）介绍大交通

说明出发的日期、航班、航行时间、火车车次及行车时间，在机场、火车站的集合时间、集合的具体地点。

若乘飞机，向游客简要介绍飞机免费托运、随身携带行李的各种规定。建议游客提前在航空公司的官网上选座，或通过航空公司客服电话进行选座（无论航空公司官网还是客服电话，游客选座是有时限的，有的航空公司起飞3天前可以选座，有的只提前一天选座，各家航空公司的规定各不相同）。

（3）介绍行程及餐宿安排

介绍游览的主要景点风光以及购物、娱乐活动的安排。介绍酒店概况、房间类型（大床、双标、三人间）、房间设备和分房安排。介绍餐饮标准及安排（几正几早），有个别要求的游客请提前说明。

（4）温馨提示

介绍旅游中的天气情况。提醒游客尊重当地民风民俗，文明旅游，强调安全第一。

（5）现场回答游客提问

游客对旅游目的地往往很好奇，就会在会上询问全陪，还会就旅行中的一些问题提问，全陪应一一作答，尽量为游客解惑释疑。

175. 全陪如何服务旅游者？

全陪在旅游团整个行程中起护航作用，游客往往把全陪看作“自己人”“家里人”，对全陪寄予众多心理期待，所以全陪要全心全意为旅游者服务，而且是全天候服务。

全陪从带领全团安全登机、登车开始几乎24小时都在工作，旅行途中，游客在卧铺车厢睡觉了，全陪要巡查几次；游览中全陪要不时提醒注意事项，随时注意周围环境和旅游者动态，保证他们的安全，要照料身体不好的游客，落伍的游客由全陪收容，走失的游客由全陪寻找，全陪要帮助游客照相留念，地陪讲解不清，由全陪补讲或进一步解释；游客有饮食忌口，全陪要让地陪认真安排；购物时游客请全陪当参谋；游客患病、受伤，全陪要细心照料……事无巨细，样样操心。

全陪既是旅游团的领导者，又是旅游团忠实的卫士、辛勤的服务员。

176. 全陪如何处理问题和事故？

若旅游接待单位未达到标准，全陪要与地陪一起积极解决，一同要求有关单位（餐厅、宾馆、购物店、游乐设施单位，甚至旅游汽车公司）立刻进行弥补。

若游客对接待标准不满意，全陪要了解情况，及时、正确处理，若是游客理解有偏差，全陪要耐心解释。

若旅游团遭遇交通事故、安全事故等突发事件，全陪的责任则更重大。全陪要有主见，要及时决断，与地陪通力合作，保护游客，协助地陪、司机取证，护送伤者去医院诊治，处理善后事宜等。

177. 入境旅游团的全陪如何与首站地陪一起接机？

入境旅游团一般在中国境内旅游5~15天，甚至更长时间，入境后的第一个旅游目的地称为首站，全陪从首站开始全程陪同入境旅游团。

（1）提前一天全陪与首站地陪联系（正常情况下地陪应积极联系全陪，如果地陪没有打电话联系，全陪也不要计较，主动联系地陪），核实航班落地时间，约定会合时间、地点。

（2）接团当日，飞机落地前半小时必须抵达机场，与地陪会合，一起迎接入境旅游团。飞机降落后，全陪与领队联系，说明接团位置和标志。

（3）接到旅游团后，问候领队和旅游团，向领队和旅游团介绍地陪。请游客查看行李是否拿齐，托运的箱包是否有破损，安排游客去洗手间更换衣服

（很多旅游团直接开始旅游，晚上才办理入住）。

（4）地陪前面引领旅游团登车，全陪与领队在后面照顾游客。游客登车时，地陪、全陪协助司机将游客行李装入行李厢。

178. 全陪接到入境旅游团，除了核实旅游行程外，还要与领队核实什么？

全陪要认真与领队核对游客护照、港澳通行证、台胞证上的姓名、号码与接待计划标注的是否一致；签证、签注是否有效，尤其要核对不在团体签证名单上的游客签证、签注的有效期。

还要与领队核实旅游团的返程出境机票以及在境外购买的国内段机票。

179. 国内旅游团出发旅游前往机场、火车站时全陪要做好哪些工作？

（1）旅游团如果全是某单位的人，或由组团社为旅游团提供接送服务，或该单位自备车辆，从单位所在地出发，全陪带领旅游团前往机场、车站、码头。

（2）有的旅游团由旅行社提供车辆去机场（车站），并设定几个集合地点，全陪要提前到达首个集合地点等候游客，逐一登记到达的游客，等候送机大巴。司机开车到达后，全陪与司机一起帮助游客把行李放入旅游车行李厢，安排游客车上就座，提醒游客是否带齐身份证件、车票、船票，点名后请司机开车依次到下一个集合地点迎接游客上车。

几个集合地点的游客都接上车后，全陪致欢迎词，并说明登机（登车、登船）程序及注意事项。

有的游客直接到机场（车站）与旅游团会合，全陪要询问他们是否已到机场（车站）。

（3）旅游团的游客通常都是在机场、车站、码头集合，全陪至少在出发前一天在全团的微信群里发布旅游团的集合时间、地点，并请游客及时回复“收到”，没有回复的要打电话，通知内容大致如下：

必须提前90分钟（国内航班）或120分钟（出境航班）或在航空公司规定的时间之前抵达机场。在机场出发大厅某个标志处，如几号门内某棵椰子树下集合，全陪持某某旅行社社旗，全陪手机号，若迟到误机责任自负。

必须提前一个小时抵达火车站、轮船码头，在车站（码头）内电子屏幕指示的几号候车室内（几号候船厅内）集合，全陪持某某旅行社社旗，全陪手机号，若迟到误车（船）责任自负。

出发当日全陪必须提前半个小时到达约定的集合地点，迎候游客。对没有到达的游客还要电话催一下。

旅游团在机场、车站、码头集合齐后，全陪致简短欢迎词，讲清注意事项。

180. 全陪怎样为旅游团办理乘机手续？

乘机手续主要是凭身份证件换登机牌和托运行李。

（1）收齐游客的身份证件，全陪在团队窗口办理登机手续，游客带着行李跟在全陪后面排队。值机柜台人员习惯做法是按照身份证件打印登机牌，全陪要把有座位要求（要求座位靠舷窗、靠走廊、亲友相邻等）、里程卡需要积分的游客身份证件放在前面，在值机人员办登机牌时，全陪逐一说明某游客的要求，如果全陪记不住，就请游客自己与值机人员商量。

小贴士

*航空公司为加入其里程俱乐部的旅客提供飞行里程累计，达到一定里程数量后，旅客会得到相应的奖励，如升舱、免票等。在购飞机票、订座、换登机牌的任何一个环节中输入里程卡号即可，在电脑上自动为里程卡积分，并将积分的短信及时发在游客手机上。

（2）愿意自己办理乘机手续的游客可以在自动值机（cuss机）上选座、打印登机牌。不会操作的游客可请机场服务人员指导。持登机牌和身份证件可以在该航空公司的多个值机柜台托运行李。

（3）如果游客没有需要托运的行李，可以在手机上进行网络值机选座，手机上就有了登机牌的二维码，过安检时出示二维码。

（4）航班离站时间前 30 分钟（国航为 40 分钟），航空公司值机柜台停止办理国内航班乘机手续。全陪带领旅游团到达机场后必须抓紧时间为全团游客办好登机手续。

（5）办好登机手续，凭身份证件、登机牌（手机上的二维码）进行安检，安检后到登机牌显示的候机口等候登机。

（6）北京大兴国际机场有自助办理登机系统的机器，机场工作人员帮助每一位游客刷身份证，自动打印登机牌、行李托运，游客要在托运行李安全表上签名（无打火机、火柴、充电宝）、留手机号码。

181. 如果团队值机柜台排队的团队非常多，旅游团有误机危险，全陪如何处理？

（1）全陪请游客（青年游客帮助其他游客）在自助值机打印（cuss 机）登机牌，然后到航空公司的散客值机柜台托运行李（有的航空公司有自助托运设备）。

（2）立刻请航空公司值班经理开辟紧急窗口，优先办理登机手续。

（3）凡距离起飞 30 分钟内，可持登机牌、身份证件，通过“急客通道”，优先进行安检。

182. 乘机旅客托运行李有何规定？全陪应为游客做些什么？

值机柜台为旅客换好登机牌后，旅客即可托运行李。

现在非人工服务已成为时尚，游客都愿意在自助值机打印登机牌，快捷，有体验感，持登机牌可在该航空公司的其他值机柜台托运行李。全陪要叮嘱游客保存好登机牌和行李签（或称行李条、行李牌）。

自2013年始，乘机旅客需实名制托运行李。以前团队游客的行李都托运在导游或者领队的名下，但是某件行李内有不明物体需要开包检查时，很难快速、准确找到这件行李的主人；有时全团行李托运后，某位游客因故不能乘机，也难以快速、准确地将他的行李退回；实名制托运可以避免这些问题。虽然是实名制托运，国内航线旅游团队的行李限重仍可以按整个团队合并计算。

现在值机柜台为了快捷，仍然把所有行李条贴在全陪的行李牌上，到达机场领取行李出港时偶尔会遇到工作人员仔细查看每件行李是否有行李条，若查某游客的行李托运条时，还得翻找出对应的行李条，所以全陪可以请柜台人员每过一个游客的行李，就把行李条给全陪，全陪把它贴在这个游客的登机牌上。

小贴士

经济舱旅客免费托运的行李额为20千克。

膏液类（超过10克的洗发膏、浴液、牙膏等）、未开封的酒类及各种饮料、刀类（水果刀、西餐刀、瑞士军刀、剃须刀、厨刀）、金属工具（改锥等）不得随身携带，必须托运。

文件、证书、文物、货币不应该随行李托运，贵重品应随身携带。

托运行李需牢固：行李箱可请机场行李服务处打紧身塑料膜避免开裂（付费），或套上行李箱套；旅行包要拉好拉锁；易碎物品、玻璃瓶装物（酒水）要装箱并贴上易碎图标、玻璃瓶标；纸箱必须捆扎（机场有打包机，付费）。

183. 全陪如何避免旅游团乘机托运行李时集体超重？

乘飞机行李实行实名制托运，但是旅游团队的行李的限重仍然可按整个团队来合并计算，只要不超过团队行李限重，就不算超重；如果超重了，需要缴纳超重费。柜台人员没有时间一一查看哪件行李超重了、超重多少、应由谁来补缴超重费，为避免麻烦，全陪应提醒游客避免行李超重。

值机柜台总是让两件行李一起称重，全陪不能怕麻烦，立刻问下柜台人员超重吗？如果超重就问游客如何处理（交超重费或撤下一部分东西）。

（1）每个航空公司免费托运行李的重量会有所不同，全陪要告知游客。

（2）请游客在退房前，用房间的体重秤，称一下行李重量。

（3）到机场后询问工作人员，哪里有行李秤，以便游客称一称行李重量。全陪若发现某位游客的行李沉重，可以建议先称重后托运。

（4）行李重的游客最后称重，因为有的行李轻，还有人不托运，全陪可相机帮助他们。

（5）在北京大兴国际机场，登机牌扫码后机器自动打出行李标志，旅客将标志拴在行李上，若行李超重，旅客微信扫码交超重费。

184. 全陪为什么一定要提醒游客保存好登机牌、行李条？

有的旅客登上飞机按登机牌上标注的座位坐下后，信手就把登机牌放到座位前面的杂物袋里，认为登机牌没有用了。但是托运的行李万一遗失了、破损了，还需凭登机牌、行李条、身份证件进行登记，缺一样也不受理。

全陪为旅游团办理好乘机手续，逐一发放游客的身份证件、登机牌（行李条贴在登机牌上），一定要提醒游客登机前一定不要折损登机牌，登机后仍要保存好登机牌。

若是游客自己在自助值机柜台打印出登机牌，在航空公司的其他值机柜台托运了行李，全陪也要及时嘱咐他们保存好登机牌、行李条。

185. 在带领旅游团登机时，全陪是最先登机还是最后登机？为什么？

办完登机手续，全陪要说明、指示安检口的位置，请游客携带随身行李，尽快通过安检。

全陪要提醒游客注意登机牌上标注的登机口以及登机牌上的重要提示“登机口起飞前 15 分钟时关闭”。

全陪要提醒游客不要到离登机口太远的地方购物或休息，有的游客认为反正已经换了登机牌，已经过了安检，到达了候机口，就认为只要不登机，机场必定反复广播寻人，飞机一定等他，但现实是，当机场已经尽了提醒职责，只要旅客误了登机，责任由游客自负。所以全陪应提醒游客注意登机时间，注意听机场广播，不要因小憩、购物、去洗手间、用餐、玩手机耽误了登机。

在登机口的候机区，全陪要查看一下全团游客是否都在，给没看到的游客打个电话，游客若在购物或闲逛，嘱咐他千万别误机。

旅游团登机时，全陪最后登机，在照料全体游客按序登机的同时要确认本团游客都已登机，这样全陪才完成了带团登机任务。

186. 全陪如何带领旅游团进火车站乘车？

现在由于智能设备的普及，以及2020年年初的疫情影响，乘客进站、出站程序有了新的变化。

（1）进行体温测试、安检、刷身份证进入候车大厅

旅行社为游客订票后，游客会收到铁道部门发来的短信，例如：

【铁路12306】订单EF23027355

5月2日G505次8车11A号，北京西站15：40开。请郭顺利持购票证件进站乘车。您购买的是电子客票，无须换取纸质车票，请直接持购票证件进站检票乘车。如需报销凭证，乘车后30日内在任意车站自动售（取）设备、售票窗口均可换取。

由于疫情影响，需通过机器或人工测温、进行行李和乘客本人安检，乘车人将身份证放在验票机读卡区，即可进入候车大厅。

没有身份证的儿童、持临时身份证的旅客、持护照的游客需换取纸质车票。

（2）在检票口（候车厅）候车

候车大厅内电子屏幕显示某车次在第几检票口（候车厅）候车，全陪带领游客在对应车次的验票口排队。

全陪可向值班站长或管理人员提出是否可以安排旅游团提前进站，不管能否提前进站，全团都要排好队，不要让外人插入。

（3）刷身份证或机器验票后进入月台

全陪带领全团通过检票口，最好安排一位青年游客断后。

凡不是起点站的车次，站台上都涂有标记，标注每节车厢停靠的位置，因为车次不同，全陪在未进站前一定要注意看清本车次的车厢位置的标记（颜色不同），这一点非常重要，因为高铁一般只停 2 分钟，如果站错位置即使带团匆忙进了其他车厢，穿几个车厢去找座位，也会被游客嘲笑、埋怨，认为全陪太不专业。

187. 飞机严重延误或取消，火车严重晚点，全陪如何应对？

（1）全陪要及时把飞机延误、航班取消、火车严重晚点的准确信息报告组团社，请组团社通知下一站地接社，做好应对准备。

（2）或由于航空公司的原因，或由于天气等不可抗因素，造成航班延误或取消，航空公司会给乘客发矿泉水、盒饭，全陪要及时带领游客领取，有时航空公司还为旅客提供住宿，全陪要照顾游客入住（凭登机牌或身份证）。

（3）火车晚点大多因为天气恶劣，全陪要劝慰旅游团耐心等待，并不断打听发车讯息。因晚点产生食宿费用，游客自理，全陪要提醒游客注意人身、财物安全。

（4）一旦机场通知登机、火车站通知验票登车，全陪应及时把消息通报组团社，请其告知地接社做好迎接准备。

188. 全陪如何提醒游客在旅途中注意安全？

（1）遵守飞机、火车、轮船的安全要求

机舱内、火车车厢内、轮船包厢内都严格禁止吸烟，游客如欲下火车在站台上吸烟，全陪要劝阻。动车、高铁在车站停车时间只有 2 分钟，万一没有及时上车就很麻烦。

学生团绝对不允许中途下车。

乘轮船夜间不得到甲板船舷边观看夜景，风浪大时不上甲板，不在船内乱转。

（2）提醒游客保管好自己的财物

旅游团乘火车、轮船（旅游轮船除外）时，旅行途中的餐饮通常都是游客自理，在去餐厅用餐时，贵重财物要随身携带。旅游轮船（如长江游轮）是含餐的，用餐时仍要保管好自己的财物。

乘旅游车去外地游览，旅行途中的餐饮或含在行程内，或自理。旅游车停在高速路休息区时，游客下车休息，同样要把贵重财物随身携带。

下机、下车、下船时提醒游客拿好放在座位下面或行李架上的行李。

（3）夜间巡视，保证游客安全

夜间全陪不要自己一觉睡到大天亮，全陪应在午夜后不时在火车车厢内的通道（特别是卧铺车厢）、轮船的包厢外通道走动走动，巡看有无可疑情况，保护游客的人身和财物安全。

189. 乘旅游车长途旅行时游客怠倦，导游可以做些什么？

旅游团乘旅游车旅行有两种情况：一种是全陪带领旅游团坐大巴去旅游目的地；另一种是从A景点到B景点，B景点到C景点，景点之间行车都在2小时以上（如新疆的旅游线路、内蒙古的旅游线路），这种情形地陪也在旅游车上。

行车时间长，游客容易疲倦、烦闷，导游为了活跃气氛，通常是请司机在车载电视机上播放与当地有关的电视剧，如从海拉尔到室韦途中经常播放电视剧《成吉思汗》，若多数游客爱热闹就播放小品专辑，活跃气氛。

地陪、全陪可以给游客讲一些有关景点的逸闻趣事、当地的风俗民情，或者讲解公路两侧的风光，这些都能引起游客的兴趣。

导游要提醒游客不要高声说笑，以免影响其他旅客休息、影响司机安全驾驶，更不得在车上变相赌博。

190. 乘机、车、轮船旅行途中，全陪怎样处理个别游客调换座位、铺位的要求？

换登机牌时已确定飞机座位，如需调换座位，登机后请空姐帮助调换。

火车、轮船上的座位、卧铺，票面上有标注，但是有的游客希望得到调整。例如，几位年老游客希望坐在一起，或卧铺相邻，以便交谈，互相照顾；又如睡觉很轻的游客就无法在打鼾者身边睡觉；几位青年想座位相连，以便打扑克，游客若请全陪帮助调换，首先在旅游团内部进行调换，如A游客想调到F游客处，全陪可向F游客说明A游客的意向，若F游客同意便可与A游客换座位（铺位）。

若W游客欲调整座位（铺位）但涉及团外的乘客，全陪与W游客一同与团外游客协商，协调好后要向人家道谢。

191. 旅途中，游客之间或与团外乘客发生矛盾，全陪怎样处理？

（1）在旅途中，游客之间会因为一些小事闹矛盾，全陪要及时“熄火”，但不评论是非，不介入矛盾，劝他们珍视旅游、珍视缘分，“百年修得同一团”。

（2）旅途中游客与同车厢（轮船、游船、缆车）的团外旅客发生矛盾，游览时游客与团外旅客出现纠纷，全陪应先把本团游客劝回，分离矛盾双方，然后再好言劝解团外旅客，旅游中要保持好心情，好好欣赏祖国的大好河山是最重要的。

（3）只要游客之间，或与团外乘客出现吵骂、打架斗殴现象，全陪就立即请乘警、飞机安全员、景区工作人员予以制止。

若在景区等场所发生类似情况，劝解无望时，立即拨打110报警。

192. 飞机降落后，全陪如何带领游客出港？

未登机时全陪就要提前告诉没有行李托运的游客，下飞机后仍要到行李大转盘处等候大家，下飞机后，全陪安排未托运行李的游客在清静的地方等候。

飞机一落地，领行李大厅的电子荧屏就显示某某航班（某地）在几号行李台领取，全陪带领游客到几号行李台（大转盘）领取行李，提醒游客可把行李放在机场的行李推车上，出站轻便、快捷。

领齐行李后提醒游客根据当地温度更换衣服，安排游客去洗手间，集合、清点人数后带领旅游团出机场与地陪会合。

193. 火车（轮船）到站（港）后，全陪怎样带领旅游团出站、出港？

下火车（轮船）前，提醒全团做好下车（船）准备。

到站（港）前半小时与地陪联系，不要认为地陪一定会准时在出站（港）口举牌等待，有时地陪可能迟到，如果地陪还未到，带领旅游团出站速度放慢些。

下车（船）后清点人数，请游客查看是否拿齐行李。

有的车站在出站验票口前设置电子测温仪，游客之间相距一米依次进行体温检测，游客刷身份证后走出验票口。

在未出站前安排游客去洗手间，以免行车时有的游客需要方便。

与地陪会合后，由地陪引领全团登车，开始旅游行程。

194. 在入住环节，全陪要做哪些工作？

（1）协助地陪办理入住

入境旅游团领队收齐护照、港澳通行证、台胞证，国内旅游团全陪收齐身份证，交与地陪办理入住手续。酒店前台扫描身份证件、游客刷脸，信息传递给公安部门后，会把身份证件及时退还地陪或全陪，再发给游客。

（2）温馨提示

分发房间钥匙前，要强调叫早、早餐时间或者再次活动的集合时间。

提醒游客注意进房后检查房间设备是否齐备，凡有电视打不开、空调运行不正常、Wi-Fi 连不上、浴巾缺少等问题，请给客房部打电话。

提醒游客外出时注意人身、财物安全。

（3）分发房卡

入境旅游团由领队、国内团由全陪按照分房名单表分发房卡，分房名单请酒店复印，全陪、领队、酒店各执一份。告知旅游团领队、全陪的房间号，以便有事联系。

（4）查看房间

全陪最好能普遍查看一下全团的房间，如果游客在休息或在洗浴，在门外询问一声有没有问题，如果游客觉得房间卫生不好，全陪就要请地陪向前台提出换房间。全陪对于全团的住宿一定要心中有数。

195. 全陪如何照料游客行李进客房？

发房卡之前就要提请游客拿好自己的所有箱包，特别是最后两站，有的游客在前几站城市买了许多东西，大箱子小背包好几个，容易忘记拿。如果旅游团的行李箱是统一的，要提醒游客不要拿错。

高规格团队入住高星级宾馆，有行李员逐一楼层送行李，游客在房门口认领自己的行李，按照国际惯例是应该给行李员一点小费的，现在通常是游客自己携带行李乘电梯进房，快捷，又不麻烦别人。

全陪要帮助腿脚不便的游客把行李放进客房。

全团游客乘电梯上楼后，全陪扫视一下酒店大堂，看是否有游客遗忘东西。

196. 地陪离开饭店后，全陪要做哪些工作服务游客？

（1）处理问题和突发事故

地接社通常不安排地陪与游客一起住酒店，所以当旅游团安全入住酒店后，地陪就要回家。地陪走后，全陪就得负责处理可能出现的各种问题。

全陪不得远离酒店，更不得在酒店与人酗酒，或与他人聚在一起打牌（有的导游有酒瘾、牌瘾）。

万一发生紧急情况时，全陪必须立即处理，并迅速与地陪联系，地陪不得以家远、打不到出租车为由不来现场。

（2）注意本团安全

每天晚间全陪应在大堂、楼层中巡视一两次，观察本团人员是否需要帮助。

有的儿童、学生在楼层过道、电梯处追逐打闹，影响他人休息，全陪应劝阻。

有的游客深夜带回“非本酒店住宿人员”，有的游客在房间内打牌带有赌博性质，全陪发现后，或酒店发现后告知全陪，全陪应制止游客的不良行为，必要时报告公安机关。

（3）自己好好休息

保持健康的身体状况才能做好全程的服务工作，全陪要注意休息，不要玩手机、微信语音聊天、看电视太晚。

197. 进景点前，全陪如何协助地陪？

全陪收齐景点优惠票所需的证件，交给地陪购票。全陪也要记下每次购票中享受优惠票、免票的游客姓名，地陪买完票后，全陪要和他核对一下享受优惠者，以便组团社与地接社结账，若地接社承诺离站前退还游客的优惠费用，就可免除这项工作。

进景点时，地陪负责交验门票，全陪则组织游客排队，并站在验票处查看本团人员，免得外人混入。全陪最后进入景区。

198. 游览中，全陪如何为旅游团保驾护航？

旅游团的安全是全陪的工作重心。

地陪在前面带领旅游团游览、讲解，全陪断后，提醒落在后面的游客跟紧团队，照顾行走不便的游客。旅游团离开拥挤人群后、去洗手间后、进入一个新景观前，全陪与地陪要在合适的地方清点人数，

游览时丢失客人是最麻烦的。只要发现个别游客没有和团队在一起，全陪要立刻给他打电话，及时寻找到他。

在游览期间，不断提醒游客注意人身和财物安全，如在景区不要去招惹猴群，漂流时必须系好保险衣的绳，骑大象在森林里游逛时要坐好、不要乱搞动作，大象急了非常可怕，在野生动物园一定要听从工作人员指挥，不许私自打开车窗、车门等。

游览时全陪负责照料个别需要帮助的游客。有的游客尿频不断去洗手间，有的要去景点商店买物品，有的要去补拍两张照片，都需要全陪等候他几分钟，然后带领他追上团队。

有的游客身体不好，腿脚不便或磕了碰了，若没有家人和同伴陪伴，全陪就要陪伴或搀扶这位游客。

199. 全陪应如何与地陪合作?

有人说全陪是旅游团的党支部书记，地陪是旅游团的经理，分工不同，但都是为旅游团服务的，如果旅游团遇到了优秀的全陪与地陪，这次旅游一定圆满、开心，不虚此行。全陪和地陪要合作共事，只有他们真诚合作，才能提高导游服务质量，才能顺利完成带团任务。

在合作过程中，全陪要按下述原则办事：

（1）依靠而不依赖

各地的旅游服务主要由地陪完成，全陪则积极协助。全陪若当“甩手掌柜”，诸事放手，让地陪一个人忙前忙后，自己与游客一样享旅游之乐，那是严重失职。

（2）协助而不替代

全陪积极协助地陪，就是给地陪当好助手，但不替代，更不越俎代庖，不喧宾夺主。有的全陪自恃是老导游，就索性什么事都来包办，这样的全陪自以

为是为旅游团卖力气了，但是游客却会觉得这个全陪是在逞强，其实他未必比地陪能干。如果地陪个性也比较强，就容易争吵起来。所谓合作共事，就是谁的活儿谁干，各负其责，把自己的活儿干好。

（3）补台绝不拆台

当地陪有了不足之处时、某件事没办好时，全陪千万不要说责怪、奚落的话语，也不能袖手旁观，而要积极补台。

有时候地陪是新导游，讲解经常丢三落四，全陪千万别乱批评。例如，南宁新导游李导在做沿途讲解，全陪不时提醒“小李，你忘了说邕江一名始于唐代，因邕州得名”“李导，南宁的十大特产‘横县鱼生’和‘上林大米’你怎么不介绍啊？”这看起来像是帮地陪正确导游讲解，但实际上是在拆台。

如果地陪与餐厅理论，没有说到点上，全陪可以接着地陪的话说，如果该提醒游客的话地陪没说，全陪就悄悄告诉地陪“该提醒游客准时集合啦”，这是补台，但当着旅游团的面批评地陪、非议地陪的安排就是拆台。有的旅游项目全陪的利益很少或者没有，个别全陪就顽固地拆台，他忘记了游客的眼睛是雪亮的，会看穿一切的，而且他这样做就大大降低了导游服务质量。

（4）坚持而不固执

如果接待不够标准，全陪要坚持原则，提出改进意见，地陪必须及时改进。有的地陪投机耍滑，克扣餐标、多报自费价格，全陪要坚持原则，制止地陪的错误。

全陪坚持原则，维护游客的合法权益是对的，但应灵活处理，有时接待单位如餐厅、酒店旅游团太多，服务就可能手忙脚乱，全陪就不宜固执地计较，与接待单位斗气。现在生活好了，游客对一些物质利益看得淡了，有时菜肴过素，游客为了旅游愉快，可能不会计较这些了。此时全陪如果固执地要求这样、要求那样，虽然是为了游客，但是效果可能不会太好。

全陪要坚持原则维护游客的合法权益，但要根据实际情况灵活应变。例如，旅游团登黄山，地陪建议“节日游客剧增，坐缆车要排很长时间，我们最好4点半出发，拿上简易早餐包”。游客在犹豫，舍不得酒店的豪华自助早餐，于是全陪向游客介绍了他在黄金周的几次旅游经历，游客听后都说：“全陪说的对，我们得凌晨出发，不然上下缆车排大队，都没法下山吃午饭了。”从黄山下来游客都夸全陪头脑灵活。

200. 游客对地陪的导游讲解不满意时，全陪如何处理？

由于种种原因地陪的导游讲解不吸引游客，游客不满意时往往会向全陪反映。此事会影响导游服务质量，也会影响全陪、地陪的关系，所以全陪要妥善处理。通常，全陪要在合适的场合，婉转地向地陪转达游客的意见，而且可以把游客的意见转说为游客的希望，或者直接建议地陪讲一讲某些方面的内容。

如果地陪讲解不清而全陪会讲解，全陪可以“临时现演”助兴，但不能全程包办代替。

回到酒店后全陪可以委婉地向地陪提出如何讲解的建议。

201. 游客对餐饮不满意，全陪如何处理？

民以食为天，凡是餐饮不达标，往往会全团有意见。但是团餐与餐标是相配的，餐标高肯定就吃得好。团餐是否符合餐标，真没法说出具体标准来，因为导游经历了无数的团餐，不管到哪个地方，基本上能看出来团餐是否符合餐标。

游客对餐饮不满意，向全陪反映，全陪首先要耐心倾听意见。如果该游客的意见具有代表性，就要与地陪一起研究餐饮问题。

虽然餐饮符合餐标，但游客不满意，全陪可以与地陪一起向游客说明各个旅游团都是这个标准，旅游团餐就是大锅饭，比较简单的八菜一汤，请游客能够理解、谅解。

如果餐饮确实不够标准或质量不好，如饭凉菜咸，或者上菜太慢、主食没跟上等问题，游客有意见，全陪、地陪要及时找餐厅反映、解决，甚至可以让餐厅经理亲自来向游客道歉，重新补道菜、补主食。如果地陪支支吾吾不愿去找餐厅经理，就有可能是地接社或地陪克扣了餐标，全陪应直白地问地陪是否达到了餐标。有的地接社经理总觉得餐厅会替地接社保守餐标秘密，其实只要游客向文旅局投诉餐饮差，文旅局就会直接让餐厅汇报真实的餐标，有的游客在用餐时也会观察其他旅游团的菜肴，然后去打听那些团的餐标。

出现问题时，全陪注意说话一定要稳重、负责，要能压住事儿，若一味顺着游客的口气说，那是火上浇油；如说游客要求太高，那实际上就是在批评游客，这样会加大矛盾。

有的组团社知道某地的团餐不佳，会给全陪加菜的备用金，全陪不要算计着为组团社省钱，而要力争让游客满意，成为组团社的铁游客（让游客多在组团社参团）。

202. 全陪如何对待游客难以满足的要求？

游客提出了难以满足的要求或者就是故意“挑刺儿”，全陪应当冷静地正确处理。

（1）认真倾听、冷静分析

游客提出的个别要求，不管是否有道理，能否实现，导游一定要先认真倾听，这是对游客的尊重。只有认真倾听才能分辨出游客的要求是否具有一些道理，切不可一听游客提意见、提要求，就几句冷冰冰的话把游客顶回去。态度和蔼很重要，这是与游客交流的起点。

（2）耐心解释、实事求是

有时游客提出的要求虽然合理，但是在具体条件下很难满足。例如，在高速路上游客急于上厕所，只能到服务区才能停车。又如，游客对如何制作烤鸭很感兴趣，提出参观厨师如何烤制的请求，为了保护游客安全（避免烫伤、滑倒）、维护厨房卫生、保护厨师技术秘密，不可以参观后厨。游客提出的合理要求，也经常无法满足，但该讲的理由要讲到、讲清。

面对不合理或者根本无法满足的个别要求，导游更要耐心清晰地向游客解释为何满足不了他们的要求，使游客平静下来，客观地对待旅游接待条件和客观情况。开诚布公是解决复杂问题的最简捷有效的办法。耐心解释使人宽慰，实事求是，道理自明。

（3）正确处理、合情合理

旅游协议是处理各种要求甚至是争议的依据，导游处理游客个别要求时必须坚持原则，维护协议。导游要在合情合理地处理个别要求上下功夫，既要坚持原则又要富有人情味，应当诚恳地与提要求的游客一起商量解决问题的办法，若导游与游客都站在对方立场想问题就容易沟通。

如果导游能够合情合理地处理错综复杂的个别要求，使提意见的游客及团内其他游客心悦诚服，那么这个导游就是个有能力的导游，他一定会在数不清的个别要求烦扰中快速进步，成长为一个成功的导游、优秀的导游。

正确处理是原则性，合情合理是人性化。

203. 旅游团用餐时游客热情地请全陪、地陪饮酒，如何应对？

如果午餐时游客盛情邀请导游喝酒，应婉拒，理由是下午还要带团游览。若在晚餐，某些游客好心甚至执着地请导游与本桌游客一起饮酒，若盛情难却，全陪、地陪也可以礼貌性地接受邀请并表示谢意，但不可畅饮，以免影响工作，也免得其他桌的游客有被冷落之感。

如果游客饮用的是珍贵名酒，导游最好是婉言谢绝，更不要因为是名酒而贪杯。

全陪、地陪不可频频向客人敬酒，因为这是游客请导游，导游是客人。

204. 晚间，若游客约请全陪一起在房间打牌，全陪可以参加吗？

全陪应婉拒，因为打麻将一般都有输钱赢钱问题，涉及赌博违法。

若游客约请全陪聚在一起打扑克（不是炸金花），没有赢钱、输钱问题，全陪可以陪游客玩几把，但不能时间过长，因为晚间全陪还有照顾全团游客的任务。

导游不要和游客长时间在一起聚谈、品茗，保持一定距离较好。

205. 在购物环节，全陪如何协助地陪做好服务？

购物是游客在旅游中一种伴随性的消费活动，旅游目的地越远，当地的商品越具有吸引力。旅游购物不仅是游客的物质消费需求，更多的时候购物是一种旅游体验活动，游客买了商品都是喜笑颜开的，购物活动搞得好，游客、地接社、导游都皆大欢喜，搞得不好都了无乐趣。凡是旅游强国（旅游强区），那里的游客购物支出在旅游花费中必然占有一定的比重。

若有游客向全陪咨询，全陪可以介绍旅游商品的欣赏点在于它的异地性、文化性、纪念性和独特的工艺，而不要强调异地的价格优势。

（1）旅游团进入购物店后，全陪要协助地陪组织游客听购物店讲解商品知识、参观商品制作工艺、参观商品展示。有的游客总是急不可耐地要去挑选商品，全陪要对游客说："您听完讲解，就更会挑选了。"

（2）有的游客一是不注意听讲解，二是认为商店在忽悠，总是爱向全陪询问商品知识，全陪要实事求是地介绍商品，不过多美言商品。

（3）全陪不要在购物店休息，而要随时陪伴旅游团，不时提醒游客轻拿轻放商品，如果不打算买就不要随意砍价。在土特产商店品尝风味食品、饮料和酒时，要得体地提醒游客文明品尝（不要下手抓、不要呼叫朋友来尝）。

（4）安排不购物的、购完物的游客在适当地方休息，或者去浏览其他商品。

（5）到了集合时间，地陪去购物店办公室取流水单、结账，全陪则组织游客上车，清点人数，不拖延购物时间。全陪发现还有游客未上车，给地陪打电话让他催一下仍在购物的游客，地陪最后再去办公室结一次账。

206. 全陪如何协助地陪做好娱乐项目的服务？

传统的旅游业主要是食、住、行、游、购、娱，娱就是在旅游活动中欣赏文娱表演和参与性活动，游客在娱中得到视觉及身心愉悦，领受当地的文娱文化。行程上的娱乐活动分为含有的和自费的两种，凡是自费的行程上都会标注参考价格。

（1）行程上含有的娱乐活动，全陪要提前向地陪了解其内容，避免与上站节目重复或大同小异。节目内容不但文明健康，而且要符合游客口味，只要是内容重复、不合游客兴趣，全陪就要立即向组团社反映，请组团社与地接社联系。

旅游团的娱乐活动一般是早到的坐在前排，所以全陪要提醒地陪把时间安排好，让游客坐在前排好好欣赏。

行程内的娱乐活动，全陪一定要陪游客参加，不要说这个节目我看过多次，就在休息区等候。

（2）凡是自费的娱乐项目，以“如实介绍不夸张、自愿参加不勉强”为原则。全陪在参加帮助地陪收取费用时边收费边记名。有的地陪、全陪为了让更多的人参加，宣布看完节目再交费，但有个别游客迟迟不交费，说节目“不值”。为避免麻烦，一定让游客先交费，后欣赏。

（3）自费的娱乐活动，全团或多数游客参加，旅游车要提供接送服务，全陪应陪同他们一同参加。若参加的人数少，地陪是负责买票的，肯定要去，全陪是否陪同前往，视具体情况而定。

（4）全陪要照顾、安排好不参加自费娱乐活动的游客，是把他们送回酒店，还是让他们等候多数参加娱乐活动的游客，视具体情况和游客的情况而定。

207. 旅游团对地陪的导游服务不满意时，全陪如何处理？

地陪有些地方做得不够，旅游团让全陪表态，全陪最好这样说“地陪的出发点是好的，这几天也一直辛苦工作，有些不足，是因为我没有向他交代清楚，很多时候我也没有协助他，我俩一定积极改进工作”，并请游客宽宏大量予以谅解。

全陪要悄悄提醒地陪，哪些事有所欠缺、欠妥，但是有的地陪自以为是，不接受意见，甚至冷言相讥。如果情况严重全陪要向组团社汇报，组团社会与地接社沟通。

全陪不可公开与地陪发生意见冲突，更不可以在旅游团前贬低地陪。

这里特别要提一下，有的全陪是富有经验的地陪，看到此地的地陪服务不到位，总是去纠正，或要求地陪按他的地陪经验处事，弄得地陪很不高兴。全陪有地接经验是好事，但是要给地陪留面子，可积极帮助，不可总是批评，更不得总是摆“老资格”。

总之，全陪与地陪合作，只可以补台而不可拆台。

208. 游客之间闹矛盾找全陪评理，如何处理？

旅游活动开始后，有的游客因为一些小事和团友闹矛盾，如在旅游车上地陪正在进行沿途讲解，有的游客在聊天，声音有些大，影响别人听讲解，想听讲的游客就与他们争执起来，双方都让全陪评理。如果在游览中全陪可以装没看见，但是在旅游车上不能装聋作哑回避矛盾。

早餐后，原来坐在后排的一位女士带着孩子提早上车，坐在第二排别人的座位了，原座位的人与女士发生争执，双方都让全陪立刻评理，主持公道。

这些事别看事儿小，处理有难度，全陪们各有妙招，立刻化解矛盾。

（1）游客私下闹矛盾，导游不介入

几十年来《导游业务》书中总会有这样一条：“不与旅游者过分亲近，不介入他们的内部矛盾和纠纷，更不在他们之间拨弄是非。”

（2）利用幽默手法，让矛盾双方自我反省

第一个例子，全陪没有要求聊天的游客不要大声聊天了，更没有说我们要文明旅游，而是走到车前，一言不发，给地陪深深鞠躬、作揖，全车人很奇怪，地陪问：“全陪大哥，这是何意啊？”全陪对地陪说：“早晨你吃早饭了吗？你讲解声音大点，我坐在最后一排，听不大清。”全车哈哈大笑。

（3）利用合适的场合，宣讲文明旅游、和谐旅游

很多人认为尊重是小辈对长辈、部下对领导，其实尊重是一个气节、一个人的教养，对上、对强者不卑躬屈膝，对下、对弱者不目中无人。毫不顾忌别人心情和面子的人、令人难堪的人，他们的内心深处需要输血，补充善良和友爱。人有贫富之差，没有贵贱之别，以富贵自傲凌人的人总有失败的一天。真

正的高贵，是骨子里对人对世界的谦卑。章太炎说："凡人总以立身为贵，学问尚是其次，不得以富贵而骄矜，因贫困而屈节。"

导游应利用旅游车上讲当地名人故事时、在景点导游讲解时，讲一些文明礼让、和谐友爱的事例。

209. 遇到天气突变，全陪如何应对？

游览中若遇到恶劣天气，全陪要与地陪商议相机处理。

（1）建议地陪调整行程

现在的天气预报比较准，得知天气变化就要向游客说明情况，调整游览计划，避开恶劣天气的影响。

如果上午浓雾弥漫，可将山区景观调整为市内游览，避开山路的交通管制，下午雾散，再游山区景观。

下大雪时宜提早出发，要给南方客人、爱好摄影的客人留出充足的游览时间，雪景是南方游客可遇而不可求的景色。

（2）提醒游客及时增添衣物，防止生病

要提醒游客增添衣物，中青年人不可以只要风度，不要温度。天气突然降低 10℃以上，血管会紧急收缩，老年人血压会增高，老年人的血管里都有粥样硬化，加上血管收缩，容易突发心肌梗死，非常危险，一定要提醒老年人赶紧穿保暖衣服，没有带厚衣服，就赶紧买，不要扛着，人老了扛不住累，更扛不住病。

（3）安全第一

在天气突然变坏时要特别注意旅游团的安全，如多数游客希望提前结束游览，应该满足，如果出了安全事故或者游客生病了，不如不游。

遇到风雨雷电、沙尘暴、冰雹时，积极安排躲避，强调不要乱跑，不要打手机（避免引雷）。

210. 全陪如何预防游客患病、受伤?

（1）常备药品要携带

在行前说明会或利用其他方式，全陪要嘱咐游客带些常备药品，因为到了陌生环境容易水土不服，加之旅游活动量大、餐饮也与在家大不相同，容易得病。

（2）把握活动安排，注意劳逸结合，避免过度劳累

在旅游活动中，不少游客往往因为兴奋而不感到劳累，或者不在乎劳累，但有些游客因乘机、乘车奔波，水土不服，餐饮不适应，加上旅游疲劳可能会生病。为避免游客过度劳累或生病，全陪在与地陪核对日程时一定要把握旅游活动的安排，游览活动不可安排过满、过于劳累，尤其不能将体力消耗大的活动集中在一起。

根据旅游团中大多数游客的身体情况及年龄、性别，向地陪建议有针对性地选择游览路线。有些游客总想遍游全景，说“这次我逛全了，下次就不来了”。全陪要在合适的场合，以和蔼的语气告诉他们:“很多景点不是一次就能游遍的，需要多次前来游览。”

（3）关注游客身体

及时报告天气变化，提醒游客及时增减衣服。

关照旅游团中的老年人、儿童、体弱者，提醒他们量力而行，不要勉强参加劳累的活动。

提醒游客注意休息，晚间不宜出行太远、活动太多，早点休息，尽快恢复体力。

旅游中游客兴奋，经常忘记自己身体的不适，出发前全陪要提醒有慢性疾病的游客带着药，注意按时服药，患糖尿病的游客平时要带点食品，餐前服药或打针。

（4）注意饮食卫生

提醒游客注意饮食卫生，餐前洗手，不要到地摊上吃各种小吃，天气炎热也不可喝冰饮过多。进入餐厅全陪要注意观察用餐环境是否卫生，盛放菜肴、主食的餐具是否干净，自助餐时不暴饮暴食，暴饮暴食不但肠胃受不了，而且

容易引发胰腺炎。

（5）不断提醒注意安全

游览中各种路况都有，上山下坡容易崴脚、跌伤，就是在宾馆房间内洗浴，在餐厅用餐，也有滑倒摔伤的事例，全陪要在各种场合提醒游客注意安全，避免受伤，不要怕游客说你絮叨，但是最好能絮叨得让游客爱听、受用。

211. 出发游览前发现游客身体不适，全陪如何处理？

（1）建议身体不适者不随团活动

旅游团出发游览前，游客感到身体不适，导游应劝其留在饭店好好休息，并且请地陪尽可能安排好他的用餐。导游千万不要动员身体不适者随团活动，若勉强游览万一出现问题，导游有一定责任。当天游览结束回酒店后，导游应先去探望患病游客。如果游客虽然感冒发烧了仍执意要参加市内的参观游览，导游要提醒这位游客戴口罩（防止传染）、带药品和保温杯，一旦觉得很不舒服就立刻附近就医。

游览中有游客身体不适，全陪可陪其去旅游车上休息，或者在旅游车下适宜的地方休息。

（2）建议患病游客及早就医

若游客患病或旧病复发，导游应建议他及早到市级以上医院就医，并保存诊断书、收费票据等。不建议游客自行买药，不建议服用什么药，更不可将自备药品让游客服用，即使是一些普通的药物（如感冒药之类）也不行。

212. 如何防止游客中暑？万一中暑了如何处理？

夏天带团时，全陪要和地陪一起照顾好游客，尽力避免游客中暑。

（1）出发前建议游客穿透气好、宽松的衣服，戴遮阳帽或打伞，带饮用水。游客可以提前服用防暑降温中成药。户外活动时要避开最热时段，导游在讲解时尽量选择有树荫处、凉快处。游览途中应安排几次短暂的休息，以便游客吃些水果、喝点水，保持体力。

（2）提醒团中老年人、儿童、体弱者量力而行，避免过度劳累。

（3）中暑的症状有面色苍白、恶心、呕吐，体温升高等现象，若中暑症状不严重，可将中暑游客移至通风凉快处，解开衣扣、裤带，通风降温，并让其多喝矿泉水。休息片刻，如基本恢复，可以随团参观游览，若仍不适，应由其亲友陪同去医院就诊。

（4）小游客中暑，不能大意，小孩虽然生命力旺盛，但脏腑稚嫩难以抵抗热邪。如果中暑不严重，可让孩子喝温茶水降温，千万不可立即吃冰棍、喝冰镇矿泉水，观察孩子十来分钟，若脸色恢复正常，情绪活跃了，就可以不去医院。若中暑症状没有缓解，家长应立即打车带孩子去医院治疗，全陪可陪同前往。

213. 如何防控新型冠状病毒感染？

2020年爆发的新型冠状病毒，使得全国乃至全世界人民对于发烧、腹泻等症状非常警惕，专家说病毒是不能通过服药来预防的，只能防控，在带团中导游一定要严峻防控病毒感染。

（1）在未接团前，一定嘱咐司机做好旅游车消毒工作。导游要带着备用75%的医用酒精、湿纸巾和口罩。

（2）旅游团抵达火车站、机场后，地陪应向全陪了解全团健康情况。接团后地陪开始带团登车、沿途讲解，地陪讲话时应距离游客一米以上，戴口罩讲解会成为很长一段时间内导游的卫生习惯。

（3）提醒游客保持良好的卫生习惯，病毒基本是通过口、鼻、眼有黏膜处侵入，一定勤洗手、洗好手，不揉眼。

（4）新型冠状病毒会通过血液侵害人的各个器官，若有游客体温超过37.3℃、乏力、干咳、腹泻，患者应戴口罩立即去有发热门诊医院就诊。全团游客都要戴口罩，同时不去博物馆等人员密集处活动，等待发热游客检查结果。

（5）进入景区、就餐都要保持相对距离，不进行密集活动。游客的交通、住宿、餐饮等硬件都应大幅度提高，过去的低标准接待必然会被淘汰。

（6）如有疑似病例，及时汇报旅行社，只要确诊为疑似病例，旅行社应立即上报文旅局和防疫站。

214. 怎样呼叫救护车?

拨打急救电话 120，接通电话后一定要：

（1）简洁回答医生的询问，讲清明显症状、伤病者姓名、年龄、性别，并说明是否需要能上下楼梯的病床（多轮病床）。

（2）讲清联系人的姓名、电话，并保持电话畅通。

（3）告知急救车到达的具体地点以及附近的明显标志。

（4）急救站告诉可以挂断电话时，方可挂断电话。

（5）马上派人在约定地点等候急救车。

215. 游客走失，全陪如何处理?

保护旅游团的安全是全陪最大的责任。

（1）参观游览时游客走失

全陪立即电话联系走失者，让走失者把所在地点用手机拍下照片，通过微信发给全陪，嘱咐走失者在原地不动静等全陪。如已结束游览或事发紧急，与地陪一同前去寻找。

若电话联系不上走失者，请景区管理部门广播找人，请求景区派出所协助寻找。同时与饭店联系，请他们在游客房间外留条，若游客打车回饭店，请他及时联系导游。

找到走失者不可对其指责、训斥，但要提醒他多加注意，跟上团队。

（2）回饭店后游客自由活动时走失

回饭店后游客外出活动深夜未归，同室团友报告全陪，很有可能是迷路了，全陪要与走失者手机联系，请其打车回酒店。

最麻烦的是游客没有带手机又忘记了酒店名称、地址，所以全陪在平时提醒游客时可举一些游客走失后如何求救的例子，当游客走失时可以仿效，如请路人帮助打110求助，警察通过查身份证号就可查出游客下榻的酒店及房间号，有时警车可带他回酒店。若游客走失后联系不上，导游应及时向派出所报案。

走失者回到酒店后要予以安抚，稳定他的情绪，必要时提出善意的批评。

（3）注意事项

如果走失期间该游客又发生其他事故，按事故性质妥善处理。

如发现入境游客离团出走或滞留不归，一定及时报告地接社和公安机关。

216. 游客丢失贵重物品，全陪如何处理？

游客丢失财物后必定着急、情绪低落还可能失控，全陪在劝慰的同时要积极帮助寻找。

（1）积极寻找

首先稳定失主情绪，与其仔细分析丢失财物的线索，判断是不小心遗失还是被盗，若被盗则立即报案，如属不慎遗失尽可能帮助到原地寻找或者查询，以求失而复得。

（2）及时报案

若被盗物品贵重，及时到事发地所属派出所报案。

丢失银联卡、信用卡尽快办理电话挂失。

若丢失手机，即使手机有密码或指纹保护，也要及时挂失。

如果事态严重，地接社应派人前来协助处理，配合公安机关破案。

（3）入境游客丢失贵重物品的处理

入境游客丢失贵重物品，地接社、事发地派出所开出证明，失主持派出所、地接社证明及有效身份证件到市公安局出入境管理处填写《失物经过证明》，列出失物清单，以备离境时向海关出示，接受查验。

丢失的如果是入境时向海关申报的物品，失主应出示《中国海关行李申报单》。

游客丢失的若是办理了财产保险的物品，应同时向保险公司报失。失主要获取公安局出入境管理处开具的《财物报失证明》以及保险公司要求的相关证明，以便日后理赔。

217. 若遭遇交通事故，全陪如何处理？

万一发生了交通事故，一定要沉着冷静，司机师傅主要负责处理事故，导游则要照顾好游客，配合、协助司机处理事故。

（1）立即组织抢救

若有人受伤，要积极组织抢救。游客受伤有可能导游也会受伤，作为导游，只要伤不太重就应当先把游客安顿好，把游客送上救护车，将及时救治的机会让给游客，自己最后去治疗。

（2）报警，保护现场

立即报警，协助司机拍下事故照片，留好证据。请司机冷静地配合公安交通部门处理事故。

（3）做好善后工作

及时报告旅行社，通常由地接社派专人前来处理事故，全陪、地陪设法稳定游客情绪。事故不很严重时，按照旅行社指示，全陪与地陪一起带团继续旅游。

（4）缓解气氛

游客在交通事故中会受到惊吓，地陪以精彩的讲解吸引游客，让游客暂时忘却刚才的不安，全陪则请示组团社后在用餐时是否加菜、加酒，以缓解游客的紧张情绪。

218. 全陪如何预防治安事故？

（1）做好提醒工作

提醒游客锁好房门，不随便给陌生人开门，不把自己的房间号告诉外人，不随意邀请刚结识的朋友进房间叙谈，更不得私自留他人住宿。

不让外卖送货到客房，不让陌生人、小商贩上旅游车。

提醒游客不去饭店外面的混乱场所、不健康场所、偏僻街道、治安不好的场所。不在夜间外出，若外出尽早回酒店，最好坐公交车或打车回酒店，不要独自走着回酒店。

提醒游客注意防范盗窃、抢劫、骚扰等犯罪行为。

（2）旅游途中敏于观察周围环境

导游要警惕尾随本团的人员，旅游中观察周围环境是否有可疑情况。遇有不安全情况尽快引领旅游团避开。

219. 全陪如何应对歹徒、不法分子的恶性事件？

旅游团的活动基本上是在风景区、繁华地带，但是歹徒、不法分子也经常伺机在这些地带作恶行凶，夜间会更加穷凶极恶。

虽然旅游团遇到歹徒作案的概率很小，但是万一遇上了，全陪和地陪要勇敢地保护游客的人身和财物的安全。

（1）遇到歹徒，立即拨打110报警

现在我国各个地区的警力部署非常密集，警察是人民的卫士，报警有震慑作用，有时歹徒就会立刻逃窜，即使没有逃跑，他们也会胆怯一些。

（2）勇敢保护游客

遇到歹徒骚扰、行凶、抢劫时，导游要临危不惧，挺身而出，与歹徒斗争，但是要防备歹徒狗急跳墙使用凶器，在勇敢保护游客安全的同时也要注意保护自己。

歹徒毕竟人数少，全陪要号召全团游客都站出来，围住歹徒，使歹徒无法行凶。

遇到不法分子、邪教徒尾随旅游团，强行向游客散发宣传品时，导游要严厉警告这些不法分子，严正指出这些非法活动是政府取缔的，并应立即把团带到安全地带。

（3）组织游客保护现场

歹徒作案的现场要保护好，不要被行人践踏了，以便公安机关取证破案。

（4）迅速报告旅行社

地陪、全陪都要及时向旅行社汇报，如果事态严重，地接社领导应及时到案发现场或派出所。

（5）配合公安机关破案

公安机关会请见证人代表到派出所录证词，全陪肯定是主要见证人，应详细、真实地把案件向警察说明。

220. 游客要求更换车次、航班，全陪如何处理？

由于不可抗因素，如天气原因，铁路、航空公司原因造成严重延误，游客要求更换车次、航班，这种情况下，任何人都要服从铁路、航空公司解决滞留的有关安排。

由于个人原因，有的游客想提前或滞后返程，提出了更换火车车次、航班的要求。但这些涉及变更旅游合同关于返程交通的约定，全陪应向游客说明：

（1）协助办理

火车票改签由游客凭身份证自己到车站办理。

旅游团机票为优惠价团体票，航空公司一般不予更换飞机航班，如坚持更换航班，请游客自己直接与航空公司客服联系，航空公司会告诉游客是否可以变更、如何补交费用。

（2）费用自理

更换车次、航班的费用及损失，由游客自理。

若要求地接社另行送站，游客需另付费用。

（3）安全自负

游客离团后安全责任自负。

221. 游客丢失火车票，要补票吗？怎么处理？

出发前，游客若不慎将火车票丢失，凭身份证件在火车站补票，需缴纳手续费。

如在火车上丢失，列车员扫描一下身份证件即可，无须补票。

出站时刷身份证件即可出站，若需要火车票报销，缴纳手续费即可补票。

222. 游客因故要退掉火车票，全陪如何处理？

出发前游客有时因为特殊情况，向组团社提出取消参团旅游，组团社计调把游客身份证的复印件、火车票交给全陪，全陪凭本人身份证和游客身份证复印件到火车站退票窗口办理；如果旅行社是在网络上购票的，退票费会退回网络；若是现金购买的，全陪将退票现金和退票手续费小票交组团社。如果游客已从组团社领取了火车票，则由游客自己到火车站退票。

旅游期间，游客要求退掉返程火车票，因为全陪、地陪在带团旅游，请游客自己到火车站退票窗口办理，若退现金，游客自己收下；若旅行社是在网络上购票的，退票费会回到旅行社网络，旅行社会将退票款退给游客。

223. 全陪怎样做好返程、离店工作？

（1）返程前一天晚餐时，全陪要提醒游客做好返程准备，如果是乘火车返程，请游客买好火车上的餐饮。提前整理好行李，备好身份证件，与酒店结清个人消费。不要远离酒店自由活动，不要睡得太晚等。全陪要再次与前台确认叫早时间，以便次日准时出发离店。

（2）离店当天，全陪要协助地陪做好退房工作。全陪要提早来到早餐厅，收取房卡后及时交与前台，以便节约查房时间。对没来用早餐的游客可以打房间电话，催促来用早餐、退房。

（3）离店前往机场、车站时，全陪协助地陪上行李、安排游客登车。点清人数后，再次提醒游客是否带齐身份证件、手机和行李物品。

（4）有时应组团单位要求，由全陪代为保管全团游客身份证件，若这样在办完入住手续后，全陪一定要核对清晰，封袋保存。旅游团结束旅游行程，返程前，全陪应查看是否携带、是否齐全，切不可到了机场、车站才核查，最好是离酒店前将身份证件发给游客，这样更简便、安全。

（5）若地陪是新导游，不熟悉乘机程序，则由全陪在前往机场路上，介绍登机程序以及可以随身携带物品、托运行李的有关规定。

224. 在机场、火车站，游客发现身份证找不到了，全陪如何处理？

因为入住酒店、购买优惠门票、进入重要广场时都需要身份证件，返程登机前全陪一定要请游客检查一下身份证件是否在身边。

登机、进火车站前游客发现身份证找不到了，全陪首先请游客冷静地再查找一下，若实在没有，可这样办理：

（1）全陪要为全团办理登机手续，就请地陪或者亲友陪伴失主去机场警务站办理临时身份证，若警务站补办身份证件的人多，可以说明登机时间临近，申请优先办理。

为节约时间，在办理临时身份证时，全陪凭游客身份证号在自动值机上打印出登机牌，等游客办完临时身份证，再托运行李、过安检。

（2）乘火车，游客没有找到身份证，全陪带领游客在车站警务站出示火车票，在机器上失主输入身份证号，持警官打印好的临时身份证明（上面有身份证上的相片）就可进入火车站。

225. 随身物品不符合航空规定，游客又舍不得扔，全陪如何建议？

乘机安检时发现游客随身携带的物品不符合航空规定，如充电宝超规格、化妆品超规格、携带刀具等，但是游客又舍不得丢弃，如果有足够的时间，全陪可建议游客把物品快递回家。机场有快递公司，快递公司离安检处不远，如游客接受建议，全陪可陪同去快递公司，游客自己办理手续。嘱咐游客办完快递后必须及时通过安检，以免误机。

如果离登机时间很近，来不及办理快递，通常是放弃，不过如果地陪还在机场，游客可以请地陪到安检口，让安检人员把不能携带的物品交给地陪，烦劳地陪帮助快递（快递费到付）。

226. 离站前，全陪与地陪要做哪些交接工作？

（1）在费用清单上签字

如地接各项旅游费用（房多少间 / 几天、正餐几顿 / 人数、门票明细等）需要全陪签字，全陪应认真审阅后签字。

旅游中如有组团社同意的临时增加费用，地陪列单，全陪签字；全陪签字后，将费用明细用手机清晰拍照，及时发给组团社。

（2）如实填写地接社的意见书

全陪填写意见书时必须实事求是，不带个人感情。

227. 结束旅游前，游客给“小费”，怎么办？

给小费是服务行业中通行的对服务人员的一种酬谢方式，在西方国家不给小费、给小费太少被视为不文明。

小费也叫小账，在18世纪的伦敦餐馆里，餐桌上常放着一只碗，碗上写着“保证迅速服务”。客人只要将小额钞票或硬币放入碗里，便能享受侍应生提供的优质快速服务，据说这是欧美国家小费“制度”的起源。

在我国，为维护旅游声誉，保证旅游健康发展，旅游管理部门规定了导游以及旅游接待部门的工作人员不能变相索要“小费”。

许多游客在离开旅游地时认为全陪、地陪服务很辛苦、很周到，特别是全陪从出发到返程一路辛勤照料，为表示谢意，总是要给全陪、地陪发个“红包”，也就是“小费”，收与不收，在于导游自己。

近些年游客习惯发微信红包，这样免去了给与不给、给多给少的问题，凡是游客发了微信红包，都是希望导游赶快点开收下，红包是对导游的赞赏。但导游不能话里话外向游客索要红包，以免斯文扫地。

228. 旅行社安排全陪不随团返程时，全陪何时可以离开机场、车站?

全陪如不随团返程，确认旅游团登机、火车离站后方可离开机场、车站，以防有突然变故。

如果组团社要求全陪在机场迎接另一个旅游团，继续担任全陪工作，为旅游团换好登机牌、托运完行李，旅游团进入安检区后就可以视为完成任务了。

如果全陪在火车站要迎接另一个旅游团，全陪要把游客送到火车站的安检口，方可离开。

229. 全陪带领旅游团回到出发地机场、火车站，要做哪些工作?

（1）全陪带领游客拿好随身物品，推着行李车到机场相关行李大转盘（电子屏幕显示航班号）旁，取托运的行李。全陪一定要等本团游客都拿到行李，出机场道别后方可回家。

如果有游客未找到行李或行李箱破损的情况，全陪要帮助处理。

（2）火车下车后首先在站台集合，点清人数，提醒大家拿齐行李，然后带领旅游团出站，出验票口后收齐游客手中的火车票（以便及时交给组团旅行社），与游客道别。

（3）如果组团社安排有接团旅游车，全陪要在飞机落地、火车抵达之后立即与接团司机联系。在返回旅游团单位的旅游车上再次感谢全团游客的支持，表达自己的美好祝愿。全陪一定要随车回到旅游团单位，不可就近下车回家。

230. 游客在机场发现行李箱丢失，全陪如何处理?

在飞行过程中遗失行李，航空公司负有责任。无论是去程或是返程，下飞机后全陪带领游客在行李转盘领取行李，如果某位游客找不到自己的行李箱时：

（1）全陪带领失主到机场行李查询处办理行李丢失和认领手续：失主出示身份证件、登机牌、行李条，填写《丢失行李登记表》，写明航班号、始发站、经停站以及丢失行李的件数、大小、特征、标记、颜色等。同时留下失主的手机号码、家庭住址或下榻酒店的名称、地址，以便找到后及时送达。全陪和失主都应记下查询处的电话和工作人员姓名。

（2）去程时游客丢失行李，全陪应协助失主在酒店附近购买必要的生活用品，提醒失主保存好购物发票。

（3）游览期间，全陪要当着游客的面，多次打电话催问查找情况。若是返程回到家乡，则由失主打电话催问查找情况。

（4）行李确系丢失，协助失主向航空公司索赔。航空公司一般依照行李重量进行赔偿，无法确认重量时，按照旅客舱位等级所享受的免费行李重量赔偿。

231. 游客在机场发现行李箱破损，全陪如何处理？

游客发现自己托运的行李箱严重破损（破损原因很多，或因行李装卸人员野蛮操作，或由于行李传送的机械原因，也有可能是行李箱自身的质量原因），通常按下述方式处理：

（1）全陪带领游客到机场行李查询处办理索赔，游客出示身份证件、登机牌、行李条，填写《行李运输事故记录》。

（2）机场赔偿方式有以旧换新（多采用此种方式）或现金赔付。事后凭购买发票领取赔付金的方法基本不用了，因为这样处理对机场和游客都很麻烦，有时游客还忘记了开发票或丢失发票。

232. 导游如何面对新闻媒体？

（1）不随意谈论。新闻媒体对于导游的采访有正式与非正式（隐蔽）两种形式，因为绝大多数记者不是为了报道你的光荣事迹，而是捕捉敏感话题，如果被隐秘地录音、录像，曝光后会被社会热议，导游本人无端招惹是非，所以没有旅游管理部门和旅行社的通知，导游一般不接受采访，在平时“嘴上也要有个把门的”，言者无意，听者有心。

（2）如果接受采访，只做正能量宣传。

（3）保守企业机密和游客个人信息。

233. 从我国城市乘坐国际航班出境的流程是什么？

出境流程：办理登机手续→通过海关→通过卫生检疫→通过边防检查证件→接受安检→候机、登机。

234. 在悉尼入境前要特别注意哪些事情？

世界上只有少数几个国家未曾受到致命疾疫病害的侵袭，澳大利亚是其中之一。检疫是必需的，以防止可以影响植物、动物、人类健康和环境的外来有害动物及疾病。在飞机上旅客会收到一张入境旅客卡，这是一份法定文件。飞机上也会广播不允许将任何食品以及其他物品带入澳大利亚海关。列入禁止带入澳大利亚的物品非常多，沾有泥土、沙土的东西也不允许入境。领队在带团进海关前会严肃地说明每位游客都要认真遵守入境规定，不能有一点侥幸心理，倘若被查，轻的是罚上千澳元，重的被判刑。

在行李输送带周围有时有检疫猎犬，它们的嗅觉极其灵敏，一嗅乘客的行李，便会发现违禁物品。

235. 从欧盟城市乘坐国际航班出境的流程是什么？

（1）托运行李、退税

办理登机牌—海关查验免税品并在退税单上盖章—办理托运手续—欧盟边防检查—安全检查—退税柜台办理退税（现金或退银行卡）—登机口登机。

（2）随身行李、退税

办理登机牌—欧盟边防检查—安全检查—海关查验免税品并在退税单上盖章—退税柜台办理退税（现金或退银行卡）—登机口登机。

特别提示：如果登机牌是办理的联运（例如，希腊飞北京，北京转机上海），随身行李到达国内的最终机场，在欧盟出发机场和到达国内入境机场都不能购买、携带超过100毫升的液体类物品。

236. 游客在国外旅游丢失了护照，领队如何指导他申领旅行证?

（1）领队设法稳定失主情绪，协助寻找。

（2）确认护照丢失，领队或失主拨打“外交部领保中心”24小时热线电话0086—01—12308，说明情况，领保中心会告知如何处理。

（3）外交部宣布自2020年2月1日起实行护照“全球通办”，海外公民可向中国任何驻外使领馆申请护照换补发。如果是换发，仅需提供原护照、国际状况声明书、照片和申请表。如果是补发，另提供遗失或损毁情况说明即可。以往在国外停留不超过180天的中国公民发生护照遗失、被盗或损毁等情况，驻外使领馆一般为其颁发旅行证而非护照。今后将不再有180天的限制条件，只要时间允许，驻外使领馆可以应要求补发护照。

此外，借助新科技手段，外交部和驻外使领馆也计划提供多项“互联网+”便民服务。

第四章

“我以心血暖游客”

旅游产品提供给游客的最终价值是旅游体验，旅游体验的最大成功是给游客一种美好而独特的感受，游客会将这种感受视为一个难忘的记忆，认为它比有形的物质更享受。

结束旅游后很长时间，游客只要回忆起自己在那次旅游的经历，就会涌起一种愉悦感、幸福感，常常还会想起导游的话语和笑容。作为导游，游客满意、给予好评，则是自己最大的成功。

导游要接待不同层次的旅游团、不同的游客，不同的旅游团有不同的特点，不同的游客对旅游接待有着不同的要求、不同的旅游期望，怎样提供有针对性的导游服务，导游八仙过海，各显其能。

时代在发展，旅游产品不断出新，增加了导游服务的难度。导游走南闯北见的世面广，并且善于学习，善于钻研怎样为各种旅游团（游客）提供精准的服务。再难的事，只要用心去温暖游客，一切困难都会化解，导游服务由“技”而“术”。

本章的90多个问答也许是解决问题的一把钥匙，但是再好的钥匙，只有用得好才能开锁，金钥匙就在每位导游的实践中。

237. 为会议团接机、接站，导游为什么要提前联系会议团领导？怎样联系？

接机、接站时，最令导游不安的是这个航班（车次）的旅客都出港了、出站了，但是没有看见自己要接的团队，导游急忙给会议团带队领导打电话，不是没人接听就是号码不对（组委会给的号码有误），要不然电话通了，接电话的团长说“我已经提前来了，正在出席团长会”，或者说“我有事没有随团前来，联系我们副团长吧”。正在导游发愁如何联系时，组委会却给导游打来了电话，说团队已经出港、出站，怎么看不见导游接站？这样，导游一定尴尬、着急，还可能有麻烦。究其原因，就是接机、接站导游没有提前与带队领导联系，常常是越忙越出乱，如果联系带队领导电话就通了，导游怎么会让组委会批评？

为避免失职，接机、接站的导游必须提前一天与带队领导（或副团队长）建立联系，必须打一次电话，避免手机号有错、联系人有误。若带队领导已提前到达或者没有来，导游立即联系其他带队领导，以避免出现上述失联情况，并与带队领导确认所乘航班、车次、人数（参会人数可能有变化，避免旅游车座位数不够）和下榻酒店（避免与接站计划不符，送错酒店）。

绝对不允许在团队抵达时才联系团长，因为下飞机、下火车时团长正在忙着清点人数，很可能注意不到电话、微信、短信，造成失联。

导游的接机、接站工作必须细致、妥帖，一个小疏忽，就有大麻烦。

238. 会议团散客接机、接站的难点是什么？

（1）航班（车次）多，连续抵达应接不暇

会议团由来自四面八方的参会人员组成，有时一个航班就 1 个人，一趟列车就 3 个人，航班多、车次多、人员多，因而接机、接站工作量非常大，自早至晚频繁地迎来送往。

若两三个航班或两三个车次在 10 分钟内连续抵达，但航站楼不同、出站口不同，导游没有分身术，不能一一在出口迎接，这时就要告诉客人如何接他：导游在哪个出口等第一批客人，请注意接站牌，请后续客人在某航站楼几号门内稍候，导游依航站楼顺序迎接客人上车；请下火车的客人或到某出站口来找导游，或在某出站口等导游。

陆续接到的客人也不能来一位往酒店送一位，导游要请先到的客人稍事休息，等这个时间段的客人都接到了，一起登车前往下榻酒店。

（2）下发的接机、接站表有瑕疵

如果旅行社的工作不细致，就会给接站导游带来很多麻烦，如旅行社下发的接机、接站任务单没有打印成表，计调通过微信把航班、车次、客人姓名发在导游手机上，导游要不断查手机才能核实抵达时间、航站楼及车站，联系客人和司机，导游不要轻易清理手机微信，有时一清理，计调发来的接机、接站表就没了，耽误接站、接机。

旅行社下发的接机、接站表上有时只有客人姓名、电话、航站楼（火车站）、抵达时间，未注明航班及车次，导游应联系客人核实航班、车次、车站，曾多次发生过计调把北京西站与北京站错误标注，而导游又未与客人核实，结果去错了车站，导致漏接，客人很不满的情况。

接站表可能有误，但接站导游不能马虎、不能有失误，导游领取接站表后必须与客人核实机场、车站及航班、车次，提前核实只是一两分钟的事，但能避免出现大错误、大麻烦。

（3）客人临时改签或换乘

有的客人临时改签航班或车次，或者改乘火车或飞机，但未通知组委会和导游，或者组委会（旅行社）未通知接机（接站）导游，造成空接（司机、导游到了，游客没到）、漏接（游客到了，司机、导游没到）。

239. 导游在机场、车站迎接散客，有诀窍吗？

有的导游在机场、车站迎接散客，工作效率高而且轻松愉快，有的导游却忙得手忙脚乱还没及时接到客人，其中的诀窍就在于导游与客人提前联系、详细说明如何迎接，客人出港、出站后一下子就能找到导游。

导游提前通过微信发给散客图片（接站牌、导游本人、接机接站位置）以及联系电话，散客虽未抵达，但已经知道出港、出站后怎样能找到接站导游。

如果散客不加导游的微信，导游一定要打电话，告诉客人接机、接站的位置、接站牌的标志图案。

飞机落地（火车进站）后，导游再次与散客电话联系，告知导游在哪个出口迎候，请他注意接站牌上的标记，虽然导游仅仅就是打了一个电话，但对于被迎接的人是一种温暖，知道导游正在等着接他。

240. 会议团接机、接站前，导游如何与各位司机联系?

常规旅游团接机、接站，导游只联系与自己合作的司机，一对一，但是会议团接机、接站，一位导游却要联系多位司机师傅。

有的时候 15 分钟内有几趟航班（车次）抵达，导游要同时联系几位司机。每辆旅游车去哪个酒店，车队都已安排好。导游把会议团带到停车场后，把团送到应该上的旅游车上，尽管这些车都是一个出租汽车公司的，但是不能送错车。一定要确保团对、车对、酒店对。为了顺利、圆满地把团送到酒店，接机、接站导游要做到以下几点：

（1）必须提前联系司机

导游如果接站当天才联系司机，有可能车队长疏忽、忙中出乱，也有可能司机已经接了别的任务，不能去接机、接站，导游只能把情况汇报给组委会，组委会再通知车队长重新安排司机，这种情况下，组委会、车队长都会埋怨导游为何不提前联系。所以导游必须提前一天与每一位接站司机联系，将接机（接站）的航班（车次）、抵达时间、相关航站楼（车站）和下榻酒店，发微信（短信）告诉司机，打电话司机有时记不住，或正在开车无法记。当司机收到接站具体信息后，导游再与他确认旅游车抵达时间和停车地点。一切接站细节都要提前与司机沟通好。

（2）了解车况

掌握旅游车的座位数、车牌号，旅游车严格不允许超载，即使缺少导游的一个座位，也会很尴尬，谁下车？超载若被查到会吊销司机驾驶证。

记下旅游车的车牌号，便于找车。首都机场T3航站楼需导游告知大巴车调度员旅游车牌号，调度员用对讲机将车号告诉停车场，旅游车才能开出来。

（3）飞机落地（火车进站）前，确认旅游车的停车位置

有的候机楼前有停车场，但是停车场特别大，大车、小车停着几百辆，导游带着团队，怎么寻找？必须让司机告诉旅游车具体停在什么位置，有何明显标记。

有的火车站没有大旅游车的停车场，旅游车只能停在火车站附近的辅路上，或者司机师傅为节约停车费，不进停车场，把车停在火车站附近。接站导游若不熟悉停车位置，必须提前踩点，保证带领旅游团出站后顺利登车。

曾有一位新导游在北京南站接一个45人的旅游团，他带旅游团乘滚梯到了旅游车落客的二层，二层不允许空旅游车开上去接客，他只好把团带到负一层，出来后发现是公交汽车道，行人不能通过，最后在别的导游的指引下，才走到小河边停车位置，让游客刚到北京就拎着行李上上下下瞎跑，有的游客当场就责问导游："你接过站吗？"

无论何种情况，导游都不允许带着旅游团转来转去寻找旅游车。

（4）与司机核实团队抵达的酒店

因为会议团下榻的酒店位置不同，有远有近，车队会提前科学地安排好每辆车的任务，距离机场、车站近的旅游车多接几趟，路程远的司机师傅会少跑一两次。导游必须提前与司机核实会议团抵达的酒店，以免把团送错了酒店耽误事。

241. 会议团分房有何难点？

会议团一般由组委会人员分房，但是有的组委会认为导游更有经验，让导游负责分房，分房工作的难点不在于客人多，而在于以下方面：

（1）组委会下达的用房间数、标准（豪华间、商务间、三人间等）与每个团需要的房间数或标准有差异，需要临时调整。

（2）与会客人临时增加，而酒店无房间提供。

（3）会议团一般是每人一间房，但也有的会议安排两人合住一个双标间，

此时男单、女单不愿意与他人拼住，要求单住，或不愿意自己补交房费，或酒店无房间。

（4）客人对朝向、楼层提出特殊要求。例如，一个地区的参会人员希望住同一楼层的相邻房间，有些客人希望住朝向好（向阳、湖景房、山景房）或禁烟楼层的房间，而实际情况难以满足，或存在费用问题。

（5）组委会经常把协调、解释的麻烦事让导游与客人周旋，导游只好努力协调、处理。

242. 怎样做好会议团入住工作？

大型会议团队通常根据航班、车次的多少，在机场、车站有 2~4 名接站导游，在酒店设 2~3 名驻店导游，负责安排每个团队入住，一名导游组长在酒店调节各项工作，旅游时会有更多导游上岗，每位导游负责一辆旅游车。

（1）导游组长提前掌握组委会下达的每个团的房间数量、标准并掌握具体负责入住工作的领导电话、酒店市场部领导的电话，以便有问题时及时联系。

（2）导游组长提前了解若需增加房间由组委会哪位领导与酒店办理，如果酒店没有空房，如何处理。

单人入住肯定要补房差，导游组长要提前了解组委会如何规定的房差价格（组委会拿到的是团购价，但补房差有可能是按散客价来补），了解房差费用交给组委会哪个部门（因为组委会拿房是团购价，组委会通常多收一些客人的房费，所以房差交组委会，组委会给客人开会议费发票）。

（3）接站导游在带领团队登车时请带队领导在旅游车上收齐全团身份证件。开车后通知驻店导游某团队已开车前往酒店、人数多少。驻店导游请前台准备好每个团队的房间门卡。

（4）未分房前驻店导游请带队领导宣布当天的活动安排。

（5）驻店导游将房卡交带队领导，由其分发（驻店导游不要分配房间）。请领导在分房表上准确标注每位团员的房间号，如有可能写下手机号码（带队领导的手机号码必须标注好）。住房表下面标注本团各种标准的用房数量，请酒店帮助复印两份（带队领导、导游各一份）。

（6）分房后，驻店导游引导客人按照房号在酒店前台进行人脸识别，拿好行李入住，提醒每位客人入住后检查酒店设施、保管好门卡（丢失、损坏要赔偿）。

（7）驻店导游将每个团队的入住情况及时汇报导游组长或组委会。

243. 会议团中个别人对酒店、游览线路不满，导游如何处理？

入住酒店及游览路线由组委会决定，导游只按照组委会的决定承办具体事务，无权自主处理。若客人有意见，请其与带队领导反映，由带队领导向组委会提出。

244. 地陪如何做好会议团的餐饮服务？

（1）了解特殊要求

会议团的餐标高于普通旅游团，基本是当地特色风味餐。早餐时或旅游车出发后，地陪要及时统计旅游车上是否有少数民族、宗教人士，是否有忌口，将用餐人数及要求通知餐厅，并将用餐人数汇报给组委会。

（2）介绍风味餐

就餐前地陪要介绍风味餐的历史沿革和独特风味，有时还要介绍如何用餐，如如何用荷叶饼卷烤鸭，蟹黄包、灌汤包如何先吸汤汁，如何使用拆蟹的工具等。用餐时，导游要巡餐两三次，处理可能出现的问题。

（3）另加酒水、菜肴，客人自理

游客要求另加酒水、菜肴，费用由客人自理，请餐厅服务人员向客人收费。

（4）用餐结束后提醒游客拿好自己的物品

客人走后，导游要巡视一下本团餐桌，看是否有客人遗落的手机、书包、衣物等。

245. 地陪如何处理会议团游客用餐的个别要求？

（1）不涉及费用的尽力满足

若游客用餐时提出的个别要求不涉及费用，餐厅又可以做到，如要一点调料、希望素菜多一点、提供公筷公勺，甚至因为身体不适请餐厅提供一碗面条，导游都可尽力帮助。

（2）涉及费用，请其自理

如果涉及费用，如加菜、加主食、加酒水等，要告知费用自理，导游可以请餐厅服务员过来，客人自己下单，导游不负责帮游客下单，谁下单谁结账。

246. 会议团的个别人对导游横加指责，如何应对？

会议团中有的人认为自己来开会是有身份的人，因住宿条件、餐饮供应、旅游线路等和他的预期不一样，心中很是不快，于是就把气撒到导游身上，对导游横加指责。

面对游客不负责任、不符合事实的批评，导游必须要有气度，首先自己不能真生气，生气马上影响情绪，任凭客人怎样说都应耐心倾听，让他把气发泄出来，然后实事求是进行简单扼要的解释。

一般横加指责的人都会固执己见、不听劝慰，导游不要与其争论，否则影响不好。在不影响别人的时候，导游可以向他略微解释一下。如果提意见者喋喋不休、胡搅蛮缠甚至阻挠导游工作，导游应电话联系带队领导或组委会人员，请他们处理。

无论个别人如何不讲道理，导游在带团时不能不理睬他们，也不能在导游讲解中含沙射影地批评他们，而要依然热情服务。

247. 地陪如何带会议团进行游览活动?

（1）地陪要比接待正常旅游团更提前到达集合地点，积极与组织者或本车带队人员取得联系。

（2）站在旅游车车门下热情接待会议代表，因为总有迟到者，虽然定下出发时间，但组委会人员或带队领导说开车才可以出发，地陪不要看到别的车出发了就让司机开车。

（3）开车后通过微信向带队导游或旅行社汇报准确人数，致欢迎词，宣布游览计划、行程安排以及注意事项，告知自己的手机号，分发矿泉水。

（4）进行生动有趣、适当的沿途讲解，会议代表参加旅游的目的就是放松、释压。如果有一部分人要在车上休息，或与他人交流、谈心，为了不影响他们，导游可以适当压缩沿途导游讲解。

（5）请游客排成一队通过景区验票口，不要让外人插队。有的景区要求每人持门票通过验票机，因为地陪认不清每位游客，请带队领导数好门票，由他分发。

（6）下车前或进入景区后，地陪首先要讲清游览路线、游览时间，一定要强调集合时间、登车地点。

（7）随时观察会议代表对景点讲解的反应，及时调整。给大家留出较充足的摄影时间，以便他们互相合影留念。

（8）游览结束前请带队领导或随团工作人员清点人数，人齐了，与司机联系，或带团到停车地点或请司机来接团，按计划前往其他景点游览或到餐厅就餐。

248. 会议团游览开始前，地陪如何强调集合时间、登车地点?

常规旅游团的游客基本上会紧跟导游，听导游讲解，而会议团比较散，总有客人喜欢三三两两结伴游览，所以游览前导游要强调集合时间。

旅游车基本是哪里下车就在哪里上车，但有的景点的下车地点与上车地点不一样，旅游车停稳后，地陪要告诉游客旅游车是停在原地不动还是停在其他地点，请大家记住车号（记不住车号，可拍个照片），若是停在其他地方，就要告诉停车场的名称，下车前再次强调集合时间。

要在旅游车上提醒游客，如果没有和团队一起游览，集合时间没有赶到，一定要给领队或导游打电话，说明情况，否则过时不候，责任自负。

进入景区后，在示意图前指示游览路线，强调说明最后在景区哪个位置集合整队，希望大家随团旅游，以免走失，独自游览者要征得带队领导同意。

集合时有人未到，请带队领导给迟到者打电话，催促他尽快赶到上车。

249. 会议团照大合影，导游如何服务？

有的大型会议团安排有集体大合影，从参会人员到领导都希望把照片拍好，只要人数超过 500 人在酒店拍摄，往往场地不够，或者影响酒店营业，所以许多大型会议安排在景点前或景点内的大型空地拍摄。摄像公司往往会设置站位铁梯子，组委会也排了一个站位表，让各个分团团长在第一排。但是实际上很难按照这个站位表来安排，因为旅游车抵达的时间不同，早到的团有可能是站最后一排的，前几排的人可能迟迟没有到，人不齐，组委会总认为导游不给力。导游在经历多次大合影场面后，总结了下面几条经验：

（1）拍合影前一日，导游一定强调准时发车，不等迟到者。如果分团团长说等，请他给组委会打电话，否则迟到的责任会推给导游。

（2）拍合影前一日，导游组长要提醒组委会，若安排有航拍机航拍，一定要向景区报备，得到允许。

（3）开车前导游要说明，旅游车到达停车场后团队要立即到合影地点，没有去洗手间的时间，如果每个团都去洗手间，一个小时也集合不好，怎么拍合影？所以开车前有要去洗手间的人赶快去。

（4）到达景区，立即带领分团前往合影地点。

（5）很多人喜欢在未正式合影前，从站位走下来，自己拍纪念照，导游要请他们回到站位上。

（6）合影结束后，带领自己的团队游览。

250. 导游如何准确、按时为会议团送机、送站?

会议团送机、送站，通常每个酒店由1~2名导游负责此事，从凌晨到下午2点（2点以前必须退房，延住者不送站）导游在酒店大堂不停地联系司机、安排团队登车。

导游将团队送到旅游车前，祝他们一路顺风，导游一般不随车前往机场、车站。

（1）核对每一个细节

导游接到会务组通知后仔细核对送站日期、相关航站楼（车站）、航班（车次）、起飞（开车）时间、出发酒店。

有时合车送机、送站，合车就是把住不同酒店的零散客人接到一辆旅游车上，然后开往机场、车站，有时可能送不同的航站楼、不同的车站，这样更要确认每个酒店的发车时间、乘车人数、送站司机及手机号码。在与司机联系时要核实旅游车的座位数，避免不够座位有人坐不上去，造成误机、误车。

交通拥堵是不可预估因素，所以一定要安排充分的时间，宁早勿晚。

（2）提前一天与带队领导联系

送站导游要提前一天与带队领导确认送站时间，送达的车站、机场，请领导在送站计划单上签字，以免误机误车时说导游送晚了，或送错了车站、机场。导游不能过早与带队领导确认送站事宜，因为会议团总是变化比计划多。

（3）重要提醒

节假日、春节前客流爆满，机场安检费时间，必须提前3小时抵达机场，乘坐火车要提前1.5~2小时抵达。

请团队领导提醒每位客人提前收拾好行李，发车前20分钟上行李，准时出发。

送站前24小时，导游必须保证手机畅通。

（4）与司机提前联系，并请司机回复确认

提前把酒店名称（地址）、出发时间、相关航站楼（车站）告诉司机。

掌握旅游车的座位数、车牌号。

旅游车快到时，导游要到酒店外面等候，找到旅游车，再次向司机说明送机是哪个航站楼、送站是哪个火车站，请司机把行李厢打开，做好迎客准备。

（5）引领客人登车

导游要提前 30 分钟积极联系团队领导，协助退房、上行李。若有游客迟迟未到，是否准时出发，需请示组委会。

开车前提醒客人拿好身份证件、火车票、行李及随身物品。

再次与带队领导确认送站的航站楼、车站，以免送错地点。

若会务组安排导游随车前往机场、车站，导游在旅游车上要致简短的欢送词，下车时请客人不要把物品遗忘在旅游车上，与客人道别。

251.“合车”送机、送站，导游如何操作？

“合车”送机、送站，导游会随车到各个酒店接客人，然后逐一送机、送站。

（1）与司机确定好接客顺序和抵达酒店的大约时间

合车送站，首先是依照行车路线，与司机确定好接客顺序和抵达酒店的大约时间，然后把送站计划告诉客人。

通常是从距离机场、车站最远的酒店开始接客人。因为是乘坐不同航班、车次的客人共乘一辆旅游车，不可能在恰好的时间抵达机场、车站，有的客人会提前很早抵达机场、车站，虽然客人理解，但是导游也要说句道歉的话。

（2）导游提前一天通知客人离店登车的时间

导游提前一天通知客人旅游车抵达酒店的时间，请他们一定要早早办好退房手续，在酒店大堂等候。旅游车到达后不能久等，因为还要接其他酒店的客人。导游要讲清若客人迟到没有登上送站旅游车，就得自行去机场、车站，若误机、误车，责任自负。

（3）旅游车快到酒店时，导游请客人做好准备

接到第一个酒店的客人后，马上告知下一个酒店的游客大约多少分钟后到达，请做好上车准备。从第二个酒店出发时通知第三个酒店的客人。若天气好，可以请游客提前在酒店大门外等候，以节约时间。

252. 会议团送机、送站，开车前导游要作何提醒？

会议团送机、送站，导游通常不随车前往，但开车前要做好提醒工作：

（1）提醒游客拿好身份证件、火车票、行李及随身物品。

（2）再次与司机、游客确认送行的航站楼、车站。

（3）提醒登机、上车的相关事项：机场、车站内虽有视频监控，但候机厅、候车室不是保险箱，一定要注意自己的财物安全。告知乘飞机托运行李、随身携带行李的有关规定，要强调说明指甲刀、瑞士军刀、吉利刮胡刀等必须托运，充电宝不可以托运，北京机场规定大于16000毫安不可随身携带。

导游要提醒乘火车的客人，若行李多，可以让火车站的“小红帽”帮忙，提前带你进站，把行李送到列车车厢内。

253. 会议团要求把团送到商场购物，再去机场、车站，可以吗？

会议团若下午或晚上乘飞机（火车），团队领导有时临开车时向送行导游提出让旅游车把他们送到某某繁华地段，购物一小时，再送机场、车站，导游不能自作主张满足这类要求，并说明一团只送一次，如有异议，请与会务组联系。

团队提出不用送机场车站，而去繁华地段的商场，导游应向他们说明因停车不便，旅游车无法送到商场附近，而且导游无权改变送站计划。

凡有送机、送站的其他要求，请团队领导与会务组联系，导游只接受会务组的指令，以防团队领导向会务组反映旅游车没有把团队送到机场、车站。

254. 团队领导临时要求旅游车把团送到某景点，自行去机场、车站，导游如何处理？

凡是临时改变送站地点的要求，导游都无权自主处置，团队领导应与会务组联系，由会务组把决定通知导游和司机。

有的团队领导说他们去的是市内景点，并不绕远，可以写下文字材料，发生误机、误车责任自负，对此导游也不能答应。首先是导游、司机不能自己做主改变送站计划；其次，送站的旅游车，有多趟任务，安排得非常密集，去景点路上若遇到堵车就会耽误送下面的团队，责任重大。

255. 游客到达机场、车站后说有物品遗忘在酒店或旅游车上，如何处理？

往往旅游车到达机场、车站后，或者火车开动了，游客给导游打电话，说有物品遗忘在酒店或旅游车上了，导游应将酒店或旅游车司机的电话告诉游客，请游客直接与他们联系，若酒店或旅游车确有他们的遗忘物，游客可请他们给自己发快递，收货时游客付快递费（到付）。

256. 接待老年旅游团，导游需要勤加提醒哪些方面？

由于老年人爱忘事，经常记着这件事就忘了那件事，导游不要怕麻烦，也不要怕游客嫌自己絮叨，有些事还是要多提醒：

（1）多次提醒老年游客集合时间和登车地点。

（2）莫贪热闹，不去混乱的地方，不与陌生人搭讪，自由活动时结伴而行。不贪便宜，旅游是开心来了，不是为了买便宜商品，开心旅游、促进健康是最重要的。

（3）缓行慢走，遇到多层台阶、路滑地面要格外小心；身体不适就休息，绝不要不服老；不参加刺激性强的旅游项目，如潜水、滑雪、滑冰。

（4）保持手机畅通，以便随时联系；遇到突发事件，打应急电话（在国内旅游打 110，在国外打大使馆应急办电话或外交部应急办电话）。

（5）记着按时吃药，患有慢性病的游客，特别是有糖尿病、心血管病的游客一定要按时吃药。

257. 接待老年旅游团，哪些方面需要导游多尽心？

接待老年旅游团，细节上要处处用心，老年游客提出的或潜在的每一个要求都不能忽视，要恰当处理。

（1）参观游览中适当安排几次休息

在景区每逢一个大洗手间，应安排停留几分钟。不上洗手间的也可以略微休息。利用休息时间进行生动的导游讲解，这样老年游客会注意听，觉得导游很体贴人。

（2）请餐厅细心备餐

请餐厅满足游客的正常要求，如不要太辣、太咸、太油，提前备好餐桌，及时上热菜。旅游团用餐时导游要多次巡餐，查看老年人用餐情况。

（3）购物前多提醒

进购物店前强调购物后的集合时间，讲清商品特点以及如何选购礼品（哪些适宜给孩子，哪些适宜给朋友，哪些食品含糖高、油脂大），不可劝说老年游客购买什么物品。

（4）时间安排留有充分余地

有的老年游客迷路了，有的游客自由活动时忘记了时间，又没有开手机或者没听到电话铃声，联系不上他，或者正要出发时有人要去洗手间，各种原因都会造成不能准时集合，拖延行程，所以各项活动的时间安排不能像常规旅游团那样紧凑，一定要留有充分余地。

送站送机时一定要比常规团更早出发前往机场、车站。

258. 如何对老年游客提供个性化细微服务？

（1）多问候

每天早餐时要殷勤打招呼，问他们“您昨晚休息好了吗”，争取和每一位老年游客有一次单独的问候、谈话，话语要亲热。游览休息时可问候旅游团“大家累不累”“我的讲解还行吗”。

（2）多关心

老年人一般体弱多病，导游要多提醒老年游客随身携带常用药、饮用水（保温杯或矿泉水），适当带些零食，如巧克力、萨其马、水果等，以补充能量避免低血糖。

若有老年游客需要轮椅，提前与景区预订。

老年人愿意买功能多的智能手机，但是往往不会使用手机里的各种功能，导游在游览时可帮忙拍照、帮忙删去手机中不满意的照片、帮忙把好照片发到朋友圈，指导老年游客使用微信付款等。

（3）多嘱咐

回酒店前在旅游车上着重强调第二天叫早、早餐时间、天气情况、活动内容。嘱咐老年游客多休息，尽量不要再出去逛街、买特产了。早晨不要太早锻炼，晚上出酒店散步不走黑路、不走太远。

若次日离店退房，还要详细叮嘱一番：准备好行李、装好证件、提前吃药，离房前再查看一遍房间内有无遗落物品。

259. 如何防止老年游客过度劳累？

（1）缓游、慢行、精华游

行程、游览都要松弛，放慢行进速度，提醒老年人走路不观景，观景不走路，尽量走平坦的路，不能催促他们“快点、快点”。在景点内通常安排老年游客精华游，尽量不爬山、不涉水。

（2）保证重点旅游项目

有的老年人身体虽然还可以，但是不能连续劳累，向他们讲清楚重点项目的安排，并且要留足时间，放慢游览节奏。

（3）量力而行

有个别老年人总不服老，还有爱逞强的，导游要勤提醒老年人身体不适就休息，不勉强跟团游览。凡是发现有的老年人感到很劳累、疲倦了，就要请其亲友陪老年人回到旅游车上休息，或者直接打车回酒店。

（4）早回酒店

老年旅游团不宜在外逗留时间过久，导游应及早带团回酒店，嘱咐老年人多休息、多喝水，不要再外出购物、逛街观景。

260. 怎样预防老年游客在景点游览时摔倒？

因为老年人骨质疏松，摔倒、跌倒都是很危险的事，若骨折、引发心脑血管疾病，就很麻烦，愉快的旅游即刻变成了紧张的治病过程，导游在带团中一定要采取积极的预防措施：

（1）在道路不平坦的地方，多次提醒老年游客观景不走路、走路不观景。

（2）导游不要为抄近而带领团队走小路、崎岖不平的路。

（3）劝阻老年游客在冰面上、湿滑路面上行走。

（4）带领老年游客缓步而行，其他游客也绝对不能催促老年游客快走。

261. 恰逢老年游客生日，导游如何处理？

地陪要事先与午餐或晚餐的餐厅沟通，能否在团餐标准内提供一碗长寿面，如果餐厅要增加费用，地陪、全陪可及时请示旅行社。

全陪、地陪都要请示各自的旅行社，老年游客过生日，社里是否送生日蛋糕。

上长寿面或上蛋糕时，全陪、地陪一起带领全团高声恭祝寿星老：福如东海、寿比南山。

262. 与老年游客聊天时，导游要注意哪些方面？

有些老年游客与导游熟悉之后，得空就想闲聊，谈话间他们喜欢述说往事（自己早年经历、退休待遇、儿女状况），爱评论事物（当地环境、团友表现，甚至国际国内事务），容易对各种事发牢骚（接待设施、接待标准），导游要以积极乐观的话题引导游客开心，导游不要与老年游客谈及疾病、退休费、儿女是否孝顺、何时丧偶等私人话题，即使老年人谈及，也要打岔绕过这些问题，必须让正能量体现在谈话中。

谈话中，导游不要指导老年游客应该如何做，一定不要评论老年游客的家人及朋友。老年人说到社会问题，导游不要与其争论，即使老年游客的看法不对，也不要指正，批评会成为老年人的精神负担。

263. 如何接待西方老年游客？

西方老年旅游团在中国的旅游日程一般为10~15天，在多城市、多地区参观游览，由于时间长、游览地多，导游带团要格外注意。

（1）行程要宽松

西方老年人不习惯早出发，以早8点至8点半为宜，回到酒店也不宜太晚。只游览最精华景观，留够摄影拍照时间。

（2）导游讲解简明扼要

讲解中不过多涉及朝代、帝王将相、历史事件，避免因听不懂而厌烦。讲解时要放慢语速，提高声音。讲解时、交谈时，需注意的地方大致与我国老年游客相同。

（3）就餐环境要雅静，餐具要洁净，菜肴要适口

要在外宾餐厅就餐，用餐时提供公筷、公勺，最好能分餐。菜肴不宜太咸、太辣、太酸。上菜后简单介绍一下主要食材，风味餐要介绍菜品特点、品尝方式。除非是当地极有特色的餐饮，导游不建议他们吃这个喝那个。

（4）尊重西方人的生活习惯

在酒店早餐时，导游若看到本团游客应热情问早安。

导游在服务态度上要把西方老年游客当作普通游客一样，西方老年游客不服老、最怕别人认为他们老态龙钟，不喜欢别人称他们为“老先生”“老太太”，可以直呼其名，导游最好称他们“某先生”“某太太或某女士”。

西方老年人可能会婉拒导游的热情帮助，如他们不一定喜欢导游搀扶他们上下车，更不喜欢为他们提供拐杖。

西方老人不愿意打扰别人，他们很少主动要求导游帮其做事。

导游不要老说慢点（slowly）、小心（be careful）之类的提醒词汇。该提醒时一定要说“全体”“各位团友”，语速要慢、声音要大，最后问一句“我说清楚了吗？”

随时注意老年人的动向和情绪变化，虽然他们有不愿打扰别人的习惯，但是不等于不需要别人的帮助，导游要做有心人，不动声色地及时提供帮助，有可能会产生出乎意料的效果。

264. 夕阳红列车旅游团在一地旅游时，全陪如何提醒老年游客？

夕阳红列车旅游团每到一站都有当地的地陪带团旅游，但是每个分团的全陪不会更换，全陪负责整个行程。火车若夜间行驶8小时以上，旅游团则宿营在车上。虽然是夕阳红列车旅游团，但在旅游地也安排住宿，只住一夜就继续乘火车前往下一站。

下火车前全陪要带好本团通讯录，认真提醒每位老年游客：

（1）开通手机，带好游览证（证后有该团导游电话）。需要打电话时，如果手机没电了，就麻烦身边的年轻人，请他帮忙给导游打电话。

（2）记住当地旅游车编号，游览后不要上错旅游车。

（3）记住集合时间、登车时间，不要迟到。早出发10分钟，会第一个到达景点、餐厅、酒店，早游览、早用餐、早入住，一步早，处处早，节约时间；晚到达，人多拥挤，有时洗手间也进不去。

（4）在酒店大厅、剧场要低声交谈，保持安静。

265. 夕阳红列车旅游团，各站地陪如何服务？

（1）严格按照地陪服务程序，为旅游团提供热情周到的导游服务。

（2）进入景点后，在景区示意图前向全体游客说明游览线路，集合的时间、地点，游览中最好不要离散。

（3）因为是列车团，任何环节只要各个团同时到达，就会骤然增加接待压力，连去洗手间都会排大队。地陪要妥善安排本团用餐、乘坐景区交通、观看节目、进土特产商店等环节，尽量与其他团岔开时间，避免等候。

（4）如无特殊情况，一定把旅游团送到火车站。按照旅行社要求，请游客代表及全陪签意见单。

266. 怎样安排好妇女旅游团的购物活动？

各国、各地的妇女都爱好购物，商场里的货物也主要是为妇女准备的。接待妇女旅游团要提供购物机会，在安排行程时要有大型的综合性的购物店，并适当延长购物时间以便女游客挑选、斟酌、购买。

购物前、介绍代表性商品时，不要使用过多的溢美之词，以免女游客认为导游在诱导购物。购物中一般不帮助她们挑选商品，更不要建议她们买哪件物品，免得退换时让导游负责。

267. 女游客之间或与团外女性发生争吵，导游如何处理？

倘若女游客之间或与外团女性在游览中、购物时、观看节目时发生矛盾，导游可以一般性劝解，但不得评说谁对谁错，更不得介入。一言不慎就可能招惹麻烦，假如导游得罪了外团女性，她很可能会叫来一群同伴，找导游论理，无休无止，导游很难脱身。

268. 女游客无端指责导游时，如何应对？

导游被女游客批评时要耐心听取她（她们）的批评，即使是无端指责，尽量不辩解，不和女游客争论、斗嘴。凡是无端指责者的文化层次、修养层次都不会高，如果导游和她争来辩去，没有一点意义，只会自找麻烦。

有的女游客明知事情是怎么回事儿，但是她要发泄，要“发飙”，成心和导游吵架，经常在吵架时抓住导游的一个字眼、一句话立刻转移争吵目标。

对于强词夺理者，可以扼要说明情况，简要解释，说了“请原谅、请理解”就结束回答，千万不要与她们纠缠，俗话说得好，“惹不起，躲得起”，“示弱”是一种气度。

269. 青年旅游团有何特点？

（1）青年人旅游热情高，行动快捷，喜欢多动多看。

（2）多数游客喜欢听生动、新奇的导游讲解，少数游客不听导游讲解，喜欢自己去观赏。

（3）青年人文化水平高、见的世面广，具有丰富的旅游经验，往往喜欢对导游讲解、导游服务提出意见或改进建议，导游要认真倾听，虚心接受，诚心诚意地与他们沟通。

（4）说话直率，爱开玩笑，说些青年人话题。

（5）有些人有不良习惯，如习惯晚睡晚起，出发迟到、集合迟到，游览时随意离团，退房时丢三落四。

270. 接待青年旅游团，导游怎样带团？

（1）准时集合、准时活动

导游一定要按照接待计划安排青年旅游团的活动，一开始就要建立良好的旅游秩序，准时集合、准时活动，才能保证旅游活动顺利进行。

（2）控制游览节奏

把握住整个团队的旅游节奏，既不“游遍青山人未休”，也不“跑马观花一眼尽扫”。

（3）办事认真

导游办事、说话要认真，提醒注意事项时更不要半开玩笑地说，以免青年游客一笑了之，不加注意。认真并不是严肃。

271. 导游怎样为青年旅游团讲解才受欢迎？

（1）内容深刻

讲解突出知识性、新颖性，内容精彩，具有时代气息，忌讳俗话老套。“惟陈言之务去”，陈言并非只是老一套的话，也指没有新鲜内容、没有独立见解的讲解。给青年人讲解，要有鲜明的主题，有游客感兴趣的内容，若能引发青年游客去探索、去深入研究的话题，就是锦上添花了。

比如，导游在讲内阁时顺便说道：“万历皇帝朱翊钧一直依赖贤相张居正，万历六年张居正回湖北江陵（荆州）为父亲下葬，万历三下诏书，请张居正回朝理政，万历十年五月，张居正病重，万历令京城的大小官员为张居正斋醮（jiào）祈祷，张居正临死前9天，赐‘太师’封号，张居正是大明朝唯一活着得到太师封号的人，但是张居正尸骨未寒，万历就开始对张居正抄家、撤封、满门入狱，这是什么原因啊？万历仅仅是为了夺取张居正的钱财吗？一向严厉教子的李太后完全可以出面解救张居正一家，为何噤若寒蝉、一言不发了？为何到了崇祯三年，才恢复了张居正所有的荣誉？”

这样讲解可能会令青年游客对张居正、万历、李太后以及崇祯产生浓厚的兴趣，并开始探索那个时代。

讲解内容可以广博但不能无边无际，更不能跑题，讲内阁时提及张居正是正确的，如果再说到崇祯十七年张居正的长曾孙张同敞为挽救大明朝舍生取义就有点远了，若从内阁说到万历如何宠信奸佞太监就跑题了。

（2）讲解生动

生动的标准是语言精辟，讲解富有激情。同样一篇导游词，有的人讲解时活灵活现，有的人讲时却味同嚼蜡，这里有导游的文化修养和对该景点的理解程度问题，也有口才、声音等问题。幽默是生动的孪生，但不是媚俗、庸俗。

（3）讲解面向全团

导游讲解要面向全团，要和大家交流互动，不能只冲着几个说得来的游客，如果游客认为导游对他们不一样，有冷有热，导游讲得再好，游客也未必给好评。

272. 接待青年旅游团，怎样等距交往，有礼有节？

（1）一视同仁

对学问深、薪酬高、颜值好的游客不追捧，对体态、容貌不佳者不轻视。不管是合得来的游客还是话不投机的游客，必须一样对待，不得厚此薄彼。

（2）亲热但不随便

虽然导游和游客都是青年人，但游客是“上帝”，不能因为游客年轻就说话随便，举止不稳重，不能随便开游客的玩笑，即使大家都知道是善意的也不行。

导游不能取笑游客，如某游客踩了香蕉皮摔得四仰八叉，导游哈哈大笑就是失礼。导游不可参与游客之间的调侃、逗笑，游客叫同伴的外号可以，但是导游不能随着他们也这样称呼某游客。

只有尊重别人才能获得别人对你的尊重，导游与青年游客交往应亲热而不失尊重。

273. 青年游客与导游较量争高低时，怎么办？

（1）宁“示弱”，不逞强

青年游客欲与导游较量时，导游要尽量回避，不与游客争高低，如比赛英语水平、掰腕子、看谁最了解某个问题等，导游不要“逞能”，更不能有压倒对方的冲动。有一个青年导游在为旅游团讲解北京内城的城门时说道：“出兵打仗要得胜，走德胜门；官府知道兵士们九死一生回来了就容易胡作非为，所以收兵进城要安定。”带队领导说：“得胜回来必须要走德胜门，得胜回朝嘛，导游你要看书啊。”导游立刻在手机上百度“德胜门”“安定门”，让带队领导看，但这位领导根本不想看，索性闭上眼。离站前这位领导在意见书上写：“导游没文化，实在太可怕。错说强加人，游客非傻瓜。”导游要有眼力，一看这位游客刚愎自用，就说请您多指教，就不会被投诉、被挖苦了。

（2）不随意批评游客

通常，导游不纠正游客一般性的错误说法，但一定要劝阻、制止某些人过头的胡言乱语。

（3）不做嘴上胜利者

不做嘴上的胜利者，面对不实事求是的批评，不要争辩是非，批驳游客。

274. 亲子励志旅游团的组成有哪些特点？

（1）集中而来

近些年来，孩子们放寒暑假也不会真的放假，家长带着他们参加各种大奖赛、亲子旅游团。这些活动有学校组织的，也有校外林林总总的培训机构组织的，这些活动由旅行社承担接待是最简便、最省心的，安排接送、住宿、交通、餐饮、游览，旅行社是行家里手。放寒暑假，一些热点城市，如北京、上海、深圳、广州、成都、西安等，亲子旅游团就蜂拥而至，旅行社应接不暇，如果是全国性比赛活动，经常是100~300个分团，每个分团人数在20~60人，若是50~60人，一辆旅游车坐不下，还要与别的团拼坐。

（2）家长陪伴

参加亲子励志团的孩子们来自全国各地。每个孩子至少有1名家长陪伴，有时还有祖父母、外祖父母陪伴，有的家长明显溺爱孩子。孩子由家长陪护，组织机构省心，除了经济效益，家长们还是组织机构的义务宣传员。

275. 亲子励志旅游团都有哪些活动？

亲子励志旅游团的活动多种多样，年龄段不同，活动不一样，文体竞技团的孩子们由全国各地汇聚一堂，年龄从小学一年级到高中生，比赛项目五花八门，争夺金银铜奖非常激烈。

（1）快乐游玩

亲子励志旅游团的孩子们基本上是5~8岁的孩子们，活动中虽然是简单的堆雪人、建造沙滩小屋、捏泥人、跑步、捉螃蟹、玩魔方……但是已不再是孩子一人孤单地玩，而是有组织、有竞赛地玩，孩子们相互激发，产生妙趣横生的创意，体力、智力、团队精神快速成长。

（2）参观学习

参观学习的亲子团的孩子们年龄在7~15岁，他们参观博物馆、动物园、公园、体育馆，游览景点。参观著名大学、名人故居、参加孔庙国学课堂是亲子励志团的重点活动项目。他们在一起谈锋甚健，议论中颇有见地，“为什么天上的星星总在眨眼睛？”“斑马睡觉吗？”“周朝为何有东周、西周之称？”参观游览场所、场馆不是强制教育，而是学习自然知识、历史知识最生动、最直观的课堂，孩子们海绵一样主动地吸收知识。孩子最烦的是家长喋喋不休的刻板说教，在“亲子励志游”中孩子们相互学习、相互启迪，自我教育。

（3）文体竞技

以参加文体竞技为主要目的的亲子励志旅游团又称为赛事亲子团，孩子们参加省市间或全国性的比赛，家长陪同料理孩子的比赛服装、用具。参赛团的接站、住宿、用车、就餐、旅游、送站必须严密地组织实施。

小学到高中的学生们参加地区、省际、全国的文娱体育比赛，得奖是次要的，最主要的是展现孩子们的志趣和志向。在活动中，小选手们结交朋友，相互学习，收获非常大。

在“亲子励志游”活动中，孩子们的精神世界得到提升，他们亲眼看到祖国的发展，欣欣向荣的大好河山，看到世界如此之大，看到别的学子是如此勤奋学习、刻苦锻炼，从而自己发奋图强，立志为祖国学习。

276. 接待大型赛事亲子团，导游需注意哪些方面？

参加大型赛事活动的孩子和家长们在家乡组成小团，来到比赛城市组成地区或省的分团，一辆旅游车上可能有两三个分团，所以导游要特别注意组委会的要求。

（1）活动必须准时

比赛前有现场排练，无论排练、比赛，都要按照规定时间入场，早到、迟到都不行，导游要与司机商量好路线，计算好时间。

请带队领导事先宣布迟到者一律不等待，迟到的参赛学生和家长打车赶往比赛场馆。

（2）按照组委会的安排，进行旅游活动

参赛是最主要的活动，旅游不可以影响排练、比赛，导游不可自主调整旅游活动，以免影响孩子们的精力。

（3）赛后拿齐所有物品

不要遗忘手机、衣帽、鞋子、保温杯等，若遗落在赛场很难找到。

（4）坐车系好安全带

旅游车第一排在发生交通事故时危险系数大，最后一排面向过道座位前面没有遮挡，紧急刹车时容易往前栽出去，所以都不能让游客乘坐。

学生们登车入座后要立即系上安全带，导游要从最后一排开始检查，保证行车安全。

277. 接待亲子励志旅游团，导游需注意哪些方面？

为成功接待亲子励志团，导游之间、导游与司机之间，要紧密协作，步调一致。导游一定要做好如下工作：

（1）安全第一

虽然团内有家长，但是学生的活跃是家长管不住的，安全问题仍是头等大事，导游要经常提醒所有人注意人身、财物安全。

（2）强调纪律

各项活动都要保证孩子能按时参观、游览，孩子的活动是旅游团的重点。导游要告诉孩子们，出门在外，特别是与新结识的学生朋友们在一起，一定要保持积极向上的精神状态。

（3）导游讲解突出爱国、立志情怀

家长们带孩子们参团目的是让孩子受教育，导游讲解就要像学校老师一样富有教益和启发，突出爱国、励志。

（4）多鼓励孩子

任何一个孩子都需要得到鼓励，汲取外界的力量，树立为国成才的决心。孩子的一些缺点都是家长多年惯的，责任在家长，导游一批评孩子，他的家长就会不高兴。

一个导游能否吸引住孩子，能否把孩子紧紧地凝聚在身边，要靠真诚服务，要以广博的学识，深入浅出、生动亲切地进行讲解。

278. 什么是“研学旅行”？

“研学”就是以集体旅游为载体，开展某个（某些）专题性学习以及旅行体验的校外教育形式。研学内容丰富多彩，形式生动活泼，既开阔孩子们的眼界又经受锻炼，时间可长可短，从半天到几日，本地一地或外地一地、外地多地，研学形式多种多样。

研学旅行以祖国山河为大课堂，将老师的授课变为专业导游的知识讲解，在参观游览中获取知识，在自己料理生活起居的过程中迅速成长，所以研学活动受到了学生们的广泛欢迎，也收到了比较好的教育效果。

279. 接待市内小学生研学旅游团，如何注意安全？

（1）小学生、初中生的研学旅游团非常多，学生的安全大于天，若研学旅游团在市内某景点、博物馆集合，接到12岁以下的小学生后需家长签到，准确记下家长手机号。家长不陪伴学生活动的称为“单飞”，开始活动前与家长约好会合时间、地点，研学结束时家长签字后才能领走小学生。

（2）注意讲解环境，保护学生。天热的时候多在比较凉爽的区域讲解，以免中暑。寒冷时注意避风，在向阳处讲解。不去草深林密处，避免学生被蝎蜇、猫抓、蛇咬。

（3）每次移动都要点齐人数。

（4）在比较封闭的安全环境中，才可以给学生短暂的自由活动时间，他们可以拍照、购买纪念品、去洗手间、交流心得。

（5）注意学生情绪和心态，避免学生因不和睦发生矛盾。

（6）若发现学生身体不适，立刻给家长打电话请他前来把孩子接走。

280. 研学团乘火车到外地，导游如何关照学生们的安全？

许多地区的中学、小学组织学生们到外地研学，基本是乘坐高铁或动车，基本上一个班就是一个团，虽然有班主任、任课教师带领，每个团还是配备一个导游，导游的称呼转变为研学辅导老师（为表述清晰我们还是称呼全陪导游）。在研学过程中，全陪导游主要负责关照学生们的安全。

（1）乘车安全

举班级牌迎接班级师生登旅游车，上车后请老师确认学生到齐，检查每位学生系上安全带。

到达火车站后帮助同学们从旅游车行李厢拿出行李，带领师生通过安检，在候车区等候上车。上火车后引导同学们入座、安放行李。若是中途下火车，停车时间一般只有2分钟，要提前引领学生拿好行李聚集在车门附近。下车后点清人数，带领出站，与地陪导游会合。

（2）住宿安全

学生入住前要讲清注意事项，入住后检查本团每个房间有无问题。小学生在用电水壶时一定要注意别烫着。

每天晚餐后全陪导游轮流在大堂值班，防止学生到酒店外玩耍。

（3）参观安全

全陪导游走在全团最后，随时观察学生动向，特别是在短暂的自由活动时，更要注意。

281. 怎样为研学团进行文化讲解？

现在很多研学机构以及旅行社给研学团的导游授予了许多荣誉称呼，如“研学导师”“文华殿大学士”等称呼，导游头上有光环，就得卖力气讲解。

（1）讲解脉络要清晰，重点要突出

导游首先要吃透研学手册，讲解好手册里的内容，因为手册里有他们的作业。

每到一个参观地点，讲解的主题不能超过3个，如紫禁城的乾清宫可以讲很多内容，针对学生讲好下面3项内容就可以了：朱棣至崇祯以及清顺治、康熙在此日常理政和居住；雍正把立储君的诏书放在“正大光明”匾后面，秘密建储；康熙、乾隆在此各举办了一次千叟宴。在这3个主题内容中，以秘密建储最重要，雍正改变了中国封建王朝2000年来“有嫡立嫡，无嫡立长”的传统，选优择贤，密不宣布以避免密谋、党争、篡位。

手册里不完善的地方，导游要补充，凡是补充的内容最好打印出来，不然学生们会问：“导游老师，你说清朝帝都北京有九坛八庙，我们记不下来啊。”导游可以展示“九坛：天坛、地坛、日坛、月坛、社稷坛、先农坛、太岁坛（先农坛内）、神祇坛（天神坛与地祇坛的合称，位于先农坛内）、先蚕坛。八庙：太庙、孔庙、历代帝王庙、堂子（满洲族祭祀场所）、雍和宫、奉先殿、传心殿（祭祀伏羲、轩辕神农氏等）、寿皇殿（景山内，供奉康熙到光绪的影像）”。

（2）讲解内容要适应学生年龄、文化程度

例如，一个初二年级的研学团来到西安碑林，这种文化底蕴深厚浓重的课题不好讲，而且没有研学手册。带团导游先为学生讲解碑林的历史沿革（碑林是怎么成立的，以何朝代的石碑为主），然后观瞻最壮观的碑石《石台孝经》，最后讲“魏碑”。魏晋南北朝，凡新建寺塔或其他建筑，必请名士撰写文章以记其事，并刻石立碑，碑上的文字古朴拙雅、雄峻坚实、精神飞动，文字从隶书向楷书转化。“魏”指北魏、东西魏、北齐、北周时期，“碑”则指石碑上的文字。

（3）寓教于乐，让学生在快乐中学习，讲解中有互动环节

西安导游讲了一个典故引起学生对魏碑的兴趣：“汉代很多人为父母大办丧

事，不惜卖掉房产田地，甚至卖妻子儿女，对此，曹操十分反感，他下令不得厚葬，后来为父母立墓碑兴盛起来，碑林收藏的墓志碑，是魏碑书法的高度凝缩，有‘魏碑大全’之称。”接着导游问学生喜欢哪种字体，习过什么帖，知道欧阳询吗，欧阳询与同代的虞世南、褚遂良、薛稷三位并称初唐四大家。因其子欧阳通亦善书法，人们称欧阳询“大欧”，其子为“小欧”，他们的书法被称为“欧体”，楷书代表作有《九成宫醴泉铭》等。学生开始对书法感兴趣，在手机上百度搜寻介绍书法的著作。

通过讲解让学生对文化产生浓厚的兴趣，这才是真正成功的导游讲解。

282. 导游如何为亲子旅游团讲解?

有家长参加的研学游通常被称为亲子游。

（1）旅游车上讲解偏重满足家长，要满足家长的心理期待

大型的亲子旅游团，通常是学生与家长分车坐，7 岁以下的孩子则由家长们带领坐车，7 岁以上的孩子自己坐车。

有家长的旅游车上一般是家长多、孩子少，很多导游怕家长说自己的讲解缺乏文化深度，于是讲解内容往往偏重于满足家长，但是孩子们听不懂就会烦，就会和家长聊天，甚至会闹，所以导游必须要给孩子们讲一些能接受的知识，提几个孩子们能参与的问题，把孩子们的求知欲调动起来，导游讲解既要满足家长的心理期待，又要有针对孩子们的内容。

孩子们单坐的旅游车上，导游讲解就要完全符合孩子们的兴趣和接受能力，讲知识不能死板，提问题要让 3/4 的题有 3/4 的学生会回答，问题不能太难，也不要太浅显，浅显、艰深的问题都吸引不住孩子们。

（2）游览中导游讲解要满足学生的需求

市内的亲子旅游团大多是按照集合时间自行来到景点门口处集合的，只有远郊的游览项目，旅行社才安排旅游车。家长若参加亲子旅游团，则跟在学生们的后面。不参加活动的家长会在研学结束时在景点出口处迎接孩子。

游览中导游讲解以学生为主，不再满足家长的需求，因为是孩子们在研学。

（3）请“单飞”家长准时接孩子

虽然网上报名时家长都会看到集合、解散的时间，但是在游览前导游还是一定要向家长讲清集合时间、集合地点以及导游电话，嘱咐家长准时在集合地点接回孩子（导游要做好思想准备，总会有家长迟到一会儿）。

（4）与家长保持和谐气氛

亲子游的家长一般不会当场给导游提意见，但也会有爱挑剔的家长，总是要求别人按照他的想法来做，无论家长当场提什么样的意见或建议，导游都不辩解，笑着对他说：“我会再学习”（弦外之音是让家长再学习），因为任何不和谐气氛都会影响孩子们的学习情绪。

283. 为保证夏令营团的身体健康和安全，地陪应该怎样做？

夏令营团的学生有小学生、初中生、高中生，最容易出现身体不适的是小学生，他们爱跑、爱跳，有时同学之间还打打闹闹。保证夏令营团的健康和人身安全是最重要的事，行车、住宿、餐饮、游览，一切活动都要确保安全。

夏令营团发生的任何差错、任何疏忽都可能造成严重后果，地接社、地陪、全陪都得担起责任，必须保证师生们高兴而来，欢乐回去。虽然旅行社与每位同学签了安全协议，导游还是要细心工作。

（1）在整个旅游期间营员们只要有事情，立即告知随团老师或导游。

（2）营员若有身体不适，要及时报告，随团老师会及时与家长联系，由家长指导孩子服用其自备药或决定去医院治疗。

（3）餐饮卫生是头等大事，必须在卫生条件好的餐厅用餐，菜饭必须新鲜。嘱咐餐厅服务员上热菜热汤时一定要注意同学的安全。就餐时多次巡餐，保证餐饮卫生。还要提醒同学们不要买小商贩的雪糕、糖果、食品、矿泉水等。

（4）不安排过大运动量的活动、不安排激烈活动，过劳则容易生病。提醒营员们根据天气更换衣服。

（5）不允诺学生离团自由活动，每次移动都要点清人数。

（6）每天晚上配合老师、全陪查房，保证每位同学都在房间。未经带队老师允许，在夏令营活动地的亲属不得把学生接走。

（7）夏令营活动时，有许多旁观者会被学生们的聪慧所吸引，有时好心地向他们赠送物品，甚至要宴请他们，导游要提醒学生们不要和陌生人建立联系、接受礼物，更不得接受宴请。

（8）学生若私自爬山、乱跑乱跳、不认真排队，由带团老师批评教育，导游不可简单地制止学生的错误行为。与营员交往时，导游要耐心讲清道理，多说鼓励的话。

284. 在复杂情况下，夏令营团怎样安全通过景区检票？

暑期各个景点散客、旅游团蜂拥而至，有的游客无视他人排队，不顾一切地加塞儿，从旅游团中间挤进去。如果下雨，游人、营员都穿着雨衣，雨中导游要分辨出自己的营员，进景点验票经常成为导游一个挺头疼的事。

（1）进行“团队一体”的培训

集合上车前，导游要说明全团如何安全通过验票口，导游及军事训练教官联合进行“紧紧跟上团队”的“培训”，嘱咐营员通过景区验票时一定保持全团钢性一体，不允许别的游客穿行、加塞儿。10岁以下的营员没有抵抗力量，但可以双手扶着前面同学的肩膀，或前后拉手组成一个整体。

（2）讲清进景点后的集合地点

验票前，导游要说明进景点后在哪里集合，先进入景区的营员要在集合地点排好队，不要乱跑。请随团老师或全陪在验票口认清本团营员，军事训练教官最后压阵。

（3）安全进景点

验票口游人如织，经常会把夏令营团的队伍挤乱，如果有外人混入队伍，就会缺票，只要有外人插进队伍，学生一定要赶快告诉导游或随团老师或军事训练教官。为了不让外人混入又不遗落一个营员，导游可以把门票发给每个营员，如果是集体门票，可让每位营员手持夏令营卡通过检票口。

285. 怎样确保游览中夏令营旅游团不走失一个营员？

夏令营旅游团绝对不能走失一个营员，以下措施很有效：

（1）各分团步调一致

本团地陪、司机、军事训练教官、随团老师可建一个微信群，及时通报消息。

力争各分团活动步调基本一致。这样万一有走失的营员，只要找到后续分团的导游、军事训练教官或随团老师就会安全回营。

（2）要安排“断后”人员

地陪走在前面引导参观游览，通常要缓行，导游讲解时要不时观察营员动向，不断提醒大家紧紧跟上队伍，随队老师负责为营员拍照（这些照片会发到家长群中，让家长每天看到孩子的活动），军事训练教官负责断后。

（3）明确活动的最后集合地点

一定在活动前讲清楚活动结束后在哪里集合，还可以抽查几个学生，看看他们是否记住了集合地点，这样就会最容易、最快速地集合好队伍。

例如，到天安门广场观看升旗仪式，一定要在进广场前或刚进广场时就把最好找到的集合位置指给全体营员（例如，人民英雄纪念碑北侧正中）。观瞻升旗的有数万或十几万人，若走失，一时间无法寻找。

（4）布置自救方案

明确告诉小营员万一走失了，千万不要乱走，首先要找路过的夏令营其他分团的导游、随团老师、军事训练教官，请他们帮助联系自己的分团。

有的夏令营不允许营员带手机，或者年龄小的营员没有手机，遇到困难时请别人按照营员卡上的电话与老师、军事教官、导游联系，或者直接拨打110。

在景区求助工作人员也是一个好方法，他们会给广播室打电话，让广播室多播几次寻人广播，同时他们会按照营员卡上的电话与团队联系。

一定要抽查几个营员是否掌握了自救方案。

286. 地陪怎样带领夏令营团在景点参观游览?

（1）进入景点后必须强调统一参观，但是整个景区至少应安排 2 个地点让同学自由拍照。没有自由活动，学生们会觉得憋闷，自由活动前要强调集合时间。每一次集中都要清点人数。

（2）在代表性景观前安排夏令营团集体合影。

（3）在旅游车上尽量讲解好景点的历史沿革，免得在景点长篇讲解。游览时的讲解内容要适宜同学的年龄，要简洁生动有趣，可以用“包袱”“卖关子”掀起高潮，增加互动环节。绝不可以说庸俗笑话。

（4）不可安排乘小船、骑马、热气球等有危险系数的自费项目，也不允许学生自行参加这类活动。

287. 地陪如何做好夏令营团的送站服务?

（1）一定要比正常团队提前抵达机场、车站。

（2）抵达机场车站前，在旅游车上一定再三提醒同学拿好自己的物品，下车后请老师清车，检查有无遗忘物品。

（3）送站时，如有可能最好把夏令营团送到站台、送进车厢，夏令营团如在站台上拍合影时，地陪一定要提醒大家注意人身和财物安全。送机时，地陪要协助全陪为夏令营团换好登机牌、托运行李，向营员们介绍候机、乘机时的注意事项。

288. 全陪怎样带领夏令营团进站、出站?

（1）带领师生持身份证进站，有的车站要求学生持身份证及火车票。

（2）列车开车后全陪要不时巡查，提醒同学不要喧哗影响其他旅客，列车上空调很凉，嘱咐睡觉的同学当心受凉。列车停靠的时间很短，提醒学生不要私自下车活动，避免发生列车开动时没有上车的严重事故。火车到站，请师生检查行李，带领全团下车出站，与地陪联系。

（3）出站后安排本团营员登上接站的旅游车，旅游车上按组、按队分配座位，不要乱坐，坐好后系上安全带，行车中不可解开安全带在车上随意走动，保持车内卫生，下车时带好所有物品。

289. 带夏令营旅游团，全陪要做好哪些工作？

（1）协助随团老师分房、分餐桌

由随团老师指定桌长，用餐时由桌长负责照料本桌同学。

（2）制作通讯录，保障联系

全陪要给自己负责的团队制作通讯录，将随团老师、学生的姓名、身份证号、手机号码、房间号列表，便于联系，便于工作。

（3）晚上配合老师查房

保证每位同学都在房间，提醒学生不要挂“请勿打扰”的牌子或按下“请勿打扰”的按钮。

（4）关照营员生活

告诉同学们洗了衣服应晾在何处，关照生活懒散的学生，照顾好生病的学生。晚上提醒同学们做好夏令营手册上的作业，给父母打电话报平安。

早餐时查看有无因睡懒觉未用早餐的学生，若有，要给他房间打电话或亲自叫门，催促他就餐。

（5）全陪不得与高年级男生一起吸烟、喝酒、打牌，不得与营员搞低级趣味活动。

290. 夏令营团游览，全陪怎样服务？

（1）旅游车开车前，全陪配合地陪提醒学生是否佩戴了营员证，是否带好矿泉水、相机、手机、擦汗纸巾、雨具，提醒晕车同学自己提前服乘晕宁。

（2）在旅游车上协助地陪清点人数、讲清行程和注意事项，提醒学生们保持车厢卫生。

（3）进入景点前，协助随团老师整队，按组、按班进入景区大门，全陪走在本团的最后，保护全团安全。

（4）对营员要一视同仁。照顾好动作慢、反应慢、形象差的营员，不可总把聪明、俊秀的营员带在身边。

291. 夏令营团的随团老师对接待标准提出意见，地陪应如何处理？

（1）学生有意见向随团老师反映，随团老师有意见，反映给带队老师。地陪一定要重视带队老师的意见，但各项工作以行程为准，对超出接待标准的意见、难以实施的建议，地陪要耐心、实事求是地向带队老师解释。

（2）生活上多关照各位老师，沟通了感情，意见就会消融一些，旅游活动就会顺利进行。

（3）地陪要及时将带队老师的意见、建议向地接社汇报，地接社领导与带队老师沟通，地接社有时会请全体老师品尝风味餐。

292. 什么是“网络游客深度游”？

“网络游客深度游”（简称“网络游”）与旅行社通常接待旅游团有很大不同：

（1）旅行社的旅游团都安排旅游车接送，而“网络游”的客人都是自己来到集合地点并自行离开。

（2）“网络游”一天有多团，甚至旺季上午每隔 20 分钟就有一团，旅行社的地接团没有如此之多。

（3）旅行社的旅游团的游览时间是行程上规定的，导游是旅行社派的，讲解水平如何只能碰运气了；而“网络游”讲解时间每场分 2 小时、3 小时、4 小时、6 小时，导游都是专讲这个景点的行家，有特等、高等、中等之分，游客不但可以自选（服务费不同），还可以点导游。

（4）旅行社的旅游团虽然有散客团，但很少有1名游客的，而“网络游”的小包团经常是1位游客。

（5）旅行社收费时含有交通费、门票费、导游服务费（餐费自便），导游讲解没有讲解器；而“网络游”游客可以自己网上购票，只交导游讲解费（含讲解器使用费）就可以，“网络游”一般只含门票、讲解费，也可能含餐费。

（6）“网络游”在多个网络媒体开有窗口，便于游客点开、选购。有人说旅行社是商店，“网络游”是网上超市。

“网络游客深度游”特点如下：

（1）参观景点多为世界遗产或国内著名景观，人文内涵深厚。

（2）各地游客可以在多个网站上选购“网络游”的“景点门票＋讲解服务”，网上显示：集合时间、集合地点，导游讲解路线、游览时间长度以及导游介绍（金牌导游服务明码标价）。

（3）游客按照集合时间到达集合地点后，由旅行社计调接待，计调将一定数量的游客交给导游，导游带领游客进行游览，游览路线、讲解时间都有明确规定，服务质量有保证。小包团则由专门导游带领游览。

（4）导游专业化讲解，适应文化层次高，艺术欣赏度高的游客。

（5）报名后未到场的游客，可以在网络上退票、退费。

293.“网络游客深度游”导游怎样发放讲解器？讲解结束时如何收齐？

导游在为网络游游客讲解前都会发给每人一个语音接收器（俗称讲解器），导游带着语音发射器，虽然是轻轻地讲，游客通过语音接收器都会清晰地听到。

导游要说明每个语音接收器售价都在200~300元，千万不要损坏，导游或收取每个家庭组100元押金，或收取一个人的身份证作为抵押。

（1）发放后，请游客把装接收器的小塑料袋收好或交给导游，以备收回接收器时使用，打开接收器开关，把耳麦挂在耳朵上，试听并调整音量大小。

（2）请有事需要提前离团的游客，离团时交回语音接收器，导游在游客名录上做记录（已收）。

（3）讲解即将结束时，请游客关闭开关，把接收器装进小塑料袋，每收到一个接收器，导游及时记录。

（4）万一有游客忘了交语音接收器就离开景点了，导游根据游客名录上的电话请他通过快递邮寄到旅行社。

294. 导游怎样为网络深度游团服务，才能获得网上好评？

网络深度游不仅有外地游客，还有本地的游客，这些游客都是网络上的熟客，很多人有文化、有见识，导游一定要尽力讲好，万一游客给了差评，就不仅仅是导游一个人的问题了，会给“网络游”品牌以及其他导游带来负面影响。

“网络游”导游在带团讲解时应注意：

（1）严格按规定游览、讲解

严格按照网上公示的讲解路线、讲解时间带领游客参观游览，不缺失一个景点景观、讲解时间只可延长不可欠缺。

（2）网红景观一定要去，讲好文化看点、历史价值

2019 年春节期间北京“紫禁城里过大年”异常火爆，午门城楼及两翼的雁翅楼有皇宫过大年实物展，乾清宫庭院在 2019 年 1 月 21 日，树立起天灯和万寿灯各一对，作为“贺岁迎祥”的实景体验。因为电视剧《甄嬛传》的播映，外东路的延禧宫也是热门景点，这些网红景观尽管人多拥挤，但是导游要尽量带领游客参观，还要进行适当讲解。

（3）讲解要长幼咸宜

游客来自四面八方，年龄、知识结构、文化层次、兴趣爱好不一，导游要照顾大多数，但不能冷落其他游客，更不能冷落文化层次较低的游客。讲解题材、讲解风格要适应各方面游客的需求。例如，导游在北京故宫保和殿讲殿试时，因为一些游客带着孩子，于是特意讲了两段让孩子感兴趣的史实：

殿试是古代科举制度的顶端，殿试之后，阅卷大臣要把前 10 名的卷子呈

上，请皇帝钦点三鼎甲（状元、榜眼、探花）。清同治四年（1865）乙丑科，读卷官把考卷呈上，两宫皇太后（慈安、慈禧）陪着10岁的同治皇帝一起点状元，拆开弥封一看，第一名竟然是蒙古正蓝旗的崇绮，顺治皇帝为避免汉族读书人的不满，下旨“旗不点元”。两宫皇太后不知如何处理，少年同治说这有何难，他把前三名进士的卷子卷成3个筒扔到一个大瓷缸里，他闭着眼摸，摸了三次，打开一看都是崇绮，同治就大声说“点崇绮”。慈禧是个很狡猾的人，她觉得不能背上违背祖制的罪名，就让读卷大臣与军机大臣商议如何“点元”，大臣们懂得遵从祖制不如顺从帝意，以“但凭文字，何论旗汉”为定论，崇绮成了清朝汉文科举考试唯一的旗人状元。

许多状元在幼童时就很聪慧，广东佛山的伦文叙是明弘治十二年（1499）的状元，伦文叙八九岁时帮父母种菜、卖菜，家乡西禅寺百贤殿没有抱柱楹联，做饭的和尚对伦文叙说：“你若能给百贤殿写好楹联，寺院天天买你的菜。”伦文叙说：“取纸笔来。”立时题写“杏坛七十二贤，贤贤希圣；云台二十八将，将将封侯”。72贤指孔子弟子，28将指天上28星宿，极高地赞誉了百贤殿。

一天村里的胡员外在欣赏《百鸟朝凤图》，觉得画中无诗是个遗憾，国画讲究诗书画印并全，想请人题诗，无人敢写，一些乡人说：“伦文叙这个小孩特别聪明，他和两广总督吴琛对过对子，让他来写吧。”于是就把伦文叙叫来了，伦文叙看了看画，毫不客套提笔就写：“飞来一只又一只，三四五六七八只。”有人说：“这也是诗？把画糟蹋了。”伦文叙不理睬他们，继续写道：“凤凰何少而何多？啄尽人间万千食。”这时胡员外才看明白，前两句是说一百只鸟（1+1=2，3×4=12，5×6=30，7×8=56，合计100）后两句是赞百鸟朝凤。

讲了这两段故事，孩子们游兴顿起，大人听了也觉得有趣。

（4）服务与讲解同样重要

网络游虽然以讲解为主，但仍要重视服务，很多时候服务重于讲解，因为服务是一种谦卑、一种温暖、一种真诚。导游要随时照应全体游客，关注游客的需要，如有老年游客多让他们去几次洗手间，游客感到疲累，就适当休息几次，游客对景观感兴趣，就多讲一些，必须让游客有遇到亲友、知音的感觉。

（5）感谢游客

讲解结束时导游要收齐讲解器，导游要对每一位游客说声：“谢谢您的参与，请多提宝贵意见。”

295. 什么是全域旅游？导游如何做功课？

全域旅游就是将特定区域（区、县、省、市）作为完整旅游目的地（要素、服务、产品……），进行整体规划布局、综合统筹管理（多部门）、一体化营销推广，促进旅游业全区域、全要素、全产业链（旅游+）的发展，充分利用目的地全部的吸引物要素，为前来旅游的游客提供全过程、全时空的体验产品，从而满足游客的全方位体验需求。全域旅游所追求的，不再停留在旅游人次的增长上，而是旅游质量的提升，追求的是旅游对人们生活品质提升的意义，追求的是旅游在新财富革命中的价值。

2019 年 11 月 8 日在河南新县召开的 2019 年全国全域旅游工作推进会，全国 71 家国家全域旅游示范区在文旅融合、旅游扶贫富民、景城共建、城乡统筹、生态依托、休闲度假、资源转型、边境开发开放等领域走出了新路子，提供了许多有价值、可推广的经典做法。

全域旅游对导游提出了更高的要求，首先参观游览的景点已经不是传统的常规景点，而是更广泛的工厂、农村、企业、学校、社会团体、城乡景观……这些参观项目大多是导游很少了解、熟悉的。参加全域旅游的游客旅游时的兴趣已经从景色欣赏转移到关注历史的发展、社会的进步，如果当地没有专职讲解员，就需要导游来讲，讲解这种政治性很强、需要专业知识的全新景观，大大提高了导游讲解的难度，对于导游是一个挑战，导游需要提前做功课，往往需要导游踩点之后根据网上提供的资料来编写导游词。

296. 全陪怎样为自驾车旅游团服务？

自驾车旅游团是当地旅行社组织游客，由当地旅游大巴承运旅游团到旅游目的地旅游的方式，“自驾车旅游团”是旅游目的地的地接社或地陪对这种旅游团的称呼。

近些年有许多游客自愿组合开着自家的小轿车或房车，前往旅游目的地，只要他们请旅行社安排导游服务，也可以称为自驾车旅游团，但是与正常的自驾车旅游团有一些区别，他们的自由度更大，在一地的过夜时间更短。地接社接待的自驾车旅游团与普通地接旅游团的区别只是地接社不用提供旅游大巴而已，其他与常规地接团一样。

首先为自驾车旅游团服务的是全陪，服务内容主要有：

（1）在集合地点热情迎接游客，掌握每个家庭负责人手机号码，将每个家庭编号，集合时问“几号家庭到了没有”即可。

（2）旅途中安排游客适当休息，旅途中的餐饮按照行程计划处理，含餐的，全陪会带领全团用餐，不含餐的游客自理，高速路上的服务区都有餐厅和超市，有快餐和地方特色食品供应。

（3）入住酒店时分房。

（4）配合地陪做好导游服务，每次活动时关照全团的安全，集合时点清人数。

297. 地陪怎样为自驾车旅游团服务？

（1）帮助司机导航

外地司机不熟悉旅游地区的道路，一般是用手机的软件导航，但是有时司机也弄不明白为何这样走，总是不停地问，旅游车上地陪在沿途讲解时，还要时时帮助司机辨认道路，行程和注意事项让全陪去说。地陪不仅要基本认路，还要尽可能了解行驶路线中立交桥下的高度（不能低于3.5米），近年出产的大旅游车都比较高，有的立交桥桥洞过不去。

（2）满足游客听讲解的要求

游客来到异地对当地人的用词、语音，多少都会有些陌生，所以导游讲解的语速要放慢，要让游客听清、听明白。

（3）安排好旅游团的用餐

各地人都有自己喜欢的餐饮口味，但也希望品尝到当地人的口味，二者要兼顾。

（4）关心每个家庭

力争为每个家庭提供一次细微化服务，多问候，导游一句话，暖游客全家。

298. 导游如何为散客包价团服务？

散客包价团是组团社收客后发给地接社的散客加上地接社自己招揽的散客组成的旅游团。

与常规旅游团相比，游客在9名以下（甚至只有一两个人）、散客可选择某些项目（例如，接送站、酒店等级等），散客包价游客希望能享受到高质量的旅游服务。

（1）凡是行程中包含的项目（用车、住宿、餐饮、游览、购物、娱乐）都要符合质量要求，不能出任何瑕疵。

（2）满足游客的需求，根据客人需要，边游览边讲解，不时互动。

（3）司机、导游尽量不与游客同桌用餐，餐厅若不提供司陪餐，旅行社应给餐费补助。

（4）不主动提出与某游客合影，避免其他游客有被冷落之感。

299. 散客拼团是怎样组成的？

散客拼团俗称全国散，多为一日游，最多两日游。

全国各地旅行社或者本市一些酒店将招揽的零星游客报给地接社，或者游客在网络上直接向地接社报名，这些游客来自全国各地，外宾团的游客则来自世界各国、各地区。

全国各地旅行社、当地酒店为了获得地接社的佣金，都直接收取了散客的旅游费。网络游客也在网络上缴纳了旅游费。

旅行社把名单、集合地点、游览景点、餐标以及电子行程单发给导游，导游需逐一和游客核实姓名、手机号，确认集合地点、集合时间以及游览行程。

散客拼团人数在15~25人，若是入境游客人数一般在8~16人，还有另一类的散客拼团则是由当地居民通过不同途径报名组成的一日游、两日游或三日游散客大团。

300. 散客拼团如何接待？

（1）不错接、不漏接

若有游客没有按时到达指定的集合地点，导游一定要打电话与其沟通，把声明退团的游客、联系不上的散客汇报给旅行社计调。

（2）一视同仁

争取全面照顾到，不厚此薄彼。不议论游客，不随意批评游客。导游一定要自始至终举止有礼貌，言行有分寸。

（3）全团整体活动

在参观游览中一定要不时清点人数并格外注意不让游客走散，随时给自由活动的游客打电话，催其归队。

（4）处理好游客的个别要求

由于个人爱好不同，游客会提出这样那样的要求，如一部分游客要求在某景点多停留（以便拍照），而有些游客则要求赶往下一个景点，处理原则是：求同存异，互相照顾，导游不可随风倒。

（5）保管好票据

导游一般是连接几个散客拼团后到旅行社报账，每个团的票据单独存放，认真填写报账单。

301. 在接待宗教旅游团时，导游要注意什么？

（1）提前学习宗教知识和我国的宗教政策，不与游客议论宗教问题。

（2）称呼要合乎宗教礼仪，佛教的可称师父、师姑、长老，道教的可称道长、道姑，伊斯兰教的一般称阿訇，掌握不好时可以称“您”。

（3）安排好拜谒寺庙、教堂的时间，协助游客进行宗教仪式。

（4）导游讲解的重点放在宗教建筑的历史沿革、建筑特色、朝拜盛况等，尽量不涉及讲宗教知识，避免班门弄斧或歧义。

（5）宗教旅游团有时进行放生活动，若在湖中、大海中进行放生，要提醒注意安全。

302. 怎样安排好宗教旅游团的用餐？

严格遵守宗教习俗安排餐饮，为宗教旅游团安排合适的餐厅，餐厅最好能提供包间或划定区域。餐单（菜肴名称）应提前报给宗教团。餐前再次提醒餐厅注意遵从宗教习俗（素油、不食某些鱼肉），上菜时认真查看。佛教团吃全素斋饭，伊斯兰团必须到悬挂有穆斯林标志的餐厅用餐。

303. 宗教人士向导游宣讲宗教时，如何应对？

（1）谢绝其宣讲，以工作忙或以其他理由回避。

（2）不评论、不攀谈、不迎合。导游不评论其宗教以及教派，不宣传“无神论”，不将宗教、政治、国家体制混为一谈。如果游客询问导游是否信奉该教，导游可以谦然一笑，若说不信奉，他会向你积极宣传，若说信奉，他则与你滔滔不绝地谈论该教。

304. 游客在非宗教场合散发宗教宣传品，导游如何处理？

如果游客在非宗教场合散发传教物品，导游要明确告知：宗教活动必须遵守国家法律，承担社会责任，不经我国宗教团体的邀请和政府部门的允许，任何人、任何宗教团体不得在我国进行宗教活动，不得在非宗教场合散发宗教宣传品，散发了的宣传品请其收回。如果他不接受批评，可以报告公安机关。如果导游放任不管，就有纵容之嫌，公安机关查处时，导游可能要负一定责任。

305. 游览地区若有邪教人士干扰旅游团，导游如何处理？

导游应及时带领旅游团避开，邪教人士（例如，法轮功）若追逐纠缠，导游应指出他们的行为是违反中国法律的，不得干涉、影响旅游活动。若邪教人士纠缠不休，导游要及时报警，请公安机关处理。

306. 怎样接待残障旅游团？

残障游客克服了常人难以想象的困难外出旅游，导游应该为他们高兴，尽力克服困难，热情周到地为他们服务。残障旅游团可能由多种残疾人士组成，更增加了导游服务的难度。

（1）热情接待，要注意方式方法。不要多注视他们，以免残障游客有心理负担。

（2）尽量走平缓的路，乘坐轮椅者则选择无障碍通道。

（3）游览最主要、最精华景观，讲解要清晰、缓慢，音量放大，游览时间不宜过长，适当多安排休息。

（4）不谈论健康方面的话题，多谈论欢乐、幽默的话题，绝不可涉及残疾的内容，更不能好奇地问残疾原因、目前如何康复，若游客自己谈及时，导游要认真倾听但不提问题，最好能显出钦佩的表情。

（5）对不同的残障旅游者，导游要提供不同的服务：如游客视力不好，导游要精彩地进行描写型讲解；游客听力不好时，导游则多用手势指点景色之美；对有精神残疾的游客，导游讲解、接待一定要平静、微笑，眼光向前平视，不要注视他们。

（6）与司机密切配合，请司机把旅游车开到最近的地方，尽量让残障者少走路。

（7）所有活动一定要安排充裕的时间。

307. 游览主题公园（景区）时，导游如何服务?

自然生态景观与历史人文景观是旅游团主要的参观游览目标，还有一类是现代人类创意想象和科学技术营造的人工主题公园或主题景区。世界上第一个主题公园是荷兰海牙的“小人国”，1952 年 8 月 25 日马德罗丹公园开园，120 座荷兰的典型建筑和城乡景观以 1:25 的比例缩建在公园内。1955 年，美国人沃尔特·迪士尼以其出色的创造力在加利福尼亚州洛杉矶成功建成第一个迪士尼乐园。沃尔特·迪士尼集团是世界第二大传媒公司，并在全球经营多家迪士尼主题乐园，每年收入达250亿美元。中国香港的海洋公园、深圳的锦绣中华、浙江横店影视城等都属于主题公园（景区）。

主题公园（景区）是观光娱乐旅游中最为成熟的一个产品，游客具有极大的参与性，所以导游不会陪伴游客进行参观、游乐，在进入主题公园（景区）前，一定要嘱咐游客：

（1）注意人身和财物安全，特别刺激的项目都有安全提示，游客不要勉强参加，保证身体健康是最重要的。

（2）进园后看好游览路线，不要找不到出园的路径。

（3）在集合地点集合。

（4）请游客记住导游的电话，导游最好也有全团游客的电话，以便有问题时及时联系。

在旅游团游览商业步行街时，可照此提醒游客。

308. 接待考察参访团，地陪怎样服务?

考察参访团的组成比较复杂，有港澳台参访团、外省市地区参访团、某些专业人士参访团，接待方会在日程中安排参访团游览当地的经典景点，地陪要在各方面精心接待。

（1）严格保证行程计划

地陪每天出发前向领队简要汇报出发时间、游览时间、用餐安排、拜访安排等具体事宜。

（2）衣着打扮要大方得体

不允许过分新潮、怪异。最好每天更换衣着。

（3）导游讲解正规化

重在沿途讲解当地的人文历史、风土人情、发展变化，不涉及考察团的敏感问题。讲解景点时要突出重点，引导参访团进行文化欣赏，详略得体，如有可能可以与参访团的主要人物进行两三次互动，提高参访团的游兴。

（4）与司机密切配合，无缝衔接

地陪要与司机保持电话联系，考察参访团只要活动一结束，或者从景点走出来到达上车地点，司机就应很快把车开过来，不能让客人长时间等车。每次客人上下车时，导游都要恭立在车门前迎候。

（5）考察团进行考察时，由接待方陪同

导游在团后跟随，不多言，不东张西望，不与接待方主动接触。若接待方有宴请活动，接待方会另行安排司机陪同的工作餐；若安排入席，不多言，不为别人布菜，餐毕提前到大厅等候考察团。

309. 怎样接待商务旅游团？

商务旅游并不是现代旅游才出现的一种旅游方式，古代就有很多商务旅游活动，茶马古道是中国西南地区，以马帮为主要交通工具的民间国际商贸通道，是中国西南民族经济文化交流的走廊。茶马古道是一条世界上自然风光壮观、文化蕴含深厚的商业旅游线路。现代社会商务旅游有了突飞猛进的发展，如举办大型会议、展览、节庆活动、考察主题活动之后都有旅游活动在内。中国已成为继美国、日本之后第三大商务旅游市场。

因为商务客人的各项安排时间特别紧促，旅游接待规格一般比常规旅游团高，导游要特别精心做好每一项工作。

（1）每天晚上回酒店、早晨出发后都要预报行程，让客人心中有数。

（2）每天出发前导游要看一下旅游大巴车内是否整洁干净，旅游车内随时都要保持卫生。夏天要请司机师傅提前打开空调。

（3）接待中特别注意礼节和自己的形象，要让客人感到导游非常敬业。

（4）每次活动基本有人临时请假，要向他们说明未享受到的旅游综合服务费（门票、餐费）不退，但与餐厅、景点实际结算时要按人头结（餐厅论桌结账除外）。

（5）商务旅游有的客人要求高，在任何情况下导游都要微笑服务，不计较游客不负责任的指责。

310. 港澳同胞来大陆旅游，住宿、乘机、乘车时使用何证件？

港澳居民来往内地通行证是港澳同胞来大陆旅游，办理住宿、乘机、乘车使用的身份证件，年满 18 岁的通行证有效期为 10 年，未满 18 岁的有效期为 5 年。

311. 台湾同胞来大陆旅游，出入境时使用何证件？

台湾居民来往大陆通行证，俗称"台胞证"，是台湾同胞来往大陆旅游、商务、探亲的身份证书。目前，台湾居民在台湾出关时，仍需持"中华民国"护照，但到大陆口岸边检时以台胞证入境。

台胞证分 5 年有效和 3 个月一次有效两种。自 2015 年 9 月 21 日起，可在大陆县级以上公安机关出入境管理部门申请补发、换发5年有效的电子台胞证，有效期内的本式台胞证可以继续使用。

312. 接待港、澳、台旅游团时，导游要注意什么？

（1）规范用语，讲解用语要采用规定的正式用语。

对现时的台湾地区政权应称"台湾当局"或"台湾方面"，不使用"中华民国"和"中华民国"纪年。对台湾岛内带有"中国""中华"字眼的民间团体及企事业单位，可以在前面冠以"台湾"，不得加引号。对台湾与大陆名称相同的大学和文化事业机构，可称“台湾清华大学”“台北故宫博物院”。对台湾冠有“国立”字样的学校和机构，称呼时须去掉“国立”，如“国立台湾大学”，应称“台湾大学”，“某某国中”应称为“某某中学”。

台湾地区只有县以下官员和党派领导人可称其职务（县长、某某主席）。

对参访团队、旅游团的客人以称呼同胞或乡亲为宜，对团内人士可称先生、女士、小姐，或称其职务、职业，如秘书长、将军、教授、董事长、总经理等。

（2）住宿、乘机、乘车用台胞证，不使用台湾居民护照。

（3）尊重港澳台游客的餐饮习惯。

313. 旅游团的突发事故成因有哪些？

导游在带团中经常会遇到不曾预料也无法预料的突发事故，所谓“旅游突发事故”是指旅游过程中发生的，可能影响旅游行程的事件。旅游事故有大有小，往往是突然发生，常令导游措手不及，有时很棘手，有的突发事故会让导游终生难忘，这些突发事故大致由下列原因造成：

（1）因游客意外伤害、疾病、走失所致。

（2）因游客证件、财物丢失所致。

（3）因治安事故（行凶、盗窃）所致。

（4）因食、住、行、游、购、娱环节出意外问题所致。

（5）因游客不文明行为导致。

（6）因不可抗因素导致。

314. 遇到突发事故，导游怎样处理？

（1）敢于担当

旅游过程中出现突发事故，特别是出现危及全团的人身、财物安全的事故，导游一定要沉着镇静、处惊不乱，全力以赴，采取果断措施。

（2）应对有方

机敏灵活，善于思辨，理出头绪，善于与当事各方沟通，根据当时的具体情况，拿出最恰当的解决方法，必要时及时请示旅行社。

（3）符合原则

发生事故，导游要灵活应变，但必须按规则处理。一定要把握分寸，事不要做过头，话不要说满，任何事都要为对方、为自己留下回旋的余地。既要维护旅游者的合法权益，也要顾及旅行社及其他方的正当利益，力求和谐。

（4）团结大多数人

及时、合情、合理、合法地处理好事故，解决好问题，努力维护旅游团的团结。

315. 突发事故有哪些特点？

（1）随时会发生

天气、火车、飞机、旅游车的突然变化，都会影响行程，形成事故。游客生病、受伤，需要导游立即处理。游客的失误、走失，也会导致突发事故。

（2）全程存在

整个旅游过程都有可能发生突发事故。

（3）全方位存在

食、住、行、游、购、娱环节多，各个环节不同部门各有利益，就会有因利益而产生的矛盾，有矛盾就有可能发生事故。

第三者也有可能与游客发生矛盾，影响行程。旅游是系统工程，涉及面广，环境复杂，就有可能发生各种各样的事故。

（4）难易不定

看着很难的事情，可能很快就解决了；看似很容易的事，却很难解决。但也会由极难转极易，如某老年旅游团进山时还是五级风，缆车停运，但快走到缆车站时，风停了，缆车开始运营。

有的事貌易实难，某游客有糖尿病，在用餐时发现没带胰岛素针，如果附近有大药房或医院，很快就能买到糖尿病的药和针剂，但是旅游景区没有医院也没有大药房，用餐会血糖增高，不用餐血糖低有休克危险，而且下午还有行程，用餐、回酒店两难。

（5）小事不可小觑

旅游无小事，有的事看起来不大，若不及时处理或处理不当，会迅速蔓延、发展，可能会演变成大事，可能会产生严重后果。例如，游客身体欠安，继续旅游没准就会有生命危险。一些游客提出了个别要求或意见，若导游不理不睬也会变成全团的意见，以至向上级机关投诉。又如，一个旅游团中午行车时路过一个又一个甜瓜园，游客要求停车购买，地陪、全陪一再提醒买回到酒店洗净了再吃，但是好几个游客在地头的小溪流里洗洗就吃了，晚上他们几个人就患痢疾了（菌痢），发烧、上吐下泻，在观察室打点滴，旅游活动参加不了了。

对于旅游来说 100-1=0，每个导游都要记住这个理念，即服务过程中只要出了一件事故，若没有正确处理，全程服务就有可能被全盘否定。

316. 为什么说突发事故是检验导游带团水平的试金石？

一旦发生突发事故，导游怎样应付、怎样处理，取决于导游的社会经验、生活经验和自身修养。导游若沉着应对、快速正确处理事故，就显示出他处理复杂事件的能力、引导游客情绪的能力以及较强的自控能力，显示了导游的干练和凝聚力。

发生突发事故时，导游若毫无主见，或手忙脚乱或呆若木鸡，就会失去处理事故的时机，可能会造成很大损失，旅游团肯定严重不满。

经一事长一智，处理事故后导游一定要认真总结，反思自己的处置是否合理合法、公平公允，是否有主见，是否具有前瞻性。

317. 怎样防止游客丢失身份证件？

游客丢失身份证件虽然可以补办，但游客的旅游活动会有很多不便，因此会影响游客的情绪，所以导游必须予以重视。为防止游客丢失身份证件，导游要：

（1）提醒游客保管好证件，特别是离店前一天，离店登车时一定让游客检查身份证件是否在。

（2）每次使用身份证件，由领队或全陪收取、发放，发放后一定请游客确认收到。

318. 外国游客在中国旅游期间丢失护照，怎么办？

（1）安抚游客情绪，设法协助多方寻找。

（2）地接社、丢失地派出所开具护照遗失证明，游客持相关证明、2 寸正面免冠彩色照片两张，到当地公安局外国人出入境管理处报失，填写遗失经过说明，回答有关询问，申请领取“护照报失证明”。

（3）游客持“护照报失证明”到其所属国驻华使、领馆申请新护照或临时身份证件。

（4）游客持新护照或临时身份证件再到当地公安局外国人出入境管理处办理入境签证。

319. 台胞证遗失后如何补办？

一旦遗失台胞证，应立即到遗失地的市、县公安机关报失，也可以到发现遗失地的公安机关报失。

游客持报失证明和个人其他身份证件（护照），在公安局入出境办事处办理临时台胞证，然后再持临时台胞证出境，因情况紧急需及时办理的，公安机关会急事急办。

320. 华侨在祖国旅游时丢失护照，怎么办？

（1）持有效的临时住宿登记证明及复印件、能证明其华侨身份的其他证件原件及复印件、遗失地派出所出具的丢失证明，到当地市公安局出入境管理处申领新护照。

（2）游客持新护照到侨居国驻华使、领馆办理入境签证。

321. 游客晕机、晕车的，导游如何帮助？

（1）有的游客是习惯性晕机、晕车、晕船，有的游客是由于劳累、体弱而眩晕。乘机、乘车前建议游客少食但也不宜空腹，可吃些易消化、不油腻的食品。

（2）尽量将眩晕者安排在有可能减少眩晕的席位，如飞机靠窗的座位、火车轮船的下铺、旅游车前部的座位。

（3）将防晕车的常识提前告诉游客，如乘车前半小时服用1片乘晕宁，1片维生素 B_6。肚脐部贴伤湿止痛膏也有止眩晕效果。

322. 旅游团中一些游客出现上吐下泻，导游如何处理？

（1）立即请地接社领导指示如何处理，因为事关重大（对旅行社、餐厅影响极其恶劣），导游不宜自己做主。

（2）多位游客出现上吐下泻，食物中毒的可能性很大，非常严重，立即封存几位游客的呕吐物及排泄物，按照地接社指示，带患者到医院或防疫站进行化验、治疗。

（3）地接社领导会与用餐餐厅沟通，解决善后问题，导游不要轻易回答游客关于疾病、善后的问询，因为这不属于导游的职责，疾病可以问医生，善后补偿由领导决定，导游主要负责带团旅游和生活服务。

（4）防疫站、医院认为患者可以继续旅游了，才能够继续旅游，至于未得病游客如何旅游，听从地接社安排。

323. 在景点游览时游客被蜂蜇、蝎蜇、蛇咬，导游如何处理？

郊野景点野蜂很多，若吃甜的食品黄蜂会追逐而来，女游客也不要穿很花的衣服。若被蜂蜇，导游可以帮游客挑出蜂刺，马蜂的毒液呈碱性，可用醋清洗伤口；蜜蜂毒液呈酸性，用肥皂水清洗。蝎子毒是酸性毒液，可用肥皂水反复冲洗。

为避免蛇咬，一定不要穿短裤或裙子，蛇咬裤子，很难一下就咬住腿肉。野外若被蛇咬，要按照被毒蛇咬伤处理，一定尽快用车将伤者送医院；在等汽车前来时，不要走动以避免血循环加快，在伤口上方扎紧阻断静脉回流，设法把毒素挤出或用流动水冲洗伤口。

只要被蜂蜇、蝎蜇、蛇咬，千万不要大意，因为有人是过敏体质，有休克、窒息的危险，建议游客立刻去医院治疗。

324. 游客在景区游览时骨折，导游如何处理？

（1）立即拨打救援电话120。

（3）一般不要轻易搬动伤员。

（3）及时为其止血，请医生到达现场为骨折者上夹板，未经过医疗训练的人不要轻易动手，避免扩大骨折部位。

（4）周围无人时应大声呼救，不可单独留下伤员。

325. 单身外国游客突发严重疾病，导游如何处理？

（1）在游览时发病，沉着应对，尽快送医院

外国游客突发急病、重症或危急病症，地陪、全陪一定要配合领队尽快将病者送往就近的市级医院，因其是入境游客，最好送往设有外宾门诊部的三甲

医院。

（2）在旅途中发病，紧急寻呼救助

如在旅行途中（飞机、火车、轮船），全陪配合领队，请求乘务人员寻呼游客中的医生，请其指导急救。若病情危急，导游与领队可请乘务人员与有关部门联系及时救治。

（3）游客旧病复发

如是老病症，游客肯定随身带有药品，是否服用由其本人决定，一般由亲人寻找药品。

（4）报告旅行社

全陪、地陪立即报告旅行社，请其指导、协助。

326. 游客患病，应住院医治，但他没有钱，如何处理？

若入境游客医疗费用不够，由领队或其驻华使领馆垫付，或由领队筹措，全陪、地接社不垫付。

国内游客的医疗费用不够，由其亲友与其家属联系，或由全陪报告组团社，由组团社通知其家属。全陪、地接社不垫付。

患者住院期间未享受的综合服务费，按旅游协议办理。

327. 发现游客醉酒，如何处理？

有许多男游客喜欢喝酒，特别是在旅游中与他人结为好友，每餐必饮，一喝就大。醉酒者步态不稳，语无伦次，导游要视醉酒情况相应处理：

（1）发现游客饮酒过多，应温馨提醒适可而止。

（2）让其亲友把醉酒者扶到洗手间催吐，减少体内酒精吸收。

（3）如果醉酒者出现脸色灰白、呼吸变慢、欲昏睡等症状，则是急性酒精中毒，应及时送往医院，送医院途中，让醉酒者侧卧，保持呼吸通畅，便于呕吐物排出。

（4）睡觉时一定要有亲友陪伴，随时观察，以免呕吐时窒息。

328. 游客亲友要求随团旅游，导游如何处理？

旅游团抵达后，有的游客希望其亲友随团活动，处理方法如下：

（1）征得领队、全陪、带团领导及游客的同意

如果旅游车上有空余座位，首先要征得领队、全陪同意。如果是一个单位的旅游团，必须征得带团领导的同意，因为许多单位在组织旅游活动时不允许带家属和孩子，外地亲友亦不可参团。

如果各方同意游客亲友随团旅游，出于礼节、礼貌，导游应向旅游团介绍该游客亲友的参团原因，并请大家表示欢迎。

（2）办理相关手续

《旅游法》第五十七条规定，“旅行社组织和安排旅游活动，应当与旅游者订立合同”。导游汇报旅行社后，将参团收费标准告知游客亲友，同意后，由地接社为其办理手续。如游客希望导游代办，应向其解释：导游不具备承办旅游合同的法律资格，旅游合同必须游客本人签字（不会写字者摁手印），收费后旅行社必须为游客开具正式发票。

未办理手续，未缴纳费用，游客亲友不得随团游览。

导游不得私自接纳游客的亲友随团旅游。

329. 游客耍霸王，导游如何处理？

（1）礼貌待人、不卑不亢

导游应始终以礼貌对待每一位游客，对提出霸王要求的游客也不能失礼。蛮横无理的游客出言强横、咄咄逼人，导游应该等游客发完威风，平静地给他讲道理。导游说话、讲道理，要有理、有利、有节。

（2）不发生正面冲突、理明则让

这类游客目空一切、盛气凌人，一点小事就气急败坏地吼叫。面对游客的

粗鲁行为，导游一定不要与之发生正面冲突，只要一吵骂起来，导游就失理了，因为游客是客人，导游是为游客服务的。有理不在声高，说理时不要挖苦贬损游客，更不能得理不让人，喋喋不休地说个没完没了，这样导游就把其他游客的同情、感情全丢了。

山不言高而自巍峨，理明则让是一种修养、一种境界。

（3）请多数游客主持公道

如果刁蛮的游客无理取闹影响全团的正常活动，导游不要刀枪相对地与之论理，可以向全团说明情况、摆清是非，群众的眼睛是雪亮的，旅游团的多数游客一定会站出来，支持导游。

（4）不计前嫌、继续服务

对于无理取闹、不尊重导游人格的游客，导游不可以故意冷落他们，仍要一视同仁地为其服务。胸襟宽广、不计前嫌，一如既往继续服务。

第五章

让导游讲解溢彩流光

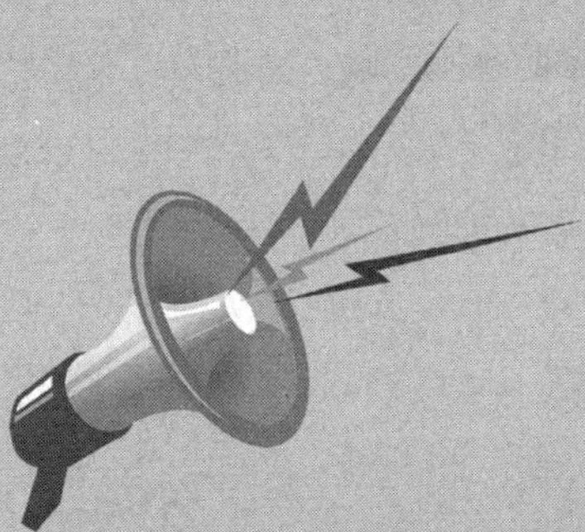

旅游之后，游客经常会对亲友们介绍他的旅游经历，说起景点如何之美、酒店如何之好，往往会用“真美”“可好啦”来赞美，但是说起旅游团的导游时更是记忆犹新：“我们旅游团的那个导游讲得可好啦，特别吸引人，导游非常有学问，每次讲解，我们都竖着耳朵听，讲了那么多知识和故事，我们都没听够……”

精彩的导游讲解一定会给游客留下深刻的印象，俗话说“看景不如听景”，导游讲解会使景观更具有知识感和欣赏性，游客不仅会获得很多的文化享受，也可以欣赏到导游独特的服务风采和文化素养，有时还能获得一些启迪。

导游服务是整个旅游过程的躯干与枝叶，导游讲解则是枝干上的鲜艳花朵。导游服务是一整台大戏，导游讲解是戏里的核心唱段，唱得好才能满台生辉，反之则索然无味。

一个景点、一个景观，导游应该怎样进行正确讲解？讲解古代建筑、古典园林等不同景点时怎样切入，怎样展开？怎样介绍与景点相关的历史事件、相关人物？导游讲解怎样才能吸引旅游者，抓住游客的心？很多导游在带团中不断地探索。

以往众多导游的带团实践证明导游讲解必须有真本事。讲解的来龙去脉必须条理清晰，要把握住景点的灵魂，牢牢吸引住游客，让游客听后能有豁然开朗之感。凡是有深度、有见识的讲解，游客听后必然有眼前一亮的兴奋。

导游讲解是导游之“艺”，导游讲解更是导游员向历史和文化的朝圣，文化怎样提高，“艺”如何精粹，愿与各位导游一起研究、探讨。

330. 什么是导游讲解？导游讲解有何重要作用？

在旅游活动中，导游为游客讲解所看到的景物、与景物有关的事件，以及对城市、地区的综合介绍，都可称为导游讲解。

导游讲解的内容囊括历史、人文、自然科学等多学科，涵盖中外，涉及领域宽、纵深长，可谓既“广”且“博”。

导游讲解是导游的基本功，导游在讲解时必须在“达意”上下功夫，在“美”上做文章。导游讲解若是精彩，游客会对观览内容留下深刻的印象，生动的导游讲解使得景观更具欣赏性，事物更有知识性、趣味性。很多游客回到家乡，在与亲友说到旅游见闻时，对于景观和事物的叙说可能会一带而过，反而津津乐道于游览时的导游讲解，若导游讲解出色，游客就会觉得不虚此行，导游讲解为旅游增彩加分。

导游讲解是导游知识水平、语言表达能力、导游能力（吸引住游客）的展现，对游客是一种文化享受，有时也能从中获得一些启迪。

通过导游讲解，游客可以欣赏到导游独特的服务风采和深厚的文化素养。

331. 导游讲解如何做到“正说”？

导游在导游讲解时力争做到“正确、清楚、生动、灵活、出新”，而“正说”是正确性的具体体现。

导游讲解是传播文化，不是娱乐节目，不能为了哗众取宠而跟着一些影视戏说，影视是戏剧，是演绎故事的，可以不拘泥于历史，但是导游讲解绝不可以讲些无聊的花边传闻。

正说就是尊重历史，还原历史真实，尊重科学，去伪存真。为了真实，导游讲解中涉及的某一历史事件、重要日期，必须根据历史和科学知识进行正说。某些专门技术技艺、一个冷僻字的读音，都必须反复查证，力求表述准确。

正说就是真实地介绍景点的历史沿革和文化价值，帮助人们了解历史、欣赏古建园林风景。如果失去真实，即使导游说得天花乱坠，对游客有什么意义？只有正说，才能无愧于游客，无愧于景点，无愧于古人，无愧于祖国的优秀传统文化。

正说就必须言之有据，必须正确、准确，不能让游客挑出导游讲解的硬伤，否则游客对导游讲的任何事都可能持怀疑态度，降低了对导游的信任度。

例如，北京恭王府里有个康熙御笔的福字碑，传说很多，有说是乾隆母亲赏给干儿子和珅的，有说是和珅从宫里偷出来的，所以和珅要把福字碑藏在山洞里。专门研究中国古代建筑史的杨乃济教授在《紫禁城行走漫笔》“谈恭王府”一文中是这样说的：

“首先，碑身凸于洞壁二三十厘米之多，两侧以小块青石扶砌，显见这碑是后立的。如于构洞时一并立碑，绝不会让它凸出这么多，而且扶砌的碎青石的颜色与勾缝处灰浆的颜色，都较洞壁嫩的多，这说明立碑于构洞两次施工的时间相去较远。

“所以我认为‘福’字虽可能是康熙真迹，但碑确系后刻后立。从清代建筑史上看，这种祈福工程于清末特别流行，因此，这中轴线上一系列的蝠形水池、‘福’字碑、蝠厅都是老恭王奕䜣搞出来的，而把御笔‘福’字碑放在山洞里，以及碑身上刻的一个完全不同的‘丁午年’的干支号，很可能皆出于风水迷信的用意。”

至于为何选用康熙所书的福字，而不用同治、光绪所书的福字，杨乃济认为同治、光绪赏下的福字很多是翰林代笔，“请出一百多年前的先皇御笔更为妥当”。

康熙御笔的“福”字堪称天下第一福，写得真好而且寓意深厚，奕䜣搞的这个福字碑确实值得一看。

正说要贯穿在所有的导游讲解里，就是民俗风情、土特产介绍也不可以随意发挥。在旅游活动中，游客对于当地特产都十分感兴趣，总是希望导游细致地讲一讲。现在有一种怪现象，全国各地的一切特产，诸如好茶、佳酿等都被说成是进呈皇帝的贡品，受过皇帝、皇太后的赏赐嘉奖（受乾隆、慈禧褒奖的最多），其实当地县志、州志从未说过这些是贡品。

正说，是导游讲解的品格。

332. 导游讲解如何做到脉络清楚？

有的导游讲解时滔滔不绝，辛辛苦苦讲了很多，但游客听了半天仍是不知所云，甚至显出不想听下去的样子。此时导游要认真思考，为何游客觉得你的讲解云山雾罩，听不下去？很可能是因为导游讲解脉络不清晰，东一棒子西一榔头的，甚至内容来回重复，讲解不着边际，这是导游讲解的大忌。

导游要把最核心的讲解内容理顺了，找出一个切入点，找准一个话题，然后沿着脉络，抽丝剥茧，层层深入进行导游讲解。

讲解中不断抛出矛盾冲突（事件中有矛盾冲突，造景与自然同样是克服困难后达到统一），不断铺开情节（包括景观是如何设计、如何建造的情节），游客自然希望了解这一切是如何发展的，如何结局的，于是就得继续听导游讲解，而且会认真听。

导游在讲解明十三陵时，如果介绍完墓主就直接讲解陵寝结构，对游客触动不大，觉得也不过如此，不会深切地体会明十三陵为何是天下第一风水宝地，长陵是如何雄伟，定陵地宫是如何壮观、坚固，有经验的导游总是从简介朱棣为何要在北京营建皇陵说起，然后讲“卜选陵址”、选址依据（风水、礼制），讲完这些，游客自然想知道是如何“营建陵寝”的，听完“营建陵寝”游客往往就迫不及待地要观瞻明长陵或定陵了。

任何一个历史事件都有它的起因、发展、高潮、结局以及对后世的影响，任何一处自然风光都有它的形成过程，任何一座古代建筑、古典园林都有其艺术价值和建造趣闻、游览趣事（名人在此游览的趣事）。历史人物经历着命运的波折，江山、园林随季节而变换美景，建筑随主人命运而兴衰。导游的讲解有介绍、有故事、有分析、有感悟，游客爱听，就会说:“听君（导游）一席话，胜读十年书。”如果导游的讲解不着边际或前后矛盾甚至错误百出，游客就会想“我还是自己找书看吧”。

清晰的讲解会让游客对景观和事件了然于胸，随着导游的侃侃而谈，徜徉于历史的浩瀚空间，漫游在天地山水之间。

333. 怎样讲解古代建筑更有“范儿”？

带领游客欣赏古代建筑，导游从这几个方面为游客讲解。

（1）气度高雅、礼制严谨、建筑精美

游客看到古代建筑首先是欣赏它的构筑精美，当然精美包含着雄伟、奇绝，导游要讲解建筑的结构和特色。妙不可言的更是建筑的高雅、气度不凡，好比人之帅，是帅在气度上。导游要向游客介绍建筑的高雅之处，指点游客怎样欣赏它的气度。

古代建筑规模和用途必须严格符合礼制，尊卑有序，如圜丘坛为至尊圆形，坛三层，上、中、下坛面直径分别为9丈、15丈、21丈（阳数）；方泽坛方形，两层，上层边长6丈、下层边长10丈（阴数）。

中国的古代建筑以院落为单位，纵轴可以多进院落，横向可以三路（东路、中路、西路），单体建筑与院落、单组建筑与组群相协调，统一在整体规划之中，和谐之美是中国古建一个突出的特点，独具魅力。

以国子监琉璃牌坊为例：进入国子监太学门，迎面就是一座高大的琉璃牌坊，汉白玉须弥座，四柱三门七檐楼，三个拱形门洞，汉白玉镶边，这是专为教育而设的牌坊，所以汉白玉镶边上没有佛教的纹饰，而是吉祥的花朵。檐楼覆黄琉璃瓦，绿琉璃斗拱，整体饰以黄绿交错的琉璃瓦。

按照中国传统习惯只有圣殿前、寺庙陵墓前、重要街道才设牌楼，国子监内的辟雍是天子讲学之所，自然是圣殿，乾隆皇帝下旨在此设立牌楼，弘扬教育。这座牌楼是护卫辟雍的天门，标识着进入了庄严肃静的教学区。

（2）博大精深的文化内涵，儒释道熔融一炉

建筑的灵魂是文化，古代建筑必然蕴含儒释道文化，我们还是以国子监的琉璃牌坊为例：牌坊正中嵌汉白玉额芯，正面题“圜桥教泽”，“圜桥”切合景观，“教泽”见景生情。额题大意是辟雍为圆形池湖环绕，四面有桥，夫子授业为太学生的人生搭桥铺路，夫子教导如水渗入心扉，夫子恩泽如水润及终生。背面额题“学海节观”（节，高峻貌，观，景象），意为学问的大海波澜壮阔。

早在2500多年前的春秋时代古人用土圭观测太阳就测定出冬至，从冬至

那天起白天一天天变长，所以冬至祭天；夏至开始昼短夜长，故祭地。春分祭日，秋分祭月。

（3）玄秘高深的堪舆理论，风水、五行应用

古代建筑都是遵循堪舆理论而建，风水吉利、顺应五行，如天安门、端门、午门等城门上都是横九竖九 81 颗黄铜色馒头钉，而东华门的宫门上却是横八竖九 72 颗馒头钉，五行理论中，东属木，木克土（土居中，三大殿须弥座），土生金（西属金），为扭转“克内生出”的不利，将东华门门钉制成阴数，小木克不了大土，大土难于熔炼、不生金，这样五行就转为吉利。另外皇帝驾崩后梓宫出东华门也是门钉阴数的原因之一。

（4）风云叱咤的历史信息，令人向往的人物

建筑如果仅仅是结构绝妙、建造精美，也只能仅此而已，一座建筑最吸引人的还是在该建筑发生的事以及与建筑息息相关的人物。

1912 年 2 月 12 日，隆裕太后带着 6 岁的宣统来到养心殿，因为即将退位，诸臣就没有行大礼。胡惟德（外务部大臣）先替袁世凯向皇帝、太后请了个安，近侍把退位诏书给了隆裕太后，隆裕看了两眼就掩面抽泣起来，一群老臣也跟着哭泣。胡惟德生怕有变，谎称革命党有新的电报：“如 12 点之前清帝不逊位，则收回优待条件。”隆裕太后听后也顾不得低声哭泣了，慌忙将退位诏书交出，吩咐用玺，用玺后，胡惟德捧起清帝退位诏书，大声宣读。

在退位诏书上签字见证的有署外务大臣胡惟德、民政大臣赵秉钧、署度支大臣绍英、署海军大臣谭学衡、司法大臣沈家本、署农工商大臣熙彦、邮传大臣梁士诒。内阁总理大臣袁世凯、学务大臣、陆军大臣、理藩大臣位列其上，但未签字，日后补签。

有这些历史人物和历史事件，养心殿就“活”了起来。

（5）文物、珍宝，收藏丰富

古代建筑的匾额楹联、家具陈设，以及殿宇里面的珍宝都是历史文物，建筑与文物都是文化的物质载体。匾额楹联有点题、点睛之妙，家具陈设展示着主人的审美情调与生活质量，书画墨宝寄托着古人的精神追求。

请看故宫宁寿全宫中颐和轩的题额与楹联：颐和轩殿后走廊中有一月亮门，门内上方悬一横匾，乾隆御笔“挹（yì）明月”，月亮门外横匾是“引清

风”，心中明月缓缓升，身边清风徐徐来，清风明月在乾隆的心中就是政治清明、四海升平。

走廊尽头是一幅通景画（墙壁上的画，有景深的透视感），墙上有横匾，乾隆御笔“静听”，听什么？画中有抱柱楹联“亿万人增亿万寿，太平岁值太平春”，这是乾隆最强烈的心声。

雄伟的建筑、无比珍贵的陈设，除了精美的本体之外，更宝贵、更具有价值的是它的政治意蕴和文化内涵。

334. 怎样讲解古典园林更具吸引力？

（1）布局绝妙

古代园林最突出的特点是“师法自然”，总体布局乃至细节布局都与自然山水融为一体，乾隆当年建清漪园（颐和园）“移天缩地”把杭州西湖的美景再现于北京，做到了锦山绣水虽由人做，宛若天开，更难得的是“巧于因借”，把西山景色、周围四个皇家园林（静宜园、静明园、畅春园、圆明园）都作为衬景。导游这样介绍清漪园的绝妙布局：

一天乾隆从静明园（玉泉山）回圆明园时途经一处真山真水的形胜之地，北山南湖，气度开阔，湖山比例，是那么恰切，此处造园可以把西湖（明代之名）、瓮山（元代之名）为主景，以玉泉山为中景，以西山群峰为浑然一体的远景，山峦重重，龙行逶迤，湖水澹澹，倒映着天光云影。景观之深远，景色之淡雅，天然布局之疏淡浓密，似天成一幅水墨丹青长卷。整个华夏九州，何曾有几处这等美景。

更难得的是此处的地形、景色竟然与杭州西湖有几多酷似，神韵与杭州西湖暗合。乾隆如初恋的少女，痴情地追求西湖，乾隆似灵感生发的诗人，激情澎湃，刻意地追慕白居易、苏东坡。追求的结果，就是亲手缔造了清漪园，追慕的结局就是亲手创造了中国古典园林文化的又一座顶峰。

（2）文化深邃

无论是整个园林，还是一组景观，即便是一亭之命名、一径之设计，一陈设之选择，皆由造园者苦心拟定，题额楹联点破主旨，抒发造园者的衷肠。

殿名、景观之名，一楹联之拟定之书写、一桌一椅之陈设都值得后人细细地品味。

导游这样讲解颐和园的“扬仁风”，游客顿发浓厚的兴趣。

乐寿堂西跨园名“扬仁风”，进入扬仁风庭院的月洞门内便看到曲栏荷池，两旁粉墙依山。拾级而上，小山坡上便是扇面殿扬仁风，殿前地面用汉白玉嵌砌成扇骨形，好似能开合的折扇。漏窗、宝座、香几、宫灯均呈扇面状，整个扬仁风庭院平面呈现出一个繁体的“風”字。

“扬仁风”出典于东晋时谢安赠扇故事，谢安身为扬州刺史，得知善于机辩的袁宏将出任东阳郡守，为袁宏送行时，谢安赠其一把折扇，袁当即谢道，“辄当奉扬仁风，慰彼黎庶”。翻译成现代语言就是“我一到任上即当奉扬仁义之风，安抚好当地的老百姓”。扇，是善的谐音，乾隆曾多次为扬仁风赋诗。

皇家园林内的景致或建筑不仅追求美观，往往寄寓有深邃的政治理念。

（3）诗情画意

园林景观有限但意境无限，导游在颐和园“画中游”讲解时，自己也进入到诗情画意之中：

“画中游”是一座两层楼阁式建筑，建在陡峭的山坡上，坐北朝南，地基前后高差约 4 米。阁平面呈正八角形，重檐攒尖顶，顶部黄绿琉璃瓦相间。朝南悬挂“画中游”匾，在画中游二楼可以在东、南、西三个方向凭栏远眺，尽赏湖山。在楼上观景，立柱、横楣、栏杆组成画框，看到的是一帧帧风景画面。

“画中游”乃一凭栏观景的佳处，近观清漪园景色，尽入眼帘，纵览湖山远景，皆历历在目。画中游名称本身就是对建筑的高度赞扬。乾隆诗云“层楼雅号画中游，四面云窗万景收，只有昆明太空阔，破烟几点下闲鸥”。乾隆因登高而胸怀广阔，因美景而豪情生发。

人在画中游，人游画景动。我来凑趣，斗胆步乾隆诗韵吟一小诗，以助游兴：“碧海泛舟仙境游，青山围合万景收，身在画中兼作画，泼墨兴处放歌喉。”

（4）造园手法丰富

园林中精巧布置亭台楼阁、水榭石桥、花草树木。建筑是园林艺术的重要组成部分，既是“入画”的主题，也是“看画”的佳处。园林建筑在精而不在大，以少胜多，与景色相融而不突兀。精心栽种的花草树木赋予园林勃勃生机，有时还有意趣之功、障景之妙。

导游讲解颐和园万寿山后山的“云会寺”：

从智慧海殿后西侧随墙的小月亮门走出，略行几步就会看到云会寺。正殿为四角攒尖重檐方亭殿式建筑，坐落在院中央巨大的石山上，名“香海真源”。正殿左右各有一高度对称、建筑等同的六角攒尖的亭殿，也建在巨石之上。山石满院，苍翠的白皮松遮阴蔽日。围以红色院墙。山、松、云、亭、殿，似乎在揭示“云会”的含义。

清漪园没有小建筑，都是大手笔。一亭、一屋、一桥、一石、一径都设计巧妙、建筑精致、寓意深刻。

（5）历史沿革深远

园林的兴衰过程，人世沧桑往往也是游客感兴趣的话题，这些会增加导游讲解的厚重感。

导游讲解了万寿山上宝云阁（铜殿）的10扇铜窗，游客很感兴趣，原来这些铜窗还有一番波澜起伏的故事：

1900年庚子之变，颐和园被八国联军劫掠，1910年前后，宝云阁的十扇铜铸坎窗不翼而飞，1912年由上海流失到海外，宝云阁成了铜亭。1975年巴黎法王德古玩店致函北京故宫博物院，称有颐和园铜窗十扇欲出售。我国那时正处“文革”后期，认为索价过高，没有购买。1983年法国驻华大使夫人受巴黎友人之托，亲自来到颐和园宝云阁查对铜窗棂的尺寸，以核对这些流失在巴黎的铜窗是否真是颐和园铜殿上的窗棂。1992年美国友人鲍威廉闻知此事，亲自到了巴黎，找到古玩店店主，店主向他提供了三件证明材料：1912年上海海关十扇铜窗出口费账单，法国古董界对铜窗所做的权威鉴定书，当年两个法国人之间有关铜窗的信件。经过认真、缜密的考证后，鲍威廉认定这十扇铜窗确为清漪园的真品原物。1993年，文物收藏家、美国工商保险公司董事长格林伯格出资51.5余万美元购得这十扇铜窗，无偿捐赠我国。当年7月在巴黎赠交中国驻法大使馆。十扇铜窗于7月12日安全运抵颐和园，通过了各个权威机构的验收，1993年12月2日在宝云阁现场举行了隆重的捐赠仪式，十扇铜窗整修归安。

（6）趣闻逸事精彩

古今名人在园林的活动永远是游客爱听的题目，而且经常是很轻松的话题，游客听后有身临其境之感。

导游在带领旅游团参观颐和园德和园大戏楼时，通常都会讲一讲慈禧在此看戏的景况：

德和园大戏楼的北面是颐乐殿，殿内正中安放有金漆珐琅百鸟朝凤宝座，这是慈禧的专座。慈禧是个超级的京剧迷，当时的京剧名家（红角儿）都被召来德和园大戏楼演自己最拿手的戏“孝敬太后”。每次刚开戏时慈禧坐在宝座上看一会儿，这样显得尊贵。待会儿她就换地儿，喜欢倚在西次间的炕垫上，半蜷着腿，从大玻璃窗看演员挑帘出台那一霎间的风采。小炕桌上放着盖碗茶、戏折子、剧本，戏折子像折扇一样，每出戏下面有演出时间，如“挑滑车”5刻（75分钟），演员是否丢词儿、加词儿、唱腔走调没有，慈禧都知道。

慈禧属“羊”，看戏时最忌讳提到“羊”字，不能唱《变羊记》《牧羊圈》这一类名字的戏。如果戏词有“羊”字就得改，内廷供奉陈德霖唱《苏三起解》时，本该唱“此一去，羊入虎口有去无还”，他临时机变，改唱“鱼吞钩线有去无还”。谢恩时，慈禧夸他聪明。

进宫演戏的名角儿称为“内廷供奉”，赏四品顶戴。慈禧经常给她偏爱的演员赏赐，演完戏演员是分别谢恩的，这样慈禧可以和他们单聊。

有一年二月二，杨小楼在戏台上不慎把台角的檀香木架子撞倒了，下场后杨小楼赶忙跪倒谢罪，慈禧拉着长音问：“三元（杨小楼的小名）啊，你今儿个是怎么的啦？”杨小楼连忙答道：“奴才今儿个从早起儿到现在，唱了四出《挑滑车》，实在撑不住了，惊了驾，奴才罪该万死。”慈禧说：“真难为你了，今后不许应这么多活儿，得了，赏你二十两银子，回家去歇着吧。”

335. 怎样讲解帝王陵寝才能有如探宝之旅？

帝王陵寝是帝王的最后归宿，许多帝王一登基就开始谋划自己的万年吉地。但是有些游客总觉得陵寝阴气重，导游如何讲解才能王气充沛、浩浩汤汤（shāng shāng），让这次陵寝游览成为探宝之旅？

古人非常重视身后之事，认为逝者与后代有着某种超自然的神秘联系，若先人埋葬在福地，后人就会顺利、幸福，否则就发达不了。帝王更把皇陵与国祚的盛衰、儿孙的朝运联系在一起，皇陵是国家和皇家的顶天大事，“圣天子孝先天下，首重山陵”。

陵寝建筑吸收了宫殿建筑、祭祀建筑的精华，帝王陵寝的特点是：地处京畿、风水吉利、景色优美、格局宏伟、建造精湛。

只有皇帝的坟墓才可以称为“陵”，在中国2000多年的封建历程中，帝王陵的封土（坟头）形制有三个里程碑：秦汉高大的“覆斗方上”式封土，在广袤的田野上拔兀突起，令人敬仰；唐朝因山为陵，寓意陵墓的无限崇高、隆重、雄伟；明清帝陵是享殿、明楼、宝城、宝顶，犹如奢华的宫殿群，明十三陵是帝陵第三个里程碑的典范。

现存的古代帝王陵寝主要有：秦始皇陵，汉茂陵（汉武帝刘彻），唐乾陵（唐高宗李治与武则天合葬陵），北宋陵（七帝八陵，含赵匡胤父亲陵），明孝陵、明十三陵、明显陵，清东陵、清西陵、努尔哈赤的福陵、皇太极的昭陵。

北京十三陵中长陵为首陵，在长陵左右两侧沿山脉分布着献陵、景陵、裕陵、茂陵、泰陵、康陵、永陵、昭陵、定陵、庆陵、德陵、思陵。

可以从以下几个方面讲解长陵：

（1）明成祖朱棣生平

简介帝王的生平，主要介绍他登基以后的主要功过，古人讲究“盖棺论定”，通过帝王生平能够汲取深刻的历史经验。

朱棣执政22年，主要功绩有：主持编纂《永乐大典》、派遣郑和六下西洋，《世界遗产名录》中北京故宫、北京天坛、北京明十三陵、湖北武当山道教古建筑群是朱棣开创奠基的。被史学家诟病的事有：发动“靖难之役”篡位，制造“壬午殉难”大杀建文帝朝臣，成立东厂太监干政等。

（2）“卜选陵址”及选址依据（风水、礼制）

朱棣在南京登基，街头巷尾皆说燕贼造反，北京是朱棣的第二故乡、龙兴之地，更是抵御、抗击蒙古入侵的前沿，朱棣决意迁都北平，将北平升为北京。明永乐四年（1406）下诏营建北京宫殿。明永乐五年（1407）七月，徐皇后驾崩。皇陵一般都建在首都附近的风水宝地，朱棣顶着“得罪于天地祖宗”

的压力，在北京筹建皇陵。

如何选址是最吸引游客的，因为牵涉勘测风水、礼制依据。

卜选陵址最关键的是勘察风水，礼部在全国海选风水术士，最后选定廖均卿（1350—1413）。明永乐五年（1407）腊月二十一，礼部尚书赵羾（gòng，到的意思）和廖均卿顶风冒雪前往北京，寻访风水宝地。

明永乐六年（1408）六月初十，廖均卿等人登上昌平州黄土山高峰，发现此处是一个天赐的皇家陵寝之地。察看山脉走势后绘制“画图贴说”（地理图形及说明），七月十二廖大师兴致勃勃返回南京。八月初一廖均卿上朝面君，呈上《朝献山图表章》，他说这一带是山川大聚的形胜宝地，其风水格局乃九州帝陵之首，历朝历代没有一个帝陵在国都的正北，自古帝王都是坐北朝南，在黄土山建皇陵，方位之正千古未有，且黄土山“形局完美”。

龙脉生气勃勃：黄土山一十八道岭，山脉绵延飞舞，其势如龙，层峦叠嶂，奔腾起伏，状若蛟龙出海。

主山端正庄严：陵寝背后的靠山为主山，主山巍峨，方有帝王之气。主山在北，穴位在南，方位最吉。黄土山高峻雄伟，从山簇拥，可供本朝众多子孙皇帝营造陵寝。

明堂开阔平坦：黄土山前地域广阔、土甘地厚、饱蕴王气，环境优美，阴阳和谐。

青龙白虎守卫：陵区入口处左有蟒山（龙山）右有虎峪山（虎山），相对而成天然门户，正合左青龙、右白虎守卫之说。

金水环绕交合：潮白、温榆二河自西北而来东南而去，为金水。二河清波流淌，环绕山前平原，乃是交合之水（U形），“山如万马奔趋，水若黄龙踊跃”。

群山如屏、固若金汤：几重高山峻岭，三面环绕，形成天然屏障，皇家陵寝安稳，京师无虞。

卜选陵址非常审慎，明永乐七年（1409）正月廖大师又一次来到北京，自正月十三起，连续六天冒着封山大雪察看、确认黄土山的地势。明永乐七年（1409）四月初四、闰四月初二,一月之间朱棣两次亲临黄土山审看地形，廖钧卿陪同并讲解风水要点。

（3）建陵经过

明永乐七年（1409）五月初八，朱棣赐廖均卿金剑一把（重14两）、银锄一把（重20两），请廖大师在黄土山点穴，点穴后随即开挖金井。朱棣当即封黄土山为天寿山，长陵开始营建。

明永乐十一年（1413）正月玄宫建成后，徐皇后的棺椁从南京引发北上，二月十六入葬长陵，徐皇后成为葬入十三陵陵区的第一人。

明永乐十四年（1416）祾恩殿建成，此后长陵的附属建筑继续逐步营造，直至明宣德二年（1427年）三月，长陵工程才大体告竣，历时18年之久。如果加上明正统初年（1436—1438）建成神道石像生，明嘉靖十九年（1540）在神道南端建石牌坊，长陵最后建成历时130余年。

（4）建筑欣赏

明十三陵陵区以长陵为主陵，到达长陵之前先要通过7300千米长的神道。长陵神道同时为各陵的总神道，统摄其他陵寝，形成了整体性强的特点。

南京孝陵神道长2400米，呈“北斗七星”形状，北京陵寝效仿孝陵规制，神道的走向不取直线，而是随地形变化而变化。“风水”理论主张“生旺而弯环则吉，衰死硬直则凶”，所以神道设计为“之”字形、“乙”字形或“玄”字形。弯曲的神道使得陵寝更具有“神境”之感，前来祭祀先皇心情总是沉重的，步移景换，可以舒缓一下祭拜者的情感。

神道上有石牌坊、下马碑、大红门、长陵神功圣德碑、华表、棂星门等建筑。

（5）祭祀礼仪

祾恩殿是举行盛大祭祀仪式的殿宇，因而规格最高，坐落在三层汉白玉须弥座上，面阔九间（通阔66.56米）、进深五间（通深29.12米），面积1938.23平方米，重檐庑殿顶，顶覆黄琉璃瓦，殿高28米。殿内地面所墁金砖边长0.615米，至今光亮完好，现在为保护文物采取了保护措施。长陵祾恩殿是明代帝陵中唯一幸存的享殿，保留着明代初期的建筑特色，规模之大、等级之高，保存之好，都是长陵祾恩殿的文物价值。

明初祭祀有三大祭（清明、中元、冬至）和四小祭（忌日、元旦、圣日即生日、孟冬）。嘉靖十五年定为大祭四次（清明、中元、秋霜、冬至），小祭三次（忌日、元旦、圣日）。大祭子时开始，乐器设而不作。

祾恩殿内一年四季供奉着墓主神位（牌位），陈设墓主衣冠、谥册谥宝，供案上摆设供品，皇帝是否亲自参加祭祀由其自定。

清明祭祀时有“上土仪”，参加祭祀的大臣们要把新黄土培在宝顶上。

（6）历史传说

历史传说最令人着迷，但是要有历史根据，不能道听途说。

朱棣内心最佩服的人是廖均卿，称廖是上知天文下晓地理的“活神仙”。廖均卿功成身退，执意回江西老家，朱棣赠其一把折扇，上书御制诗：“江西一老叟，腹内藏星斗。断下金石鲤，果中神仙口。赐官官不要，赐金金不受。赐尔一清风，任卿天下走。”于是许多朝臣才知道廖均卿曾预言地下有一对儿红色的石鲤鱼。

朱棣命顺天府尹为廖均卿饯行，席间圣旨到，朱棣赐御制诗：“忆昔当年杨救贫，此仙身后有谁人？出去寻龙一身雨，归来跨鹤两袖云。地理图中观地理，天文机中会天文。一杯饯别顺天府，同庆山河乐太平。”

（7）点睛总结

点睛总结能使得导游讲解更具有深刻的思想性。因为是讲解陵寝，导游的总结语特意模仿古文的味道，希望能给游客留下印象，引发思考。

长陵幽幽，明楼灿灿，明朝276年的历史风烟浮现眼前，悠悠往事，注入心头。帝王已付苍烟落照，皇陵掩映在青山翠柏之中。络绎游人，纷至沓来，游览之余，顿生感怀。

（8）入遗经过

明十三陵是中国古代帝王陵寝建筑的杰出范例，规模宏大、选址审慎、设计高超、施工精细，与自然山川和谐相融，具有鲜明的特色，对清朝帝陵产生了深刻的影响，我国2001年12月向联合国教科文组织递交了申报文本。2003年7月4日，在巴黎召开的联合国教科文组织世界遗产委员会第27届会议通过决议，明十三陵作为“明清皇家陵寝”的扩展项目列入《世界遗产名录》。

336. 导游讲解中如何做到“点面结合”？

全景为“面”，重点为“点”，“点面结合”就是在游览中把握住全景与重点景观的讲解，“面”给游客一个整体介绍，“点”给游客一个细节欣赏。

如果不讲“面”，游客不能了解景区的全貌，不讲“点”就显得空洞、苍白。点面结合，使得导游讲解详略得当，这也是导游讲解的重要技巧之一。

人文景观是先民智慧的结晶、血汗的杰作，只有整体来看才能明白古人的风水布局、建筑设计之妙。自然景观虽是天造地设，但也有起承转合的章法。导游在指引游客赏景的时候应当对于整个景观的布局，局部景观的整体特色分别有所讲解。

讲具体景观易，谈整体欣赏难。如果导游对景点没有走熟了、吃透了，有了体会感悟，就不可能对景区、景点的讲解掌控得合理，把握得精准，阐述得深刻，讲好全景显示着导游对景点的驾驭能力和欣赏水平。

带团游览中，既要让游客细细欣赏景观，又要在计划时间内顺利完成行程。著名游览胜地、世界文化遗产景点，文化深厚，需要讲的很多，导游讲解必须“提粹”，游客才能在短暂的时间内有更深的了解与欣赏。例如，讲解杭州西湖时，西湖十景作为“面”讲解，游客亲历游览的“苏堤春晓”“花港观鱼”“三潭印月”为“点”的讲解。

若把“面”的讲解比作“全画幅”广角拍摄，“点”的讲解有如近距离拍摄“特写”镜头。古代文物、古代建筑的奇特之处、景观的细节之处，都需要游客仔细观看，佐之以导游讲解，视觉、听觉二美合一，若没有细部观赏和讲解，游客就会觉得“走马观花眼迷乱，辜负锦绣美江山”。例如，长江三峡游览时要具体讲一个峡、一个渡口，游万里长城，至少要具体讲解一个敌楼、一个烽火台，这就是“面”中的“点”。凡是大景，导游都要精心讲解几处重要的“点”。

柳宗元的《小石潭记》是“点面结合”的范例：“潭中鱼可百许头，皆若空游无所依。日光下彻，影布石上，佁（yǐ，愣住的样子）然不动；俶（chù）尔（俶尔，忽然）远逝，往来翕（xī，忽然）忽。似与游者相乐。”“潭中鱼可百许头，皆若空游无所依”为“面”。“日光下彻，影布石上，佁然不动；俶尔远逝，往来翕忽”为“点”。

至于“点”与“面”的确定和讲解比例，视具体景点而定，视游客兴趣所在而定，视游览时间而定。

顺便说一句，导游在带团游览时，一般景观也要让游客走到、看到或指到，并略加讲解，因为一般景观是重点景观的衬托，不能只欣赏俊秀的脸庞，不看身材。

337. 导游讲解中怎样突出重点？

（1）最具代表性景观重点讲解

导游讲解中要突出重点，重点就是最具代表性的景观，如西湖的三潭印月，北京天坛的圜丘坛、皇穹宇、祈年殿。不同的景点有不同的重点，凡重点景观必须重点讲解，否则游客会有不曾参观的感觉。

（2）核心题材重点讲

重点景观需要介绍的题材非常多，如历史沿革、兴建过程、建筑艺术、用途、主人、文化欣赏等，重点讲解核心题材。例如，在佛教寺庙的天王殿，导游要重点介绍弥勒佛（布袋和尚），而不能因为导游对四大天王感兴趣，忽略了对弥勒佛的讲解。

（3）讲解景观的非凡之处

具有“……之最”“……第一”“与众不同”的景观也都可以重点讲解，如雍和宫万佛阁里 26 米的白檀巨佛（弥勒菩萨造像），1990 年被列入《吉尼斯世界纪录大全》。

（4）大多数游客最感兴趣的也是重点

例如，游客希望了解雍和宫的历史沿革，怎样由王府到亲王府、由潜龙邸到雍正行宫，由行宫到藏传佛教寺庙的，导游讲解时就要详细讲一讲这些内容。北京孔庙的触奸柏是一株有典故的古树，与大成殿相比不是重点，但是游客都爱听这段典故，导游就给大家讲：“这株柏树为元代国子监祭酒许衡亲手所植，明代严嵩逾制要进大成殿祭孔，在路过这棵树时，大风刮起，柏树枝用力一摆，掀掉了严嵩的‘忠静乌纱冠’，世人便称这株柏树是‘触奸柏’或‘除奸柏’。”

（5）面面俱到并非是优秀讲解

有的导游为了显示自己的学问深、知识多，景点内的目视所及的各处景观他都要讲解一下，而且凡是他自己感兴趣的就讲个不休，游客经常提醒他“导游，我们往下面游览吧”。面面俱到，对于游客就是“轰炸”，游客会感觉杂乱。处处详尽对于游客则成为絮叨。俗话说“宁吃仙桃一口，不吃毛桃一筐”。

由于游览时间的关系，一般性景观简单讲解就行，甚至可以不讲解，留出宝贵时间讲解重点景观。导游讲解宁可少而精，而不可多而平淡无味。

突出重点会给游客留下深刻的印象，又能节约出时间，导游带领游客在有限的游览时间内观看更多景物，顺利完成行程。

338. 导游讲解中如何巧用问答法？

几乎每一个游览景点都有宣传册、书籍、讲解器，许多景观前还设有解说牌，但是游客还是喜欢听导游娓娓道来的讲解，这不是游客为了图省事、省钱，而是因为导游的讲解不是播放录音，而是鲜活的、热络的、有针对性的，而且游客可以随时随地与导游进行交流，没听懂、没听清的讲解，可以立刻就问，也可以请导游讲述自己感兴趣的事物。

导游与游客交流，最直接的方式就是在导游讲解中设置问答环节，导游可以“客问我答”“我问客答”“我问我答”“问而不答”（无法回答的问题、低俗的问题），只要游客提了问题，说明他们已经进入审美角色，与导游讲解同脉搏，导游首先要赞扬他们的提问。游客提出的问题有可能很专业，导游若不知道就坦白说这个我真不会，切记不要胡乱应付，若查阅资料、请教师长后再认真回复，一定会得到游客的赞扬。游客提出的问题也许很肤浅，导游绝不可露出笑话人的神色，还是要认真回答几句。

在导游讲解中应用问答法，可以引起游客对重要的讲解点予以关注，很多事如果平铺直叙，一说就过去了，若用问答法，就会给游客留下深刻的印象。儒家经典《论语》各章都不是鸿篇大论，许多精辟的论述是在孔夫子与弟子的问答中阐述的。

在悠闲的氛围下，有的游客喜欢与导游就某些问题进行探讨，很可能是深层次的文化交流，如有时游客会问到宋徽宗的“瘦金体”，导游可以介绍宋徽宗怎么创出了“瘦金体”以及“瘦金体”的艺术欣赏价值，其他游客也会大饱耳福。

聪明的导游在进行导游讲解时，总是能诱导游客忍不住插言，发表一下看法，导游微笑着倾听，问答产生互动，互动自然就气氛活跃。

如果一天下来，导游总在喋喋不休地讲解，虽是敬业，但游客是这耳朵听那耳朵出，这样的导游讲解有意思吗？

339. 导游讲解中如何运用“悬念法”？

导游在讲解中提出令游客普遍感兴趣的问题，或者提出一个话题，先不说答案，然后一层一层揭开纱幕，抽丝剥茧，游客只有仔细听取导游讲解，才会知道结果或答案，这种“先藏后露、欲扬先抑、引而不发”的手法就是悬念法。

悬念法能够有效地吸引游客聆听导游讲解，如导游在讲解故宫保和殿时说：“乾清宫在修缮时，顺治、康熙都曾在保和殿居住。习惯上凡是帝后住所称宫，只有理政、祭祀的建筑才称殿，保和殿因此改称‘位育宫’‘清宁宫’。但是后廷的交泰殿并非是皇帝处理朝政的地方，为何冠以‘殿’的称谓？而且这个殿名明、清一直沿用从没有变更，其中原因，我们到了交泰殿再说。”

如何落实悬念？方法大致有二：

一是通过导游的提示或暗示，游客通过自己的观察、思考，最后恍然大悟。比如，“现在我们去‘财主家大酒楼’用午餐，餐厅二楼全是包间，至于写的是哪位财主，只有到那儿看了才知道。如果李阿姨入席后突然说张大爷是我团财主，一分钟就能从‘李财主’变成‘张财主’，怎么变的我不说，到了就明白了”。到了酒楼，游客发现每个包间门框上“财主”牌是固定的，姓氏牌可以随时挂到财主牌上。酒楼备有百家姓的牌，只要说谁是财主，一分钟就把谁的姓氏挂上去，与“财主”牌合为“某财主”。

二是适当时机导游揭秘，讲述悬案结果。导游带领游客来到交泰殿，关于殿名，导游这样解释："交泰殿在永乐年间名中圆殿，是连接乾清宫与坤宁宫的穿堂殿，仿南京紫禁城省躬殿，省躬殿是建文帝唯一命名的殿宇，建文帝的痕迹是朱棣最大的避讳，故改称中圆殿，嘉靖更名为交泰殿。交泰殿于清顺治十二年（1655）重建、清康熙八年（1669）重修、清嘉庆三年（1798）重修后，仍称交泰殿，并有藻井、轩辕镜，建筑规格很高。

"为何此处称'殿'？我们在讲故宫布局时曾说过，故宫以周礼为设计理念，以阴阳五行为营造方略。整体布局前朝呈"凸"形，后廷呈"凹"形，明代称交泰殿为殿的根据之一是应"泰卦"之说，交泰殿之南是乾清宫，之北是坤宁宫，乾坤交泰合宇宙之真谛，阴阳沟通符五行之顺吉。合宇宙，生命所依；顺五行，血脉所赖，故称之为殿。另一说帝后在此殿过夜，嘉靖认为帝后交合即天地运行，此乃帝后交泰之殿。

"清代交泰殿存放御玺，有如皇帝施政，乾隆曾说：'盖天子所重以治宇宙，中经纶，莫重于国宝。'

"清朝把交泰殿作为皇后正宫，每逢元旦、冬至、千秋节（皇后生日），皇后端庄地坐在宝座上接受妃嫔、公主、命妇们的朝贺。皇后亲桑、亲蚕仪式前一日，皇后在交泰殿阅视采桑工具。

"至于是不是这几条理由，大家可以继续探讨。"

悬念法能够迅速提高游客兴趣，烘托意境，提高导游讲解效果，导游都喜欢运用悬念法，但是"悬念法"是长期精心讲解某一景点时提炼出来的悬念，不是肤浅的编造。悬念不可过于"玄深"，如果让游客无法追寻就索然无趣了。悬念法不可滥用，如果每每总是"欲知详情，请听下回分解"，游客就会说"这些关子浅显得很，别卖啦"。

340. 导游怎样应用"画龙点睛"讲解法？

"画龙点睛"法就是导游用凝练的语句概括景观的独到之处、或点评事件、或总结深刻的历史经验，"点睛"之语能给游客留下难忘的印象，可以让游客心潮如涌、有所思考。

"画龙点睛"讲解方法适宜用在重要景观的讲解即将结束时，用几个字达到“妙笔生花”效果、一两句话产生“惊雷乍起”之感，延伸了游客的欣赏，打动了他们的心弦，加深了导游讲解的思想性。

在博物馆参观即将结束时，导游可以这样画龙点睛：“文物的魅力并不仅仅在于让人们看到了万年、千年前的实物，也不在于其如何精美、奇妙而令人们着迷，而在于它真实地记录了那段历史，并使观者对历史的轨迹有所发现、有所思考、有所认识，这就是文物的魅力和意义。”

山水之乐，寄之于游，得之于心，导游只有自己心动、有情，才能说出画龙点睛的警句。

341. 为何巧用、妙用“数字法”能使导游讲解明显生色？

数字是最真实的数据，最有说服力，能够简洁、鲜明地说明事实。

只要导游讲出了准确的数字，游客就会觉得导游真是下了功夫，很出色。如果模棱两可地说，导游讲解就会有苍白之感。

导游在介绍保和殿的殿试时这样说：“明朝共有 89 名状元，进士 24588 名（自永乐十九年至崇祯十六年在紫禁城产生了 75 名状元）。清朝自顺治至光绪共有 114 名状元，进士 27325 名，明清两朝进士合计 51913 名。三元及第的状元明清各有 2 位：黄观（洪武二十四年）、商辂（正统十年）、钱棨（乾隆四十六年）、陈继昌（嘉庆二十五年）。

“参加殿试者几乎每场都在 200 名以上，还有更多的，如洪武十八年 472 名、永乐二年 470 名、隆庆二年 403 名，雍正八年 399 名。”

这样准确无误的数字，一定会激起游客心中的波澜，也许回到酒店后就在网上买有关殿试的书籍。

导游在应用“数字法”时一定要反复牢记，不要说错、说得含混，否则效果不佳，甚至被游客笑话。

文化旅游好比是珍珠泉，数字就是几滴泉水，虽是点点滴滴，但也浸润人们的心田。

342. 导游讲解中如何运用“类比法”？

所谓类比法，就是以熟喻生，达到类比旁通的讲解之法。中国人善于类比，复杂的事物通过类比的说法顿时清澈，容易理解就容易接受。我们口语中也总是在说：好比如、比方说、譬如、例如、比喻、好有一比等。

（1）同类相似类比

导游带领旅游团来到天坛，介绍天坛占地面积273公顷，游客没有立体化的概念，如果导游说把4个故宫（72公顷）排列在一起，几乎和天坛一般大，游客就明白了。

美国地陪为北京游客讲解曼哈顿时说：曼哈顿是纽约的市中心，纽约最重要的商业、金融、保险机构均分布在这里，整个曼哈顿耸立着超过5500栋高楼，其中35栋超过了200米，是世界上最大的摩天大楼集中区。拥有纽约标志性的帝国大厦、洛克菲勒中心、克莱斯勒大厦、大都会人寿保险大厦等建筑。每到夜晚，曼哈顿中城数千栋摩天大楼通夜明亮。北京的游客一定会说：“曼哈顿就是我们北京的CBD啊。”游客自己运用了类比法。

上海地陪基本会对法国游客说：“上海南京路就是巴黎的香榭丽舍大街。”

（2）同类相异类比

日本游客对上海市民的早餐很感兴趣，有人问：“攒饭是怎么做的？”上海地陪告诉他们：“把糯米蒸熟了，抓一团糯米饭，中心裹一根油条，然后团成一团，这就是攒饭，如同日本寿司一样。”

有的导游在陪法国客人时经常把北京故宫比作法国的凡尔赛宫。

（3）时代之比

很多外国游客根本听不懂明永乐年间、清雍正年间这些年号，在外国游客观看昆曲《牡丹亭》前，导游这样介绍剧作者：“汤显祖（1550—1616）是中国戏曲家、文学家。汤显祖和英国戏剧家威廉·莎士比亚（1564—1616）是同时代的人，汤显祖比莎士比亚大14岁，他们俩好像约好了，同一年飞上云天了，世界普遍认为汤大人和莎翁都是最杰出的戏剧家。”

有些朝代、年号，别说外国人搞不清楚，中国人也常糊涂，导游还是顺便说一下公历为好。

343. 导游讲解中如何运用“虚实结合法”？

“实”就是游览中所欣赏的景观实体、具体的实物、文物、史实以及文化价值、艺术价值；“虚”就是与景观、历史有关的传说、故事、典故、趣闻逸事等。“实”是“虚”的根基，“虚”是“实”的衍伸，“虚实结合”则有骨头有肉，鲜活生动，富有感染力。

导游可以这样讲解甲骨文：展柜中的两片卜甲、两片卜骨都出土于安阳，是商王武丁时期的文物，展柜左侧的两片是卜骨，右侧两片是卜甲。甲，指龟的腹甲（也有背甲），骨，指牛、鹿的肩胛骨，用前将胛骨正、反面挫磨光滑平整后使用。因为“甲”与“骨”是用来占卜的，因此称卜骨、卜甲，“甲”与“骨”上面的文字称甲骨文。

商代是一个信仰鬼神的朝代，从大到征战，小到当天能否洗澡，王室都要占卜，占卜时把龟或甲钻孔或刻槽、凿孔（枣核形），然后放在火上烧，“贞”人（占卜师）根据裂缝的纹路、方向，以确定凶吉。“史”官负责记录下为何占卜及占卜的结果。有时一块甲骨上为了同一件事多次占卜，这是商王苦苦追求吉利的占卜结果。

展柜中的两片卜甲都很完整，这一片腹甲还很圆润，记叙对商先公上甲的祭祀；另一片是甲背，记叙戊寅日那天古（占卜人）为般（人名）占卜，看他是否有祸。

《尚书·多士》周公告诫殷商遗民：“唯尔知唯殷先人，有册有典，殷革夏命。”册典在哪里？公元前1世纪的《史记·殷本纪》记载了殷商帝王名姓，真实吗？过去有的史学家对夏朝是第一个王朝总是不敢大胆认证，就是因为没有文字的记载，直到甲骨文出现，使“夏”和“商”有了确证的文字记载。

甲骨（龙骨）是谁首先发现的？19世纪末安阳有个剃头匠李成染上一身脓疮，无钱医治，他在野地里捡到几块龟板，研成粉末，涂在身上，竟然治好了脓疮。后来李成与村里人专门挖掘这种神奇的“龙骨”，卖给中药铺。

1899年，国子监祭酒王懿荣（1845—1900）得了疟疾，看到药方上有“龙骨”这味中药，他就让家人把药渣拿来看，中药铺把大块的药都在铜罐中捣碎了，药渣中自然没有成形的“龙骨”，他就让家人去中药铺单买“龙骨”。他发现“龙骨”上都有刻画，好似青铜器上的文字，于是嘱咐家人悄悄买断京城所有中药铺里的“龙骨”，有的“龙骨”竟然能够拼凑成整个的龟板。王懿荣在好友们的帮助下收集了安阳出土的大量甲骨，苦心研究这些图形、道道，埋没了3000多年的甲骨文终被发现、破解，王懿荣被称为“甲骨文之父”。

甲骨文的发现尤为重要，从甲骨文上证实了殷商的真实存在，根据甲骨文卜辞提到的帝王、重要官吏、占卜人以及卜辞内容可以了解从盘庚到纣王273年间商朝历史。

2017年11月24日，甲骨文顺利通过联合国教科文组织的评审，入选《世界记忆名录》。

甲骨文出现以前历代学者认为最早的汉字是青铜器上的文字“金文”，甲骨文一下子把中国“最早的汉字”提前了几百年。甲骨文是中国已知最早的成体系的文字形式，即汉字之祖。

甲骨文主要出土于安阳商代晚期都城遗址，商代早期都城郑州、济南大辛庄以及其他地区也有甲骨文出土，至今已发现甲骨文15万余片（包括流失到海外的），近4500个单字，辨认出的达2000字。大陆藏有97600片甲骨，台湾藏有30343片。甲骨文的发现以及发掘地区的确定，使得3300年前的历史有据可考。

甲骨文也是中国最古老的档案，是中国典籍的萌芽。甲骨文记载的内容涉及商代政治、军事、宗教祭祀、历史地理、农林渔牧、医学、天文历法、贡赋等，从甲骨文中可以了解到殷商已是比较发达的文明国家。

案例中李成使用龙骨、王懿荣发现甲骨文的故事，就甲骨文的讲解而言属于“虚”，其他则为“实”，但是没有这个“虚”，“实”反而有些虚飘了。

344. 导游讲解中如何运用“触景生情法”？

游览中导游、游客看到祖国的壮美河山以及几千年的人文遗迹，都会在内心引发触动，浮想联翩，产生某种感情，导游如果及时把客导共有的这种情感表述出来，必会加深导游讲解的思想性。因为导游多次观览，更易“触景生情”，这些“情”里饱含着导游对于景观、事物的深刻理解，这些“情”是导游人生情怀、文化情结的抒发。导游的“生情”必会感染游客，从而游客会更深刻地感悟景观。

导游在讲述汝瓷之后抒发了他内心对于中国陶瓷的炽热而深沉的感情：

汝窑官窑主要为宋徽宗烧制文房用具，以及洗、碗、尊、盘、瓶、盏托、水仙盆等器形，瓷色为“雨过天晴云破处”的淡青色，不以刻花、划花、剔花、印花等技法美化自身，而是以开片细腻、釉质莹润、釉色淡雅取胜。器形雅致、素无纹饰、釉色清淡含蓄的汝瓷，适应以宋徽宗为代表的上层社会的审美情趣。

截至 2015 年 11 月，全世界珍藏有据的汝瓷只有 92 件，大多珍藏于北京故宫、台北故宫、大英博物馆。

宋瓷与宋词俱是神品，美在气韵，魅在意境。

精美的瓷器代表的不仅仅是一个朝代，而是中国人的品性。混沌的泥土是瓷器的胚胎，敦厚、质朴、谦卑，经历了烈火的烧炼，变成了晶莹的盛器，出现了堪比彩虹的色彩。

瓷器坚硬却不像铁那样冷漠，纯净如玉，却不似玉那样稀有。我们在观赏瓷器时，仿佛听到了泥胎在工匠手中摩挲旋转成形的声音，仿佛看到了在熊熊的窑火中釉彩神奇万变。瓷器具有中国人的形象：清纯、高雅、质朴、平淡，再古老的瓷器也无苍老衰摧之感。瓷器的品貌与中国人的品貌神合，虽然没有佩金戴银，但是从肌肤里透出的光泽，从眉宇间散发的儒雅，足以吸引全世界的眼球。

345. 导游讲解中如何做到“贵在灵活，妙在变化”？

为了使导游讲解更宜接受、更受欢迎，导游讲解要因人而异、因时而异、因事而异。

每一位游客都希望听到符合自己审美情趣、符合自己文化水平的导游讲解，所以导游讲解随游客的需求、游客的接受程度而灵活变化。

导游讲解贵在灵活，灵活地适应游客的文化情趣，灵活地适应当时讲解环境，根据景观的实际情况灵活讲解，如果天气晴好、游人稀少，不妨多讲一些。

灵活使导游讲解具有朝气，虽灵活但不偏离讲解主题。

灵活必然带来变化，导游讲解妙在变化，变化讲解的吸引点，变化讲解内容、讲解色彩，变化讲解的长短，变化讲解风格，变化使导游讲解更具吸引力。变化也要注意顺势而变，不可突兀而为。

346. 导游讲解如何具有时代新意？

任何事物都不能僵化、固化，停滞不前就是退步，只有创新、出新才能进步，只有创新、出新才能符合时代的要求，导游讲解必须与时代同脉搏。

导游讲解欲让游客喜欢听，必须出新，首先是按照最新的认知及科研成果进行讲解。

例如，《中华文明起源与早期发展综合研究》发布了最新成果：距今5000年前，我国黄河、长江中下游以及西辽河等区域已进入文明阶段，出现了国家，进入“古国时代”。水稻专家袁隆平说6500年前我国先民们已经大规模地种植水稻了，解决了赖以生存的粮食问题。导游要经常看报纸、看电视，了解新的提法、新的科研成果。

在国家博物馆《古代中国》远古时期展为游客讲解19节玉琮时，就要讲到2019年7月6日，在阿塞拜疆巴库第43届世界遗产大会上，良渚古城遗址申遗成功。申遗成功了，但考古工作远没有结束，仍有一个个谜题需要揭开：制作玉器的玉料是从哪里来，到现在都还没有找到真正在良渚时期开采的玉矿，陶器上的表意符号到底是不是文字等。

人所皆知的传说尽量不再讲解，如有的导游在讲长城时，总是讲周幽王烽火戏诸侯和孟姜女哭长城，不但没有新意，而且禁不起推敲。周幽王时代没有严密的烽燧建设，据说仅仅有20多个烽火台，敌情很难传递到百里之外，即使烽火能传递几百里，古代的路崎岖难行，长官骑马，士兵步行，做饭、吃饭、必要的休息都要时间，大部队每天最多只能走60里，即使各路诸侯距离国都二三百里，也要走好几天才能到达国都，难道周幽王和褒姒天天登上城墙等着看诸侯奔波而来吗？再者各路诸侯怎么能凑在同一时间抵达让褒姒一笑？

孟姜女一个弱女子，在荒郊野漠中艰难行走几千里，怎么会听到丈夫去世就哭倒万里长城？

其次，导游讲解创新的出路在于深刻理解景观，以新的视点、新的感悟来为游客讲解，让游客了解真实的历史，感知时代的进步与发展。

导游讲解出新不是爆冷料，更不可以凭奇谈怪论哗众取宠。例如，一位导游在讲太和殿的大朝礼时说道："在影视中，我们经常看到皇帝登基时声势浩大的场面，彩旗猎猎，钟鼓齐鸣，其实根本不是这样，因为绝大多数继任的皇帝都是在大行皇帝的国丧中登基的，所有乐器设而不作，根本不可能到处张灯结彩，登基只是走个过场，沉闷、冷寂。"

最后，导游讲解的风格应该有所出新，不要一股老腔老调，导游讲解要接地气，与游客推心置腹交谈，既然百家讲坛中讲解古代典籍诗文都可以轻松地让受众接受，导游讲解为何不能让游客更喜欢，甚至入迷？

总之，导游讲解的内容与讲法（包装形式）要不断更新，给人焕然一新的感觉。如果一个导游今天的讲解和五年前的讲解几乎一模一样，那他已经退步得可怕了。

纸上谈兵总是轻松容易的，而实际做起来则总是有难度，具有时代新意的关键在于不懒惰、不故步自封。

从零开始，自我挑战，豪情无限。

347. 导游讲解如何引发游客的审美情趣？

（1）符合游客的审美情趣

来自不同地区的游客的审美观往往有很大的差异。同样一座山、同一条江，春夏秋冬四季气候不同、景色各异，导游要根据游客心理需求进行不同的讲解，如不同地区的旅游团来到同一条江游览，漠河的游客肯定喜欢春水奔涌或暮秋时分两岸层林颜色斑驳的景观，而广东的游客一准喜爱冬季雪花纷洒的景色。导游讲解若符合游客的审美观，游客无不满意。

（2）介绍旅游所在地的审美观

不同地区因为自然条件不同、历史不同，当地的居民有着自己独特的审美观，求“新”、求知是游客的心理趋向，所以导游要详细介绍旅游地的审美观。

游客来到丽江，发现瘦瘦的纳西族青年帅哥都被称为“胖金哥”，苗条的靓妹被称为“胖金妹”，历史上纳西族终日劳作多瘦弱之躯，只有身体健硕者、生活富裕者才可能胖，遂以胖为美。这时候导游称若某游客为“胖金哥”，他一定喜笑颜开。

（3）倡导高雅审美

审美，没有一定的标准，但是一个人的审美观与他的文化品位、生活情趣有关。喜欢泼墨挥洒大写意国画的人多豪情万丈之士，钟爱工笔毫发现于笔端的人多做事缜密。随着学问的渊博、经历的波折，审美会发生变化。

听了导游的讲解，可能对以前未曾发现或毫不在意的美有了兴趣。导游能以自己的文化和审美影响游客。

348. 如何引导游客欣赏景观的动态与静态之美？

（1）动态游览

动是相对运动，有一动必有一静，景物动或游人动。

动态景观，钱塘江中秋起大潮，卷起千堆雪浪，呼啸而来惊心动魄；野生动物园里麋鹿、金丝猴活跃跳动；游船画舫在昆明湖缓缓移动……这些动态景观带给游客难以描述的愉悦。

动景一般都是热点景观，如乘大型游轮游漓江是桂林之行的重头戏，漓江平缓船亦缓，两岸丛山似泼墨，江边二三扁舟，船上栖着六七只鱼鹰，倏然鱼鹰下水，忽而叼着大鱼跃到小舟上，游客看到的是生动的动景，看到此情此景，有的游客可能会高兴得叫起来。

船游三峡，长江奔涌，轮船前行，两岸青山转瞬而过，天上的明月与星斗一动不动，青山一动不动，但是随着轮船行、江水流，游客看到的是星移斗换、青山移动。

（2）静态观景

在游览中要留出短暂的停顿，让游客静静地欣赏风景，体味景色之美。美丽的景观不是能一眼望尽的，只有停下脚步、静观细赏才能品味出来。唯静观方能吮吸林木花草之芬芳，唯静观方能向天地、湖山倾吐心曲。在亭子里看江天辽阔，在敞轩里观轩外海棠花初开，千娇百媚，这些都是静态观景。

中国古典园林皆是饱含诗情处处画意的，怎么看怎么美，百看不厌，千游不烦。

（3）有动有静，更具魅力

苏东坡云："月出于东山之上，徘徊于斗牛之间。白露横江，水光接天。纵一苇之所如，凌万顷之茫然……"月亮从东山上升起，缓慢地在斗宿和牛宿之间移动。白茫茫的雾气飘过江面，江面的月光与天上的月光相接。任凭苇叶般的小船在茫茫江面上慢慢飘移……东山、星斗都是静止的，但月、雾气、小船、江流是动的。

漂流中，人坐在船上是静的、山是静的，但河流、船是动的。在电视塔上的旋转餐厅用餐，人是静的，但窗外的景是动的，所以很多人喜爱在电视塔、酒店顶层的旋转餐厅用餐，静静地坐在那里看窗外的景色慢慢移动。

349. 为什么讲解中穿插故事会妙趣横生？

在导游讲解中，真实的历史事件、历史插曲、古人的逸闻韵事，都会使游客感到生动有趣，在讲解重要景观时，可以在适当的地点，让游客坐下来或者停下来，听导游讲一些他们从未听过的关于景点的典故或趣闻。

如果导游在某景点的整个游览讲解中，没有讲一个有趣的故事，没有让游客开心地笑一次，他的讲解必然是平淡乏味的。

（1）故事富有教益

千百年来留下来的古训，人们大多是通过富有教益的故事认知、传承的。旅游不是课堂，但可以比课堂更生动、更容易让人接受知识、明白道理。导游讲解是传播、传承文化，故事是知识的载体。

许多景点尤其是世界文化遗产景点，不讲历史、不讲知识几乎无从讲起，讲故事能把游客吸引到知识的境界中。

凡是需要讲故事的地方，肯定是重点、亮点，肯定是导游讲解中要出彩的地方，是导游要着重让游客记住或有所思考、有所借鉴之处，倘若导游所讲述的故事仅仅是逗游客哈哈一笑，游客怎么会有感受？

凡是引人深思，具有启迪效果的故事必然增加导游讲解的文化性，其中的道理游客会铭记在心。

（2）故事化庄为谐，易于接受

游客出发时可能没有探寻历史踪迹的欲望，但是到了景点，就会不由自主地希望导游认真进行一番讲解，不过游客的这个心理需求是有条件的，他只欢迎饶有趣味的讲解，最好是诙谐幽默、津津有味的讲解，这样游客不但容易领会、记住导游讲解的内容，还会对导游大加赞赏。

（3）故事引人入胜

故事必然集中地凝结着戏剧矛盾，因而引人入胜。

游客回到家乡后回忆起来的往往不是景点概况、古诗楹联，也不是主要建筑、美丽景观，而是导游讲的故事，游客还会把这些故事津津乐道地讲给别人听，听了故事的人很有可能产生也去旅游的冲动。

350. 怎样以故事深化景点讲解？

（1）故事与景点相关联

讲故事并不是为了故事本身，而是为了深化讲解景点。故事开头或讲完，一定要点破与景点的关联性，这样会使得游客加深对景点的印象。

（2）故事有事实依据，以史实为准

坚持正说，不讲野史。传说尽管很有吸引性，但是禁不起推敲。只有符合史实的故事才耐听、受听、禁得起品味。只有符合史实的导游讲解，才有深度。

（3）故事有思想深度

逗乐的故事说完游客哈哈一笑，也就完了，但是具有思想深度的故事能起到深化导游讲解的作用。

例如，导游讲了一个守卫长城的故事：明隆庆四年（1570）冬，蒙古鞑靼（dá dá）部首领俺答（ǎn dá）的孙子把汉那吉因为其妻被俺答夺去为妃，把汉那吉一气之下来到大同长城脚下，要投降明朝。明朝历来不受蒙古降将，以免蒙古以此为衅开战。

大同巡抚方逢时与宣（化）大（同）总督王崇古研究之后，接受了把汉那吉之降，并把他们安顿下来，同时快马飞报朝廷。

俺答的大老婆想孙心切，逼着俺答索回孙子，于是俺答陈兵边境向明朝索要把汉那吉。方巡抚派了会蒙语的小文官鲍崇德只身前往与俺答谈判，鲍崇德在俺答大营谈笑讥讽，舌战群雄，纵论和平之事，谈判结果是俺答以交还9个叛将换回把汉那吉，边境启关互市。

这个故事说明修长城不易，守长城更难，难点不在官兵生活艰苦，而是难在边境无小事，重大考验经常从天倏然而降。长城驻军不但要有孙子的军事谋略，还要有诸葛亮一样的政治智慧。

政治是军事的灵魂，不战而屈兵换来和平。长城伟大，驻守长城的官兵们同样伟大。

351. 如何在导游讲解中精心安排故事？

（1）故事长短合适

故事一定要经过导游员的精细裁剪，宁短勿长。景点讲解不可省略，故事代替不了景点讲解，如果没有时间讲，或没有讲故事的环境（游人拥堵、嘈杂不堪等），或游客没有情绪，故事宁无胜有。

（2）故事宜新不宜旧

不讲落伍于时代的故事，不讲人人尽知的故事，更不讲档次低下的故事。求新、求异，引人入胜的故事才能达到预期的效果。

（3）故事符合游客认知

故事必须接地气，能引起游客的兴趣和共鸣。

（4）简洁不失完整

导游员要提炼、凝缩故事的主要梗概，避免线索杂乱，突出主要情节、主要人物。故事最好有头有尾，如果线索复杂，就讲核心情节。

（5）余音袅袅

故事的最后可以“点题”，说破要旨，但故事最好的结尾是含蓄，给游客留有思考空间，也可以留有悬念。

在导游讲解中能够谈笑风生地穿插一两个故事并不是随心所欲的事，这要求导游熟悉历史，对景观如数家珍，有能力驾驭整个旅游行程的节奏，能够准确感知游客的兴趣所在、欣赏点所在。

凡是会讲故事的导游，基本上已经成熟了。

352. 如果风雨大作，游客不能近距离观看，导游如何进行讲解？

有时候正需要向游客详细介绍景观之时，风雨大作，短时间内还停不下来，旅游团只能在其他建筑的屋檐下、门洞里，远望景观听导游讲解，这时导游不要讲景观的细部、看不清的景观，最好把讲解的重点放到人文历史上。

假设在瓢泼大雨时，旅游团在太和门内避雨，导游照往常一样讲解太和殿的10个垂脊小兽、讲解梁枋上的金龙和玺彩绘，导游虽然讲的是太和殿外观，但是游客怎么伸着脖子远望也看不清，导游的讲解徒令游客失望。如果导游在太和门讲大朝礼或者太和殿前话登基，岂不更好？

353. 游客游览情绪不高时，导游如何调节其情绪？

旅游团的游兴高不高，是否紧紧跟着导游进行游览参观，许多时候取决于导游是否能够营造愉快的旅游氛围。如果在几天的旅游行程中，导游没有让游客高兴起来，没有让游客开怀地笑过一次，就不是一个成熟老练、技艺高超的导游。

（1）及时感知游客的心理需求、客观需求

不同年龄的游客会有不同的兴趣点，如旅游团内青年游客多，可能对登塔、爬山很感兴趣，如有条件，导游就可以安排。又如，团内孩子很多，他们对于庙宇就是走马观花，不大感兴趣，此时导游讲解就不要花费太多时间。

“投其所好”好像是贬义词，但是导游就应该照顾到游客的“所好”。

游客的心理需求是他的兴趣所在，客观需求则是他的实际需要，如游客登泰山之后都是气喘吁吁、劳累不堪，但是导游说云朵正在集结，很快就可以看到泰山云海，游客的精神马上就会振奋起来。

（2）全新视角讲解，激发游客游兴

有的游客游览两三天后产生旅游疲惫感，游兴每日递减，这时候却是导游大展身手的机会。导游可以利用专家、学者的最新科研成果，全新视角解读景点、景观、观赏物，游客听来新颖、认同，受到启迪，自然心情愉快，游兴大增。

354. 在导游讲解时个别游客总是不断提问，导游如何处理？

在导游讲解时，有的游客不断提出一些问题，或不断重复已经问过的事情，导游仍要认真解答，不要说“我讲的时候，你怎么没注意听啊”之类的话。游客提问可以没水平，但是导游不可以不耐烦。有的游客见什么问什么，导游也不必太过认真，有时不用凡问必答，游客只是随口而问，以提问和导游聊天。

回答游客提问，是客导之间感情交流、知识交流的场合，是导游知识水平的展示，更是导游服务态度的展示。

在导游用心讲解时，有的游客听一问二。比如，导游介绍颐和园西堤六桥的名字时，游客就问杭州西湖六桥的名字；导游介绍慈禧乘龙舟水路来颐和园，游客就问乾隆的龙舟是否比慈禧的更豪华。虽然没有怎么跑题，但是会打断导游讲解，对这样的提问，导游可以简略回答一两句，也可微笑着说：“待会儿讲完了，我再回答您。”

有的游客提出的问题跑题很远，如上海地陪在讲到民国时期浦东有一个著名人物杜月笙，一位游客立刻就问“杜月笙的居室是楼房还是平房？他最喜欢哪位夫人？”凡是与游览无关的问题，导游可以微笑着说：“您的问题复杂，咱们私下聊。”

如果游客老打断讲解，其他游客也会劝阻他先听导游讲。

凡是游客提问题，导游都要看作是给自己捧场，绝不可置若罔闻，或者哈哈一笑。只要游客提问，导游就一定认真倾听。

在长期导游带团中，导游熟悉游客提问的思路，会把游客经常提出的问题总结出来，归纳出“客问我答”的最佳方案，让游客听解答觉得比听讲解更有趣味、更有享受感。

355. 个别游客提出了不正确的见解，导游反驳吗?

因为每个人的阅历、文化、素养不同，对一些事物自然各有见解，如有这样一句常说的话:“不想当将军的士兵，都不是好士兵。”但是有位名家说:“我们最可爱的人都是好士兵，但是都当将军了，没有士兵了，怎么打仗?许多军官是从士兵一步步晋升上来的，但是退役前没有当上将军，难道他们当年不是好士兵?”

一位导游在讲解颐和园乐寿堂前的青芝岫时，有位游客严肃地反驳导游说“这不是青芝岫，是败家石，因为……”对这样明显的庸俗之说，导游不要直接批评他，但要介绍一下青芝岫的由来以及乾隆在《青芝岫记》中对青芝岫的赞美，如果该游客还在喋喋不休强调他的见解，导游可以一笑了之，也可以调侃一下游客:“谁喜欢这块石头?请举手。”游客都会开心一笑。

带团中不要和游客争你对他错，要允许有不同看法。但是涉及国家利益、国家尊严的言论，导游不可姑息，一定要严肃指出其错误。

356. 游客喜欢听戏说，导游如何应对?

游览中有的游客喜欢听外团导游的戏说，戏说的导游往往会铺陈、会渲染，被游客认为有口才。于是个别游客跟着外团导游游览，地陪不可能把他拉回来，但是走失了很麻烦，怎么办?

导游不可能在短短的讲解中就能改变游客对戏说的兴趣，也不可能为了顺应个别游客的所好，就开始戏说。但是同样题材的正说、真说，照样有吸引力，如有的导游说慈禧每餐都是208道菜，还兴致勃勃地背相声里满汉全席的菜名，有的游客就凑过去听，其实人们想一下，208个盘、碗、火锅、汤盆摆起来，需要好几张桌子，慈禧要走过来走过去才能遍尝美味，208道菜怎么可信？慈禧一天的膳费是60两白银，如果总是超过定例，朝臣们会认为她奢靡。遇到这种情况时，导游可以介绍乾隆的伙食，乾隆正月初一的宴席连主食才42道菜（第一档案馆有当年的“膳单”为证），慈禧的伙食能够超过乾隆多少倍？导游这番讲解也不一定能把听戏说的游客吸引回来。然而如果导游讲慈禧是如何开始一天的生活的，很有可能会把游客吸引住。

他团导游的戏说，有时会吸引几个游客过去旁听，导游不能在游客面前奚落同行，也不能把旁听的游客叫回来，但要及时采取措施，或讲一个与景点有关的精彩故事，或简单讲解后就把团带到下一个景观，进行精彩讲解。

正说＋导游艺术，一定能吸引游客！

357. 景区内十分拥堵，如何进行导游讲解？

有的时候几个团挤在一起，导游都在讲解同一景观，声糟乱，词混杂，导游最好把团带到一边，先讲个故事，稳定游客的情绪，让游客在温馨、和谐的气氛中聆听讲解。游览是文化享受，不是赶庙会凑热闹。

如果旅游团挤在一起，千万不要对其他导游说：“你讲完了吗？能不能快点？”更不要貌似讲解而实际上则是在大声批驳其他导游的讲解。

凡是景观人满为患的时候，导游不可强行讲解，先让游客观景，然后在一个比较清静的地方进行讲解。导游讲解，可以先讲后看，也可以先看后讲。

358. 游客质疑导游讲解内容，如何处理？

导游肯定要讲正确的、真实的，但是有的游客爱指导导游工作，“你应该这样讲”“不是嘉靖年间发生的，是隆庆年间的事”，往往还坚持他的错说。导游要记住：不和游客斗嘴，不做嘴上胜利者，面对游客的“指正”，导游一般既不认同也不反驳，总是谦虚地说我再学习（言下之意让游客去体会）。

如有游客对导游的讲解进行一番“雅正”，虽然无法恭维他的高论，不过倒可能会引起其他游客认真听导游讲解。

例如，地陪在用风味餐前说：“中国烹饪有五大特点：优选原料、精细加工、讲究火候、风味独特、合理膳食。每一道菜肴都讲究色、香、味、形。中国烹饪以味为核心，品尝菜时，第一句话就是‘真香’，离开了味道就不是中国烹饪了。”游客却说：“导游，我问你，你吃饭吃菜的目的是什么？中国烹饪的魅力最主要的是养生，味不味的，没有多大关系。你看电视剧《刘老根》里的‘药匣子’，他就是专门研究药膳的，所以我说中国的餐饮以养生为核心。”

地陪带头给游客鼓掌，争论就算结束了，但同时也激起了游客的兴趣，认真听导游的讲解。听完讲解，大多数游客明白导游讲的是对的，而且讲得真好。

359. 游客提出问题，导游不懂或知之甚少，如何应对？

直面游客提出的问题，导游根本不知道或了解很少，确实难为情，但是导游不能指鹿为马、胡编乱造，如果导游真的不知道或知之不多，就应实事求是地承认自己没有学过这方面的知识。人非圣贤，任何一个导游都有不懂的、不会的、不擅长的，很正常。

导游在讲解时尽量不要说“这个我不懂，那个我不会”。导游要学会避开不熟悉的知识区，发挥自己擅长的、有研究的知识领域。当然，避开不能生硬，发挥也不能跑题。

“藏拙”不是对游客敷衍了事，而是通过“藏拙”，尽可能多地把美感献给游客。

通过“藏拙”，导游知道了自己的弱项和不足，应加倍努力，刻苦学习，完善自己的知识结构。

360. 导游讲解是多多益善吗？

为了保证游客的利益，行程上一般都写明了每一个景点的大致游览时间，在不少于规定时间内，导游讲解的繁简、内容的选择，导游可以根据自己的经验进行灵活安排。

人在短时间内的记忆是有限的，有的导游在讲解时口若悬河、滔滔不绝，尽管其内容可能头头是道，但是游客记不住导游说的那一大套的，还有可能把他的卖力讲解看作夸夸其谈，这样的讲解费力不讨好。

有的导游为了显示讲解实力，不管游客听不听，一直不停地讲，称为“愣讲”。

有的导游非常得意地自诩每个主要景观都至少讲40分钟，游客听得如醉如痴，我们不评论这个事情的虚实，但是讲解时间太长，游客会产生听觉疲劳，如果每个景点都长时间讲解，整个游览需要多长时间？

教学成功的老师，都是在课堂上妙言曼语，讲几句就捅破窗户纸，这样的老师最受学生欢迎。而声嘶力竭的老师，虽然敬业，但是教学效果未必特别好，学生也不一定买账。导游应该知道游客不是来学知识的，是享受旅游来了，所以导游在讲解时要在轻松愉悦的气氛中向游客传播文化。

人有五感：嗅觉、味觉、触觉、听觉、视觉。唯有视觉对人最重要，人在“看”的时候大脑在全方位快速地归纳各种信息，而且得出的结论正确率会达到70%，所以我们一看这个人就知道他是个憨厚老实人，一看这泉流就知道泉水清澈甜美。人们旅游主要是观景赏美，如果导游认为游客远路迢迢而来是为了听自己讲解的，这是对旅游的误解。导游讲解是为游客欣赏美景服务的，主要作用是帮助游客更好地观景赏美、了解历史，让游客在有意无意中汲取一些知识。

任何一件事只要上升到艺术层面，就是“讲究”，导游讲解要让游客受听，越咂摸滋味就越觉得有味儿，讲解就要宁少毋滥。“少”不是简陋而是精致，为精致就要剪去杂芜的枝蔓，只留主干和必要的枝叶，突出主题。导游要把不必要的、过于复杂、曲折的过程、多头线索、可说可不说的人物和事，一概删去或一带而过。忍痛割爱，才能留下精华。

导游讲解的成功在于精当、精彩、得体，并不在于“多多益善”。

361. 以讲冷门吸引游客，好吗？

有的导游为了吸引游客，钻研冷门知识。其中一类是有据可查的冷门史料，如导游讲解皇帝、皇太后、皇后、贵妃过生日时要摆仪仗，接着就开始背他们各有什么仪仗。

又如，导游在讲解努尔哈赤和皇太极时说："皇太极给父亲努尔哈赤的庙号定为'太祖'，谥号为'承天光运圣德神功肇纪立极仁孝睿武端毅钦安弘文定业武皇帝'，主谥是'武'，并开始编写《大清太祖武皇帝实录》。顺治驾崩后，吏部孙廷铨上疏：'大行皇帝（顺治）龙兴中土，混一六合，功业同于开创，宜谥为高皇帝'群臣应和。鳌拜为了阻止顺治享用最吉祥的字眼，就改谥努尔哈赤为'高皇帝'，这样顺治就不能用'高皇帝'的谥号了，朝臣把顺治的庙号定为'世祖'，以彰显他入主中原四海归一的功业。"

导游看游客漠然没有人给他鼓掌，接着就又背了一次努尔哈赤的谥号，"承天光运圣德神功肇纪立极仁孝睿武端毅钦安弘文定业高皇帝"，一看游客还没有反应，接着他又开始背诵皇太极谥号"应天兴国弘德彰武宽温仁圣睿孝敬敏昭定隆道显功文皇帝"，庙号"太宗"；康熙的谥号："合天弘运文武睿哲恭俭宽裕孝敬诚信功德大成仁皇帝"，庙号"圣祖"。能背几位皇帝这么长的谥号，确实是功夫，但是游客能理解吗，记得住吗？还不如只讲解顺治改谥的经过，给游客讲解庙号与谥号的知识。

某导游在讲解天坛时，对旅游团讲起二十八星宿的名称及星象符号："二十八宿与十二地支有对应关系，地支是中国古代天文学的核心内容之一，也是中国古代天文学一个最重要的符号；现在我开始介绍二十八宿在星空如何排列，从角宿开始，自西向东排列……"游客承认导游有文化，但是有的游客直接对导游说："我们来天坛是游览来了，不是听天文讲座来了，导游要详细介绍天坛建筑之妙才好。"讲冷门碰了壁。

有一类似是而非的冷门，有的导游在讲解时不是说快板、就是说绕口令，总是利用曲艺的形式进行讲解，他认为这是绝招，在讲清朝皇帝一天的膳食时，他开始背相声《满汉全席报菜名》"蒸羊羔、蒸熊掌、蒸鹿尾儿、烧花鸭、烧雏鸡儿、烧子鹅、卤煮咸鸭、酱鸡、腊肉、松仁小肚……熘鸡块儿、三鲜丁儿、八宝丁儿、清蒸玉兰片、炒虾仁儿、炒腰花儿、炒蹄筋儿、锅烧海参……”他说的这些菜肴根本不是皇帝享用的，误导游客。清咸丰十一年（1861）除夕小皇帝同治的晚膳有：“大碗菜万年如意4品（燕窝万字金银鸭子、燕窝年字三鲜肥鸡、燕窝如字锅烧鸭子、燕窝意字什锦鸡丝）；怀碗菜4品（燕窝溜鸭条、攒丝鸽蛋、攒丝翅子、溜鸭腰）；碟菜4品（燕窝炉炒鸭丝、炒野鸡爪、小炒鲤鱼、肉丝炒鸡蛋）；片盘2品（挂炉鸭子、挂炉猪）；饽饽2品（白糖油糕、如意卷）；燕窝八仙汤。”总计14道菜、2道点心、1碗汤。

才艺表演也算冷门，才艺虽好，但是不能代替正规的导游讲解，否则游客认为导游在哗众取宠。

讲冷门只能吸引少数游客，大多数游客还是喜欢正规的讲解，真的冷门知识只能掺杂到常规讲解之中，导游讲解时要把景点的主题思想、主要景观的主要内涵和欣赏点讲解清楚，游客在游览中希望通过导游讲解能够更好地欣赏景观，而不是为了欣赏导游的才艺，也不是来向他学习深奥的冷门知识。

导游讲解以规范为贵。

362. 怎样控制导游讲解的语速？

导游总是希望在最短的时间内给游客尽可能多的信息量，语速不由得加快。地陪一年365天总是在讲那几个景点，导游词已经烂熟于心，讲解自然十分流畅，这种流畅尽管听起来好似“大珠小珠落玉盘”，但游客听来却是耳朵如同被机关枪扫射，什么也没听清，什么也没记住。

在全国各个景点都会发现导游讲解时都有语速过快的现象，这是全国导游的一个通病，而景区的专职讲解员的讲解不快不慢、娓娓道来，非常受游客欢迎。

导游讲解要控制语速，协调音量，因为你讲解的是文化，不是1+1=2，语速过快，游客就会听不清，没听懂，深刻的思想、隽永的语句，需要有一个领会、理解、思考的时间。

时至今日，旅游方式从观光慢慢向休闲过度，旅游已明显地趋向于游客求文化、求情调、求内心感受，导游讲解要和游客的闲情逸致相适应，娓娓而谈可以让游客轻松地接受。

戏曲里凡是重点唱段基本是慢板，感人的歌曲也都是悠悠地唱，余音绕梁。讲解慢下来就会逼着导游讲解更准确，慢下来就会逼着导游的讲解更精练、更有趣。

导游讲解“慢比快好”，但是“慢”绝对不是拖沓，而是使讲解词能够让游客听懂、理解。

363. 导游讲解如何更具感染力？

游客经常说：“我们导游讲得特别生动。”具有感染力才生动。

（1）符合游客的心理需求

导游讲解如果能感染游客，导游就会激情洋溢，更加卖力讲解。但是做到“感染”很难。人们在网上购买东西时都是有所搜索，目的性很强，但是几乎没有人在听导游讲解之前会向导游提出希望哪个方面、哪个景观多讲一些，如果导游问游客希望怎样讲解，游客就会说“希望听到精彩的讲解”，精彩，太笼统了，导游若能够迅速感知游客的需求，就会使得讲解具有一些感染力。但是导游和游客相处时间很短，导游接待网络深度游的游客是在景点门口见面的，导游要在短短的时间内尽力捕捉、尽量感觉游客的心理需求、知识需求、游览需求，投其所好、对症下药的导游讲解，才能有吸引力、感染力。

（2）将游客“带入”讲解境界

同样一篇导游讲解词，有的导游讲出来娓娓动听、有情有感，有人则讲得不疼不痒，让听者昏昏欲睡，这不是导游词的问题，而是导游讲解是否投入了情感。

好演员在演悲剧时台下唏嘘，演喜剧时台下欢乐。导游讲解虽然与演戏有很大的区别，但是在追求感染力方面是一致的。导游讲解时要全身心投入，“未成曲调先有情”。导游若置身心于讲解氛围之中，情感必然写在他的脸上，体现在他的声音上。只有自己投入感情，才能感染游客，与游客进行情感交流。

导游要在讲解内容、推理思辨、情绪等方面把游客带入你讲解的境界，让游客身临其境、心处其情。导游虽不能与游客“心心相印”，但也要“情投意合”。

（3）“出神入化”征服游客

演员用“心”演戏，一个眼神、一个背影、一个脚步、一声叹息，那似乎不经意的一瞥、一个停顿，都是戏。

导游讲解要“出神入化”，而且是“入得深、出得来”，情感、内容出不来，游客会觉得导游在絮叨。曲折的经历能像电影“蒙太奇”一样有机衔接，把一桩桩事件讲“活”了，像时尚的“抖音”“快闪”一样，让游客边听边看。

导游这样讲解北京故宫中和殿：

中和殿是太和殿的便殿（辅助殿宇），三大节（元旦、冬至、万寿）大朝礼开始前，皇帝着衮冕服先驾临中和殿，升座，等候吉时。在这短暂的等候时间，皇帝虽然端仪地坐在中和殿，庄重威严，然而许多棘手的军政大事总是抑制不住，涌上心头。皇帝是大朝礼的核心人物，但也是这浩大仪式中的摆设。

皇帝若亲祭方泽（地）、太庙、朝日、夕月、社稷、历代帝王、先师孔子等重要祀礼，前一日上午吉时，皇帝着龙袍来到中和殿，恭阅龙案上的祝版，特别说明一点，皇帝不是坐在宝座上看祝版上的祝文，而是肃立在龙案前阅视，阅后行一跪三叩礼，然后面向西而立，目送祝版出殿。皇帝到先农坛进行耕耤（jiè）礼前也要先一日在中和殿行阅视祝版礼，阅视农具和盛放麦、谷、菽、黍种子的青箱，有的朋友会问为何没有稻种？《大清会典》上没有记载，我不能凭想象给加上去。

清朝皇族10年纂（zuǎn，搜集资料编书）修一次“玉牒”（族谱），修成一次，皇史宬、宗人府、盛京（沈阳）各藏一部。恭进玉牒仪式非常隆重，清晨，玉牒正副本放入“彩亭”，玉牒总裁率抬着彩亭的一行人在銮仪卫的导引下进大清门、天安门、端门，午门前百官跪迎，太和门前王公跪迎，纂修官恭奉玉牒进太和殿中门，其他人入左门，在中和殿内龙案上象征性展开玉牒。皇帝着礼服，保和殿降舆，进中和殿后先站在龙案东侧面西，礼部尚书主持仪式，皇帝走到龙案前面，面向北，恭阅，礼部尚书宣布礼成（礼毕），皇帝还宫。彩亭在仪仗导引下出太和门、协和门、东华门，正本玉牒在皇史宬尊藏。

逢国家喜庆、皇太后整寿，往往给皇太后上徽号，皇帝在中和殿阅视礼部奏书。

皇帝偶尔也会在中和殿举行便宴，受恩赏者往往是危机中承担重任的臣僚、将帅，或者少数民族首领、宗教领袖。顺治为了褒奖范文程抱病理政，特在中和殿赐茶，蒙圣主隆恩，范文程感激涕零，顺治动情地对范文程说："朕倚卿共致太平，卿夙夜尽瘁……"

清光绪二十四年八月初六（1898 年 9 月 21 日），光绪在中和殿阅视社稷坛的秋祭祭文，刚走出中和殿就发现荣禄的兵布置在周围，光绪被捕，被带往中南海瀛台，从此中和殿乃至整个紫禁城对于光绪皇帝失去了意义。

364. 导游讲解如何更具文化性？

（1）贯通古今，心境讲解

描摹景物、叙说事件、介绍人物都是在还原前人的心曲，导游讲解的本质是叙古人之心、抒今人之情。心境是导游对景点和历史的领悟，深入讲解景观的文化内涵与当事人的思想境界。

导游讲解若有独到的分析、体会或见解，游客就会觉得非常有听头。导游只有深入学习了、深刻理解了，才能进行有条理的分析，分析后必有体会，分析和体会往往就附带着见解。感悟经过长时间的积淀就成了领悟，领悟凝结成导游的心境，文化素养决定心境的层次。

（2）神会景观，方有意境

意境是导游对景观、事物、历史场景的诗化处理。

任何一座古建，任何一处景观，都不是随意而建，哪怕是一个小亭、一方太湖石的设置也蕴含着设计者的苦心，导游只有想明白了为何要建，妙在何处，才能理解古人的构思。有时纵然苦苦揣摩，依然懵懵懂懂，这是因为今人的理解与古人的心思相距甚远。

有些游客曾来过某景点，甚至多次来过，这样，他的关注点已不在细细观看建筑和景物，他希望更深刻地了解景观的文化内涵、来龙去脉的历史，若能听到导游不落俗套的讲解，游客肯定会喜出望外，觉得这次来“值”了。

一出戏、一支歌，看过、听过，即使非常熟悉，但是只要唱得好、演得好，观众依然会倾情欣赏，因为观众的兴趣已从戏或歌转移到演员的艺术。在游览景观时，只要导游讲得精彩，即使景观再熟悉，游客也像第一次来似的，因为导游引导游客由观看转入赏析，产生了别开生面的导游讲解效果。

365. 如何让你的导游讲解成为精品？

（1）备有底稿

导游讲解对于老导游来说似乎张嘴就来，容易得很，但是把他们的讲解笔录为文字稿，可能会发现很多毛病，车轱辘话来回说，前言不搭后语，一些数字不准确，有的提法不合适甚至自相矛盾，铺开线索太多而无结局，缺乏重点无看点等。

许多导游并没有认真清理过、梳理过自己的导游讲解词。有的导游说他信口讲来往往会神采飞扬，准有掌声，如果遇上知识丰富的游客，他会鼓掌吗？因为自由发挥、随意而谈的导游讲解必然缺乏规范性、科学性。许多导游羡慕电视台的主持人在镜头前侃侃而谈，主持人的妙语生花是有资深编辑为他们写下底稿，主持人也曾提前苦苦默背，镜头前机敏发挥，这样才有了台上睿智的对话。

写导游词就是备稿，只要一写，就会发现原来扬扬得意、夸夸其谈的导游词并没有多少“干货”，也会发现某一景观、某种陈设、某件事物，时而清晰、时而模糊，这样会促使导游去学习，必要时再去景点细细观察、体悟。写下导游词就是让自己的导游讲解充实起来，规范、严整起来。写下的导游词还需要反复修改、不断充实完善，这是导游深入学习、研究、提高的必经之路。

导游应该仔细地设计自己的讲解：每个景点有几处重点，从哪里切入讲，如何结尾；哪些景观应该多讲，哪些可以略讲甚至不讲，还有哪些知识需要深化、补课。

新时代提倡工匠精神，任何工作都要苦心钻研、精益求精。王羲之每天练字之后，总在门口的池塘清洗毛笔和砚台，天长日久，原本清澈见底的池塘竟然变成了黑乎乎的墨池，没有“墨池”，何有“书圣”？王羲之七世孙智永在永欣寺苦研书法，多年竟攒了十几瓮写坏的毛笔头，后来智永把笔头埋了，称之“退笔冢”。辛劳必有收获，写下导游讲解词是挑战自我，写下导游词，导游讲解必有提升。

辛辛苦苦写下的导游词不可能终生享用，而要敢于推翻自己，敢于从头再来，不断编写新的导游讲解词。导游的讲解其实是在叙说自己对世界（天地间万千事物）的理解，人总是要学习、要进步的，有新思想、新认识就有新的导游讲解。

在带团中由于游览时间有限，导游往往不能尽兴讲解、全面讲解，导游可以通过微信或提前或过后把导游讲解词发给游客，有助于游客更好地观景赏美，获得更多的旅游享受。

（2）突出主题、突出精华

导游讲解也是一门艺术，凡是艺术必有规律。一幅国画总有“留白”，越是大师的作品、越是名作，留白越多，为了突出主题。一本长篇小说人物众多、线索铺陈，但是重点人物、重点事件，作家不惜笔墨。京剧大师梅兰芳演了几百出戏，但是精粹在“梅八出”里，这八出戏中，每出戏只安排2~3个核心唱段。

导游要研究整个景点的主题是什么？核心景观如何讲得精彩。

导游讲解不要图热闹，讲解故宫，如果把主要精力都用在讲解孝庄太皇太后的慈宁宫、乾隆生母钮祜禄氏的寿康宫、董鄂妃的承乾宫，就没有讲出故宫的灵魂。

（3）自录自听，自我品鉴

写下来的导游词可能很精彩，但是不一定能说得动听，把讲解录下来，感受一下讲解效果，顺便把控讲解时间。

导游讲解是否能让游客容易理解，听来自然，在现场给游客讲解时，导游自己不会准确地感受到，所以有必要先给自己讲一次，录下来，听一听，感觉一下，把那些绕嘴的、费解的以及字话（书面语言）、洋句子（定语、状语一堆）都撤下来，换成顺口的、精练的口语。

导游讲解要不断调整口气、语速和声音高低，真诚地把自己的体会说与游客，而不是在背诵和朗诵，更不是在教育游客。游客最喜欢听导游说真心话。

录下自己的导游讲解，如果能请老师或他人听一下，让他们讲讲感受、提点意见则更好。

录下自己的导游讲解也是一个文化欣赏的过程，“敝帚自珍”用在导游听自己的讲解最合适不过了。如果连自己都不欣赏、不陶醉，游客能喜欢听吗？只有自己激动才能打动游客。

自己写下导游词，自己录音，自听自审，可以算是工匠精神。话剧演员对于重要台词，特别是“独白”（大段词）都是反复锤炼的，但是观众听来，仿佛就是演员信口而出。

（4）不断打磨，时时修改

戏曲大师级人物从青年时期就大红大紫了，成名作如雷贯耳，但是他们到了耄耋之年仍然为唱词、念白中的一个字音，某个表演动作，进行修改、提炼。他们把大部分积蓄花在置办行头上，老了演不动了，看见了好戏装还是要买，一辈子献身于艺术。许多专家、学者“焚膏油以继晷，恒兀兀以穷年”“沉浸醲郁，含英咀华”（沉浸在如醇厚美酒般的典籍中，咀嚼品味着它们的菁华），一辈子孜孜不倦地沉浸在自己的学问里。学问和艺术是这些专家们一辈子的事业，也是他们的“命”。

有志的导游无不希望做一个专家型导游，没有一天不学习，每讲一次都会想到是否讲出了重点、是否有文化看点，这些导游用自己若干年的心血来打造一篇篇导游词。

千锤百炼绕指柔，凡是轻易取胜的很可能是昙花一现，只有经过八千里路云和月，才能修成正果。

策　　划：郭海燕
责任编辑：郭海燕
责任印制：冯冬青
封面设计：中文天地

图书在版编目（CIP）数据

新导游带团365个问答 / 张志强，徐堃耿著．—北京：中国旅游出版社，2020.8
ISBN 978-7-5032-6542-6

Ⅰ．①新… Ⅱ．①张… ②徐… Ⅲ．①导游－旅游服务－问题解答 Ⅳ．①F590.63-44

中国版本图书馆CIP数据核字（2020）第149060号

书　　名：新导游带团365个问答

作　　者：张志强，徐堃耿著
出版发行：中国旅游出版社
（北京静安东里6号　邮编：100028）
http://www.cttp.net.cn　E-mail:cttp@mct.gov.cn
营销中心电话：010-57377108，010-57377109
读者服务部电话：010-57377151
排　　版：北京旅教文化传播有限公司
经　　销：全国各地新华书店
印　　刷：河北省三河市灵山芝兰印刷有限公司
版　　次：2020年8月第1版　2020年8月第1次印刷
开　　本：720毫米×970毫米　1/16
印　　张：17.75
字　　数：280千
定　　价：48.00元
ISBN　978-7-5032-6542-6
